明清史评论

第三辑

复旦大学历史学系 编

刘永华 本辑执行主编

中华书局

图书在版编目（CIP）数据

明清史评论.第三辑/复旦大学历史学系编;刘永华执行主编.
—北京:中华书局,2020.6
ISBN 978-7-101-15041-4

Ⅰ.明… Ⅱ.①复…②刘… Ⅲ.中国历史–研究–明清时代
Ⅳ.K248.07

中国版本图书馆 CIP 数据核字（2021）第 034325 号

书　　名	明清史评论（第三辑）
编　　者	复旦大学历史学系
执行主编	刘永华
责任编辑	黄飞立
出版发行	中华书局
	（北京市丰台区太平桥西里 38 号　100073）
	http://www.zhbc.com.cn
	E-mail:zhbc@zhbc.com.cn
印　　刷	北京市白帆印务有限公司
版　　次	2020 年 6 月北京第 1 版
	2020 年 6 月北京第 1 次印刷
规　　格	开本/710×1000 毫米　1/16
	印张 19¾　插页 2　字数 250 千字
印　　数	1-900 册
国际书号	ISBN 978-7-101-15041-4
定　　价	78.00 元

《明清史评论》
学术委员会和编辑委员会

目　录

文献整理

学术评论

学术动态

樊树志教授访谈纪要

　　出生于1937年的复旦大学历史系教授樊树志先生在退休后笔耕不辍，新著迭出，自2015年始，连续出版了《晚明大变局》《重写晚明史：新政与盛世》《重写晚明史：朝廷与党争》《重写晚明史：内忧与外患》《重写晚明史：王朝的末路》《重写晚明史：晚明大变局》(以下简称"'重写晚明史'系列")及《图文中国史》等专著，一次次刷新了学术文化界和大众读者对学者历史专著的认识，引起了强烈的社会反响，拉进了学术与大众的距离，打破了学术专著与大众阅读的壁垒。

　　2020年秋，新冠疫情初步平稳之际，笔者受《明清史评论》之邀，就樊树志先生的撰著历程对他进行了采访。

《明清史评论》：自2015年8月您的专著《晚明大变局》在中华书局推出后，立时洛阳纸贵，据统计，每个月都会入选三个以上的全国主流媒体的书单和图书榜，更在年底入选二十余家省部级媒体和机构的年度十大好书，出版一年间七次重印，累计八万册，创下学术专著的出版奇迹，打破了学术著作与读者阅读之间的壁垒。无论是销售数据，还是入选主流媒体榜单的速度和数量，都表明这本书广受喜爱的程度。

　　2015年您已经七十九岁了。在快八十高龄时推出如此有学术和社

会影响力的新著，很多学界的中坚学者大受震动和激励，表示要以您为榜样。而自2018年开始，"重写晚明史"系列又陆续推出，您更是被学界视为传奇和楷模，被《中华读书报》推选为年度学者。请您讲一讲您的治学和著述历程，谈谈您是怎么保持写作激情的？

樊树志：从事文史类学术研究，注重学问的积累，随着年龄的增长，读史阅世的眼光日趋精深，因此进入老年以后是出成果的最佳阶段，前辈大师大多如此。我不过是跟在后面学步而已，并非传奇，誉为楷模，更不敢当。

我们这一代人，50年代进入大学，政治运动不断，"反右""大跃进""四清""文革"，接连不断，可以静下心来读书研究的时间极其有限，大好年华在匆忙"运动"中白白流失。待到70年代末拨乱反正，大家奋起追赶，竭力把损失的时间补回来。为了评职称而写论文出专著，大多是急就章，实在是不得已的事情。真正谈得上做学问，是在五十岁以后。

我的第一个创作高潮是五十岁到六十岁期间，推出了一些有影响的著作：《明清江南市镇探微》（复旦大学出版社，1990）、《万历传》（人民出版社，1993）、《崇祯传》（人民出版社，1997）。《万历传》与《崇祯传》都有台湾繁体字版。

第二个创作高潮是六十岁到七十岁期间，推出了几本重磅书：《国史概要》（复旦大学出版社，1998）、《晚明史（1573—1644年）》上下册（复旦大学出版社，2003）、《权与血：明帝国官场政治》（中华书局，2004）、《江南市镇：传统的变革》（复旦大学出版社，2005）、《国史十六讲》（中华书局，2006）。《国史概要》有香港繁体字版、韩文版、英文版。《权与血》有台湾繁体字版。《国史十六讲》有香港、台湾繁体字版以及韩文版。《晚明史》获得第十四届中国图书奖。

第三个创作高潮是七十岁到八十岁期间，先后推出了《大明王朝的最后十七年》（中华书局，2007）、《张居正与万历皇帝》（中华书局，2008）、《历史与文化》（复旦大学出版社，2010）、《明朝大人物：皇帝、权臣、佞幸及其他》（复旦大学出版社，2011）、《明史讲稿》（中华书局，2012）、《明代文人的命运》（中华书局，2013）、《晚明大变局》（中华书局，2015）。《明代文人的命运》有台湾繁体字版。《晚明大变局》被评为包括《人民日报》、《光明日报》、《中华读书报》、新华网、新浪网、中国出版集团及中华书局等二十余家媒体及机构的2015年度十大好书，入选2015年度"大众喜爱的50种图书"，获得2016年全球华人国学成果奖，该书有香港、台湾繁体字版。

八十岁以后是第四个创作高潮。陆续推出了《重写晚明史：新政与盛世》（中华书局，2018）、《重写晚明史：朝廷与党争》（中华书局，2018）、《重写晚明史：内忧与外患》（中华书局，2019）、《重写晚明史：王朝的末路》（中华书局，2019）、《重写晚明史：晚明大变局》（中华书局，2020）、《图文中国史》（中华书局，2020）。

我认为，做学问应该细水长流，持之以恒，只要身体条件许可，思路仍然敏捷，逻辑仍然严密，完全可以继续读书写作，为社会贡献自己的作品，享受思考和创作的乐趣，给晚年生活增添别样的光彩。我在《明代文人的命运》后记中说："作为'30后'，到了'逾七'、'奔八'的年纪，没有了先前课题任务的拘束，读书写作全凭兴趣，率性而为。这样的读书写作生活，其乐无穷，纯粹为学问而学问，是精神的寄托，思想的抒发，个性的张扬。这种自由驰骋的乐趣，不到这个年龄的人恐怕无法体会，到了这个年龄而不再读书写作的人也难以享受。"

《明清史评论》：自留校复旦大学从事明史教学和研究工作开始，您先

后涉猎的研究领域包括中国经济史、江南地区史和晚明史，您为什么会有这样的研究转向呢？请您简要介绍一下研究历程。

樊树志：上世纪50年代到70年代前期，自上而下倡导"为革命研究历史"，"学术为无产阶级政治服务"，使得历史研究蒙上了浓厚的功利主义政治色彩，"以论带史"的风气盛行一时。在"兴无灭资"的"大批判"席卷之下，研究政治史风险很大。为了规避风险，多数人选择研究经济史，我也不例外。1962年10月在《学术月刊》发表的《明清漕运述略》，就是经济史的学步之作。由于此后政治运动接二连三，中断了十多年。待到1977年恢复高考后，我给本科生开设"中国土地关系史"课程，为此写了详细的讲稿，花了几年时间修改充实，写成50万字的《中国封建土地关系发展史》，1983年送给人民出版社。由于经济原因，书稿的开印一拖再拖。出版社方面表示，书稿质量很好，愿意出版，为了减少损失，请作者提供出版资助。我感到非常惊讶和无助，众所周知，50年代以来，我国实行低工资政策，大学青年教师工资微薄，80年代初有所调整，依然处于"糊口"的水平；社科基金当时尚未出现，哪里有能力资助出版？无奈之下，我向出版社表示，愿以本书稿费作为"资助"。出版社总算开恩，于1988年刊印出版。即使如此艰辛，我仍然欢欣不已，自己的第一本著作能够在国家级出版社出版，无论如何是值得庆幸的。

此后，我把研究重点转移到江南市镇，充分发挥上海的地理优势，收集资料并进行实地考察。在大量论文的基础上，1987年写成《明清江南市镇探微》，交付复旦大学出版社。出版社方面决定出版，却迟迟不付印，条件是需要基金资助。恰巧此时我拿到了社科基金一万元，出版社要去八千元。此书终于在1990年面世，令我感慨的是，在自己学校的出版社出书也不是件容易的事。

1990年，人民出版社编辑张维训先生约我撰写万历皇帝和崇祯皇帝的传记。这套黄色封面的帝王传记丛书很畅销，不必"资助"，我欣然接受他的好意，立即全力投入，圆满完成任务。持续五六年对万历、崇祯两朝历史深入探索，对我而言不仅仅是出了两本书，而是改变了我的研究方向——从此开启了持续二十年的晚明史研究，应该感谢张维训先生的促成。

《明清史评论》：五六十年后回看之前的研究，您在江南史、中国史和晚明史研究三个领域，思路有哪些改变，观点有哪些不同？比如明清之际的资本主义萌芽问题，现在已经不再提及，多数学者认为明清之际有资本流通，而无资本主义萌芽。同样，对于嘉靖大倭寇，随着研究的推进和深入，学者的认识也发生了变化。对此，您怎么看？

樊树志：这个话题有点大，说来话长，只能长话短说。克罗齐的名言"一切历史都是当代史"，意味着历史学家无一例外都是用当代意识书写历史，给当代人阅读，提供当代的启示。因此，历史书写一定是与时俱进的，一定带有超越前代的新思想、新形式、新文字。您所说的"学者的认识也发生了变化"，是理所当然的。

比方说关于资本主义萌芽的问题。上世纪五六十年代的讨论，是从一个权威的结论出发，去寻找证据，证明资本主义萌芽的存在。从方法论审视，这种讨论与科学精神相悖——结论必须在研究之后得出，而不是在研究之前。80年代以后，人们开始反思这一问题，对明清之际资本主义萌芽表示质疑。

伊懋可（马克·艾尔温）的名著《中国过去的模式》，探讨了传统农业经济时代为什么没有资本主义萌芽的问题。一是因为人口压力蚕食了小农维持家庭生计以外的剩余，使得小农无法积累"资本"；二是中国农业陷入"高水平均衡的陷阱",对新式投资起到抑制作用。

黄宗智《华北的小农经济与社会变迁》和《长江三角洲小农家庭与农村发展》,把小农经济的困境概括为"内卷化"或"过密化",又称为"没有发展的增长",人口压力导致边际报酬随着进一步劳动密集化而递减。在这种"糊口"经济结构中不可能出现资本主义萌芽。

法国年鉴派历史学家布罗代尔的巨著《十五至十八世纪的物质文明、经济和资本主义》,比较西欧和中国,论证市场经济不一定导致资本主义,明确指出,18世纪的中国有市场经济,但没有资本主义。

黄仁宇在回忆录《黄河青山》中,对布罗代尔的研究推崇备至,并且更进一步,断然否定流行了几十年的中国资本主义萌芽论。他在《万历十五年》的自序中写道:"我们也很难同意这样一种看法,即认为在明代万历年间,中国的封建经济已向资本主义经济进展。资本主义是一种组织,一种系统。即马克思在《资本论》第二卷中论述资本主义的流通方式,其公式亦为 C-M-C,即商品交换为货币,货币又再交换为商品,川流不息。但是货币是一种公众的制度,它把原来属于公众的权力授予私人。私人资本积累愈多,他操纵公众生活的权力也愈大。同时,商业资本又是工业资本的先驱,商业有了充分的发展,工业的发展才能同样地增进。这是欧美资本主义发展的特征。中国的传统政治既无此组织能力,也决不愿私人财富扩充至不易控制的地步,为王朝的安全之累。"后来他应英国科学家李约瑟邀请,参与《中国科技史》明代部分撰写,为此他研究了欧洲各国的资本主义萌芽,得出结论:中国没有出现欧洲各国那样的资本主义萌芽。

我赞同以上诸位先生的意见,在《国史概要》《国史十六讲》《晚明大变局》等著作中,都避而不谈"资本主义萌芽",因为我对这个问题已经有了新的认知,不想再老调重弹了。

至于嘉靖大倭寇问题，我在《明史讲稿》《晚明大变局》中，有充分的论述，此处不再展开。由于民族感情的影响，这个问题比较敏感。近代史学奠基人兰克主张，历史学家应该客观、冷静、无色彩，毫无疑问是至理名言，却很难做到，因为历史学家都有民族、国家的背景，难免感情用事。不过尽量向客观、冷静、无色彩靠近，应该是题中应有之义。

关于倭寇，应该加以区分，14—15世纪的倭寇，16世纪的倭寇，乃至20世纪的倭寇，由于时间、地点的不同而有不同含义。影响最大的是16世纪的倭寇（即嘉靖大倭寇），应该深入具体地区分"真倭"与"假倭"，以及他们之间的关系。嘉靖时期的内阁首辅徐阶的家乡松江是倭患的重灾区，因此他对于倭寇有真切的了解。他向嘉靖皇帝报告倭寇真相时说："臣去岁具奏之时，尚闻此贼是真倭，近来细访乃知，为首者俱是闽浙积年贩海剧贼，其中真倭不过十分之三，亦是雇募而来者。"徐阶一语道破了倭寇的真相，十分之七是"假倭"，十分之三是"真倭"，而"真倭"是受"假倭"雇佣和控制的。分析嘉靖大倭寇，这是一个很好的切入点。日本明史专家山根幸夫《明帝国与日本》谈到嘉靖大倭寇（他称为后期倭寇），强调两点：一、后期倭寇的主体是中国的中小商人阶层——由于合法的贸易遭到禁止，不得不从事海上走私贸易的中国商人；二、倭寇的最高领导者是徽商出身的王直——要求废止"禁海令"，追求贸易自由化的海上走私贸易集团的首领。他的这种观点，对我们或许不无启迪。

《明清史评论》：自从《晚明大变局》一书出版后，受到学术文化界和广大读者的极大关注，"晚明大变局"的说法也广受热议。请问明清时代的人有没有意识到晚明的这种变局？晚明的变局和李鸿章所说的

"三千年未有之大变局"存在影响关系吗?

樊树志:"晚明大变局",是我研究明史的感悟,或者说心得,仅仅是一家之言,并不是史学界的普遍共识,或许有些人不以为然,可能会提出商榷意见,甚至相反的意见。这都是正常的学术讨论题中应有之义。也许是当局者迷旁观者清的缘故吧,大多数晚明士大夫不可能意识到这一大变局。但少数敏锐的思想精英,已经感受到晚明是一个"天崩地裂"的时代。所谓"天崩地裂",与当年孔子所说的"礼崩乐坏",可以互相对照,各自的内涵不同,有一点是共同的,都含有社会剧变的意义。正因为如此,"晚明大变局"这个课题才具有探索的价值。晚清的大变局牵涉政治体制的变革,由帝制走向共和,所以是"三千年未有之大变局"。晚明虽然政治体制依然故我,但在经济、社会、文化、思想等各方面出现了大变局,表明中国内部正在发生剧变,出现了前所未有的新现象、新因素和新突破。一言以蔽之,我认为,晚明是中国近代化的开端。从这个意义上来看,没有晚明的大变局,也就不可能有晚清的大变局。

晚清大变局人所共知,由帝制走向共和,由中华帝国走向中华民国,结束了从秦朝一直延续到清朝的皇帝制度与帝国体制。毫无疑问,这是划时代的剧变,故而称为"晚清大变局"。它的意义无论怎样估价都不嫌过分。我写《晚明大变局》的本意,是提醒人们,晚明也有大变局。我从六个方面来论证晚明的历史剧变:一、"海禁—朝贡"体制的突破;二、卷入全球化贸易的浪潮;三、江南市镇:多层次商品市场的繁荣;四、思想解放的潮流;五、西学东渐与放眼看世界的先进中国人;六、新气象:文人结社与言论。这种剧变是前所未见的,具有划时代的意义,或许可以说,没有晚明大变局,就不可能有晚清大变局。

晚明西学东渐,先进中国人瞿汝夔、徐光启、李之藻、杨廷筠、方以智等人，通过利玛窦等传教士（耶稣会士），放眼看世界，使得中国在经济上融入世界的同时，在文化上融入世界。法国汉学家、传教士裴化行神父在《利玛窦神父传》中说：16世纪的中国，出现了一场文化伦理革命，其先锋并不是出国考察者，因为谁也不能走出帝国之外去异邦寻求这些新科学，他们只是译者或编者，是他们让读者得以接触外来的著作。裴化行说得不错，当时条件下，先进中国人只能通过与传教士合作的方式，放眼看世界。裴化行赞扬瞿汝夔把西方文明的成就系统引入远东世界，他推崇与利玛窦合作翻译《几何原本》的徐光启，可以和英国人文主义"最纯净"的代表人物托马斯·莫尔相媲美。徐光启起用传教士修订历法，编成《崇祯历书》，把中国天文历法提高到一个新水平。天文学史专家江晓原指出：《崇祯历书》编成的时候，中国跟欧洲天文学的差距很小。但是此后两百年几乎不变，完全脱离了欧洲天文学的进程，而欧洲在这两百年间天文学发展迅猛。《崇祯历书》使得我们有一个机会跟国际接轨，却很快脱轨。

先进中国人放眼看世界的结果，使得一般知识人的世界观发生了根本的变化。崇祯五年（1632）宁波的一个天主教徒朱宗元，把中国与欧洲相比较，感慨系之：欧洲的天文、物理、历法"莫不穷源探委"，"我中土之学问不如也"；欧洲的自鸣钟、望远镜、起重机、乐器"莫不精工绝伦"，"我中土之技巧不如也"；欧洲土地肥沃、物产丰富、贸易遍及万国，"我中土之富庶不如也"。这样的眼界，在以前是根本不可能出现的，也为后世统治者所不及。乾隆五十八年（1793），英国国王特派马嘎尔尼伯爵出使中国，请求开放通商口岸，建立外交关系。乾隆皇帝断然拒绝，他写给英王乔治三世的信，译成英文在报上刊布："我已经注意到你谦恭有礼的态度……我没有忘记你们岛国被茫茫大海与世界隔离开来的孤独偏远之感……但我们天朝物产丰饶，应有尽有，我们不需要野蛮人的产品。"乾隆皇帝的世界观，远远不及一百多年前的宁波天主教徒朱宗元。

《明清史评论》：晚明大变局开启的大好局势，随着清朝的建立，表面上看来戛然而止了，清代社会切换到了另一个发展轨道上。但晚明开启的大变局，对清代至民国产生过什么样的影响？

樊树志：说晚明大变局"随着清朝的建立戛然而止"，大体可以成立，至少在对外开放与思想解放两个方面是如此。清朝建立后，为了对付东南沿海的抗清运动，实行空前严厉的海禁政策，"片板不许下海"。晚明时期东南沿海繁荣的对外贸易景象，消失得无影无踪。

清初以降，朝廷推行文化专制政策，屡兴文字狱，康、雍、乾三朝，一朝比一朝厉害。文人们个个噤若寒蝉，躲进象牙塔，埋首于古代经典的文字训诂。晚明文化思想界的宽松氛围，早已烟消云散。嘉庆以后，统治者对思想的统制有所放松，情况才有所变化，晚明大变局似乎再次重现。魏源接受林则徐的委托，编写《海国图志》，向国人介绍世界，打开眼界，就是突出的表征。

放宽历史的视野，我们可以在五四新文化运动中，看到当年王阳明开创的思想解放潮流的影响。王门后学"掀翻天地""非名教所能羁络"的精神，引起了共鸣。五四新文化运动中，高喊"打倒孔家店"的吴虞，对"异端之尤"李贽推崇备至，写了洋洋万言的《明李卓吾别传》。李贽的著作成了所谓的"思想与文化潜源"。李贽认为，千百年来毫无是非可言，原因就在于"咸以孔子之是非为是非，故未尝有是非"；公然抨击道学家都是"口谈道德，志在巨富"的伪君子，反不如市井小夫，主张"今之讲周程张朱者可诛也"。吴虞把他视为前辈，"能见有真是非，不随人脚跟立说"，"卓吾（李贽）产于专制之国，而弗生于立宪之邦，言论思想不获自由，横死囹圄，见排俗学，不免长夜漫漫之感"，所以他要高喊"打倒孔家店"。晚明思想解放浪潮的影响，于此可见一斑。

《明清史评论》："重写晚明史"系列以两百余万字的篇幅，呈现了在全球化经济发展推动下晚明社会的历史长卷。您在接受《中华读书报》访谈时提到，晚明"可爱又可叹"。请问您为什么要用"可爱""可叹"来概括晚明的历史？

樊树志：确实如你所说，2018年12月26日《中华读书报》第17版开辟专栏"年度学者：樊树志"，标题就是《樊树志：晚明可爱亦可叹》。

晚明有可爱的一面，也有可叹的一面。

发端于15世纪末16世纪初的大航海时代，把中国卷入全球化贸易的浪潮之中，无论葡萄牙、西班牙，还是荷兰、英格兰，在和中国的贸易中，无一例外地都处于逆差之中，全世界白银货币的四分之一甚至三分之一，通过贸易渠道流入中国，这是前所未有的辉煌。沿着新航路，欧洲的天主教传教士陆续来到中国，值得注意的是，当时广东等地的封疆大吏，对传教士很宽容大度，为利玛窦等神父北上提供方便。万历二十八年十二月五日，万历皇帝批阅了临清税关太监马堂的奏疏以及所附利玛窦贡品清单，就问：那座钟在哪里？我说，那座自鸣钟在哪里？身边的太监回答：陛下还没有给马堂回话，外国人怎么能够未经陛下许可就进入皇城呢？万历皇帝立即在马堂奏疏上批示："方物解进，玛窦伴送进京。"十二月二十一日，利玛窦一行进入北京。三天后，皇帝收到了贡品，特别恩准利玛窦在北京设立教堂传教。美国现代耶稣会士邓恩写的《从利玛窦到汤若望》，惊叹利玛窦进入大明帝国首都的破天荒之举，无异于"登上了'月球'"。万历皇帝看到耶稣受难十字架时，惊奇地站在那里高声说道："这才是活神仙!"皇帝对待外国传教士的这种宽容随和态度，是不是很可爱呢?

耶稣会士在传教的同时传播欧洲的科学文化，中国人开始真切地了解世界，涌现出一批放眼看世界的先进中国人，如徐光启、李之藻、杨廷筠、方以智、王徵等，他们与耶稣会士一起介绍欧洲的科学技术和宗教文化，大大开拓了士大夫的眼界，改变着知识人的世界观，一个启蒙时代来临了。文化思想界掀起了思想解放的浪潮，冲破经学的桎梏，挣脱名教的牢笼，文人学士追求自主意识，文人结社蔚然成风。这样的晚明社会是不是很可爱呢?

然而晚明的政治局面却又可叹。万历、天启、崇祯三朝党争不断，忙于窝里斗。皇帝和大臣都无意于政治改革，内忧与外患纷至沓来，朝廷衮衮诸公束手无策，没有能力把内忧与外患消弭于无形，眼看着王朝一步步走向末路。无怪乎孔尚任《桃花扇》要感叹:"眼看他起朱楼，眼看他宴宾客，眼看他楼塌了。"

《明清史评论》:学术研究是学者的本职，推进学术研究深度，拓宽学术研究广度，一直是学界共同努力的方向。但近年来越来越多的人，包括学者本身，都在反思当下历史研究过于向专深发展，趋于碎片化的现象，您对此有何看法?

樊树志:近年来，历史研究有一种趋势，寻找一个小的题目，挖一个很深的洞，深入钻研，人们戏称为"深挖洞"式研究。这当然是无可厚非的。不过应该提防走向极端，流于"坐井观天"，或者"只见树木不见森林"，难以洞察历史的真相。

不久前，英国剑桥大学出版社推出了一本颇有轰动效应的著作《历史学宣言》。两位美国历史学家书写的这本书，为了唤起人们的注意，刻意模仿马克思和恩格斯《共产党宣言》的笔法。比如《共产党宣言》第一句写道："一个幽灵，共产主义的幽灵，在欧洲游荡。"《历史学宣言》第一句写道："一个幽灵，短期主义的幽灵，正困扰着我们这个时代。"《共产党宣言》最后一句写道："全世界无产者联合起来。"《历史学宣言》最后一句写道："全世界历史学家联合起来。"联合起来干什么呢？共同反对历史研究中的碎片化和短视化倾向。该书的作者指出，由于研究者愈来愈专业化，视角日趋狭隘，热衷于碎片化研究，对于长时段的宏大叙事，不屑一顾。

他们企图凭借一己之力，挽狂澜于既倒，大声疾呼，获得各国历史学家的共鸣与喝彩。对于他们敏锐的洞察力，我表示敬佩，由衷地赞叹。令我感触至深的是，我们真的"和国际接轨"了，连历史学界的弊端也和外国一样，年轻的学者醉心于研究碎片化问题，乐此不疲。因为过于琐屑冷僻，无法在学术平台上引起争鸣，逐渐流于自说自话。我希望各位抽空看一下《历史学宣言》，听一听振聋发聩的声音，或许对研究历史不无裨益。

《明清史评论》：熟悉您的读者都知道您一直强调"为读者写书"，坚持"写读者爱看的书"。作为一位以学术研究为主要任务的高校学者，您是如何平衡学术研究的深度和读者阅读的趣味性的呢？您在20世纪90年代写作时就有读者意识，不能不说是开风气之先，请问您是怎么做到的？

樊树志：我一向主张历史著作应该学术性与可读性并重，范文澜、史景迁、黄仁宇、许倬云为我们树立了很好的榜样，他们的作品既有深厚的学术底蕴，又生动活泼、引人入胜、脍炙人口，成为畅销书、常销书。这是我追求的目标。

学者写书要具有读者意识，其实是最起码的要求，尊重读者也是尊重作者自己。然而做起来却并不容易，往往孤芳自赏，不肯放下架子，一些历史著作晦涩难懂，不但一般读者不敢问津，即使专业读者也视为畏途。如果写出来的书没有人爱看，岂不辜负了作者自己的辛勤劳作！我想尽力改变这种状况。

当年复旦大学教务处要我编写一本中国通史教材，我是有些犹豫的，因为这是一项吃力不讨好的工作，看似容易，其实颇为不易，要编出一本受学生喜爱的教材尤其不易。既然接受了这项任务，我便竭尽全力写出学生喜爱的作品。多年的历史教学实践，使我深知以往各种教材的弊端，决定摒弃令人厌恶的社会发展史模式，拒绝高头讲章的八股腔调，"惟陈言之务去"。从结构、体系、内容、形式各个方面都力求创新，给人耳目一新之感，适应90年代学生的阅读习惯，让他们喜闻乐见。《国史概要》出版后，立即受到学生热烈欢迎。本校大三理科学生余蔚在信中说：您的《国史概要》书，我不是放在书架上，而是在枕头边，现在已经养成了一种习惯，睡觉前躺在被窝里，枕着床头拿出来看一下，觉得您的书除了有意思外，更主要的是发人深思，有时感觉到自己不是在学历史，而是在学智慧，并且是大智慧。浙江大学邓国均在信中说：大三时读到您的《国史概要》，文笔简洁优美、温润宏富、朗朗上口，既可增人见识，又可陶冶性情，是我大学时代所读的几本对我影响最大、屈指可数的好书之一。

由于这本书的好感，同学们选修我的同名课程"国史概要"（中国古代史课程新名称）非常踊跃，名额迅即告罄，三百人的教室年年满座。

本书刚一出版，香港三联书店就来电，希望出版繁体字版。如今香港繁体字版已经有了三个版本，在华人阅读界广为传播。

《国史概要》在内地已经出到第四版，印数达十二万册。

《国史十六讲》是我的讲稿，我想把复旦大学的精品课程传播给社会大众，就对讲稿精心打磨，从内容到形式都适应社会大众的阅读习惯。此书一出版就引起轰动，让我惊喜不已。2006年8月2日，《中华读书报》以将近一个版的篇幅发表书评《一部高校教材何以成为畅销书》，并且配发我的大幅照片，颇为引人注目。该报编辑在标题上面加了导语："没有出版社的刻意宣传，更没有媒体的炒作，作者也不是央视《百家讲坛》精心打造的'学术明星'，这本普通的高校教材甫一问世，迅即成为了畅销书，在出版后的数月里始终位居学术类图书排行榜的前列，这其中的奥秘何在？"署名方晓的书评指出：一般来说，一部书要能够畅销，既要"好看"——写法吸引人，也要让人感到"值得看"，即有价值和有意义。《国史十六讲》一书就做到了这两点。她分析说：一是"视野开阔，推陈出新"，二是"学术热点话题引人注目"。结论是：《国史十六讲》既给初学者以知识，也能给治史者以启迪，好看又耐看，是一部雅俗共赏的佳作。

《国史十六讲》一版再版，如今简体字版已经印行了二十万册，成了常销书。

我的体会是，学者写书，心中一定要有读者，一定要明确是写给哪些人看的，千万不要孤芳自赏，写只有自己喜欢看的书。

2020年，随着《图文中国史》的问世，樊树志先生"为读者写书"的境界又上一个台阶——两百多幅精美的全彩图片配上樊先生基于六十余年学术研究而成的"简明但不简单"的文字，给读者呈现了一个鲜活生动、精彩纷呈的中国历史的大世界，被读者誉为

"难得一见的好书"。

"历史给人洞察一切的眼光，给人超越时空的智慧，去审视过去、现在、将来，而不被眼前的方寸之地所困惑。……莫道昆明池水浅，观鱼胜过富春江。"谈到研究历史和学习历史，樊树志先生如是说。

作为一位学养丰厚、处世通达的历史学者，樊树志先生八十岁之际以两百余万字的宏大叙事视角书写晚明的历史长卷，他希望通过自己的努力让更多学者意识到回归大历史观的必要，也希望让更多的读者通过阅读学者的历史专著来建构正向的历史观和世界观学者的社会责任感是用实际行动做出来的，在此向樊树志先生致敬。

（访谈人：贾雪飞，副编审，中华书局上海公司副总经理）

宋元时代的乡村组织*

[美] 周绍明（Joseph P. McDermott）著

董乾坤（安徽大学历史系）译、尹建龙（安徽大学历史系）校

摘要：在宋元时代中国乡村民众的日常生活中，存在着四种常见的乡村组织：社、民间宗教组织、佛道机构以及大型的亲属组织，它们可统称为"乡村四重奏"。在中国乡村，这些组织在乡村社会秩序的管理中，既相互竞争又相互影响，是后来乡村社会变迁的基础。通过对宋元时期徽州四种乡村组织的灵活性和动态互动性进行探讨，作者揭示了它们在宋代以来的相互关系。在描述以这些传统组织为基础的乡村生活中，作者还挖掘了一部与生产无关且常被忽略但又至关重要的乡村社会史。作者指出，如果将这一社会史置于一个广阔的社会环境中加以考察的话，研究者会发现，由于社会环境的影响，明代中叶以前的乡村社会中，更具影响力

---

* 本文为［美］周绍明（Joseph P. McDermott）著、董乾坤译《中国南部乡村新秩序的形成：徽州的村落、土地和宗族（900—1800）》（生活·读书·新知三联书店，即出）一书第一章，考虑到本章讨论的是宋元徽州乡村组织的发展，对理解明清徽州的宗族与村社颇有参考价值，故先行发表于此。刘永华教授、蔡丹妮博士对部分译文进行了校对指正，特此致谢！

的不是宗族，而是社以及那些合法的宗教机构。明代中叶以后，徽州宗族及其祠堂的兴起，标志徽州乡村组织历史的一次明显转变，这对徽州商业上的繁荣至关重要。

关键词： 社　民间宗教　道观　寺庙　宗族　徽州　四重奏

宋元时期，那些致力于维持或扩大财富和权力的家庭（families）面临着两个非常不同的挑战，第一个是来自土地所有权的相关政策和政府机构方面发生的巨大变化。自从唐代（618—907）的均田法在8世纪中叶崩溃后，政府逐渐对土地失去控制，大多数土地落入私人（private parties）手中。至迟到11世纪，作为帝国的一种重要财富形态——土地，已被家庭占有，尽管不同家庭占地数量不等，但他们绝大多数都多少占有若干亩。不过，由于在父亲死后家中的子嗣往往会分家析产，因此，宋元时期的家庭一般仅能维持两至三代。至于那些有能力在三代以上的时间里保持经济实力，从而维持其社会地位的家庭，包括那些参与扩张商业活动的家庭，更是凤毛麟角。[1]

生活在精英政治圈子里的许多家庭，还面临着一个同样巨大的挑战。在过去的千年中，政治精英们世代垄断了政府要职，特别是朝廷要职，然而，从10世纪起，他们的子嗣和其他富裕且显赫一方的家族子嗣，在仕途上面临着更为激烈的竞争。首先，在五代时期（907—956）的武人政府专制统治下，他们的处境岌岌可危；接着，在宋代，他们又需要持续不断地接受科举考试的竞争；最后，蒙元统治者对汉人所实行的儒学名额分配制度，又让他们所起的作用微不

---

[1] 可参见 Joseph P. McDermott（周绍明），"Charting Blank Spaces and Disputed Regions: The Problem of Sung Land Tenure," *Journal of Asian Studies* 44.1 (Nov. 1984), pp. 13-41以及本书第二章相关内容。

足道。①可以理解的是，许多家庭的家长们谴责这些变化的进程和趋势。11世纪时，他们已经开始为无法制定未来三十到四十年的家庭规划而抱怨。②至12世纪末，他们彼此只能呼吁把长期的规划限制在二十年以内："此之外，则无预焉。"甚至有的家庭制定的家庭预算仅限于一年甚至一个月。③在精英阶层，他们必须制定出家庭的财政预算，这不仅便于攫取财富和权力，还有助于在跟同僚（inferiors as well as superiors）的竞争中让财富和权力长盛不衰。

在财富的生产和权力的分配过程中，面对随之而来的政治、经济方面的广泛变革，家庭是如何应对的呢？对此，生活于8世纪中叶至14世纪中叶的徽州人给予了关注并提出了自己的看法。不过，本章在探究他们的对策之前，会先对宏观的制度脉络作一描述和分析。正是在这这种脉络之中，这些家庭作出反应，追求着自己的目标。这一宏观脉络里面，隐含着另外一类挑战：这类挑战并非来自那些富有进取心的家庭之间的相互敌对，而是这些家庭与其他类型的乡村制度之间的竞争。不过，现代史家们在探讨宋代庄园式的秩序以及由士大夫（scholar-officials）掌控的世界时，往往将其忽略。宋元时期的官方文献详细记载了政府的权力通过诸如保甲一类地方行政组织触及乡村。④一些20世纪

① John Chaffee（贾志扬），*The Thorny Gates of Learning in Sung China*, Cambridge: Cambridge University Press, 1985; and Herbert Franke（傅海波）and Denis C. Twitchett（崔瑞德）, eds., *The Cambridge History of China, Vol. 6, Alien Regimes and Border States, 907-1368*, Cambridge: Cambridge University Press, 1994, pp.515-17, 570, and 637-638.
② 张载：《张载集》，中华书局，1978年，第259—261页；Patricia Buckley Ebrey（伊佩霞）, *Confucianism and Family Rituals in Imperial China: A Social History of Writing about Rites*, Princeton: Princeton University Press, 1991。其中对11世纪中层官僚那些杞人忧天的想法作出了一些值得注意的论述，见该书第46页。
③ Joseph P. McDermott, "Family Financial Plans of the Southern Sung," *Asia Major*, 3rd ser., Vol.4, no.2 (1991), 见第21页生活于1200年浙东湖州倪思的话。
④ Brian E. McKnight（马伯良）, *Village and Bureaucracy in Southern Sung China*, Chicago: The University of Chicago Press, 1971.

五六十年代的历史学者探讨了定期集市和市镇在整合农村经济中的作用。[1]最近,一些学者强调了那些地方知识精英们建立起来的乡学、社仓以及乡约的重大意义。[2]我在这里重点分析的是四种其他类型的乡村组织及其相互之间的关系,这四种乡村组织包括村社(village worship associations)、民间信仰坛庙(shrines of popular religious cults)、佛寺和道观之类的正规宗教机构(formal religious institutions such as a Buddhist temple or Daoist shrine)、亲属组织(kinship institutions)以及它们之间的相互关系。[3]

宋元时期,上述四类乡村组织都深植于中国家庭的日常生活中。它们的历史均能追溯至数个世纪以前,如佛教可以追溯至汉代,而其他三个则更早。宋代时,它们普遍存在于中国各个乡村,并为当时以及后来中国的大部分民众提供了一个统一的范式以指导人们的社会和宗教生活。至11世纪晚期,中国的人口翻了一番,与此相应,徽州在8世纪中叶以后的总人口也有显著增加。据徽州方志记载,宋元时期,徽州境内有135座寺庙和道观,事实上,这些寺观早在9世纪中叶以后就已经创建了。[4]宋元地方文献中所记载的社,有时就是在政府的支持下才建立起来的。[5]同时,徽州还是某个盛行的民间信仰的发源地,在著名理学

[1] G. William Skinner(施坚雅),"Marketing and Social Structure in Rural China, Part 1," *Journal of Asian Studies,* Vol.24, no.1 (1964), pp.3-43; Denis C. Twitchett, "The T'ang Marketing System," *Asia Major,* n.s., 12.2 (1966), pp.202—248;[日]斯波义信:《宋代商业史研究》,东京风间书房,1979年。

[2] Robert Hymes(韩明士),*Statesmen and Gentlemen: The Elite of Fu-zhou, Chiang-Hsi, in the Northern and Southern Sung*, Cambridge: Cambridge University Press, 1987, pp.104-6, 132-35, 152-57.

[3] 显然,在帝国晚期的乡村,其他类型的基层组织也在运行。然而在徽州,像水利和粮仓一类的组织在宋元时代的文书中很少被提及,而其他如民兵和私塾之类的组织,让人觉得是分属当地的领袖和亲属组织的势力范围。

[4] 淳熙《新安志》卷三至五;弘治《徽州府志》卷十,弘治十五年刻本,第50b—70a页。

[5] 淳熙《新安志》卷一,淳熙二年刻本,第5b页。

家朱熹（1130—1200）笔下，徽州被描述成一个"风俗尚鬼……朝夕如在鬼窟"的地方。①徽州还建立了一些以财产和祭祖为基础的新型亲属组织，但不及其他三类乡村组织完备。增长的大部分人口是在中国东南区域内，徽州正处其间，其人口的激增和新型组织的发展速度十分惊人。

为探究这类乡村组织做了什么以及如何将其区分开来，我们研究了政府法案和规定，但收效甚微。需要承认的是，僧侣和道士都须通过官方的考试方能具备资格。任何合法寺庙和道观的设置、一切地方神灵想要进入国家祀典，皆须到官府机构登记并得到批准。更有甚者，在宋徽宗时代（1000—1026），皇帝还试图将道观和道教神祇的地位置于佛教神祇之上。金（1115—1234）、元统治者也将社作为乡村治理的一个基本单元。不过总体而言，历代政府对社加以控制与管理的企图并未完全实现，且时断时续。而他们对社在财政上的需求与控制，同样重要。②

对这类组织活动和功能的教科书似的记载，同样不尽如人意。依据这些传统观点，每个这样的组织都占据了一个单独的活动空间，这个空间与其名称相符并对其权力性质和活动范围作出限定。因此，社可被认为负责筹划诸如节庆这样的全村活动。佛寺服务于葬礼，道观用于打醮驱邪，民间教派关注的是信众的福祉和繁荣，而亲属组织则负责祭祖、

---

① 朱熹：《朱子语类》，岳麓书社，1997年。该书的卷一、三、四十三提到了徽州颇为盛行的五通信仰。

② ［日］水越知：《宋代社会と祠廟信仰の展開地域核としての祠廟の出現》，《东洋史研究》，2002年3月第60卷第4期，第1—38页。宋代政府曾短暂地将社的力量加入军事组织中，以抵御金人的进攻。参见Richard von Glahn（万志英），*The Sinister Way: The Divine and the Demonic in Chinese Religious Culture*，Berkeley: University of California Press, 2004, pp.158-60；《宋史》卷四，中华书局，1985年，第789—790页。对于元王朝而言，社管理着未被政府授权的诸多事务，其中也包括那些由政府建立、其管理者备受民众抱怨的村社组织。参见沈家本编：《大元圣政国朝典章》卷三十二，文海出版社，1964年，第3b—10b页。

添坟、修缮学校以及偶尔的社仓修缮。

然而，这类程序化的描述，尤其是在描述宗教生活时，仅仅是一厢情愿的想象而已，用韩明士的话说："无论是在实际生活中，还是在法律、法规的条文上，中国都缺乏一个明确而有系统的宗教体制。"[1] 这些乡村组织在其独立的的活动空间中所具有的巨大差别在实践中被消解。"由于中国的宗教传统并不相互排斥，因此，庶民不必只选其一。一旦出现麻烦，他们会向所有神灵寻求帮助，同时也向来自不同传统的众多神灵祈求庇护。"[2] 韩森在宋代中国的宗教教义和义务中发现的这种折中主义（the eclecticism）也体现在乡村组织本身的责任与活动中。出于村民的要求以及各种机缘巧合，乡村组织、其负责人及其管理者会被卷入其他组织的世俗和宗教事务之中。这类交叉重叠有时体现出相互合作，但更多时候则是竞争，以致宗教组织与世俗组织相互蚕食着各自的传统活动领域。一言以蔽之，这些组织的共性要比他们公开承认的多，因为他们尽量吸纳成员、扩大领土、攫取资源、承担责任，以及扩张以牺牲其他组织为代价的权力。

上述这些组织在功能与活动上的交织使一些学者认为，宗教以及与其相关的组织是源自一套潜在的宗教实践和信仰，这是一种被视作中国宗教基本原理的"萨满主义底层"（shamanistic substrate）崇拜。[3] 尽管这种理解方式有巨大的优点，原因在于它具有全面性，并认识到组织之间具有促使他们去相互竞争的差异和相互协作的共性，但这也有两个缺陷：它未能承认这些相似性是历史偶然的产物，正如它们是任何一

---

[1] Hymes, *Statesmen and Gentlemen*, p.191.

[2] Valerie Hansen（韩森），*Changing Gods in Medieval China, 1127-1276*, Princeton: Princeton University Press, 1990, p.31.

[3] Piet van der Loon（龙彼得），"Les originesrituelles du théatre chinois," *Journal Asiatique* 265（1977），p.141-168.

个组织的社会计划、宗教观点以及宪法结构的产物一样；而且，还将中国大量宗教实践所具有的多样性和灵活性给简单化了。[1] 相反，如果我们同意有必要将这些差异性和灵活性进行历史性阐释的话——把宗教活动的多样性视作大多数中国社会政治生活中相互倾轧、争权夺利的一部分，那么，中国宗教活动的历史就会更加顺理成章且卓有成效地与中国社会史、政治史联系起来。尽管宋、金、元政府无法按照自己的标准整合这些乡村组织，但如果这些组织试图以自身的非正式方式加以整合，政府也不会制止。在许多乡村中，这些组织都是彼此强劲的对手，而且在宋、金、元时期的大多数时间里，在竞争中败下阵来的往往是大型亲属组织，特别是当它们在处理全村事务，而这些事务又超出它的家训规条并被卷入与其他类型的乡村组织的竞争时，情况更是如此。

因此，为了厘清并理解这一竞争过程，我们不仅要关注在乡村中运作的是何种组织机构或他们所承担的传统任务是什么，还要对这些组织的相关问题作仔细辨别和更进一步的研究。如哪种活动一般由哪类乡村组织负责举行？在什么场所举行？哪些人会被允许加入以及管理何种组织？参与哪项活动？何类组织是基于何种功用和目的而被什么人优先接受？它们热衷的世俗和宗教活动是哪一类？如何以及为何这类活动安排和优先事项随着时间改变，从而在一个村庄的民众中建立新的优先层级？基于此，本章重点关注的问题是这类宗族组织、其负责人和管理者实际上做了什么而非说了什么。通过考察这些乡村组织扮演的角色及其如何发展，它们之间有何种错综复杂的关系，它们的成员和资源以及它们在乡村政治和社会层级中具有何种权力和地位，我们会注意到乡

---

[1] Edward L. Davis（戴安德）在其著作中作出了这一有效的评论，见 Edward L. Davis, *Society and the Supernatural in Song China*, Honolulu: University of Hawaii Press, 2001, p.1-4。

村组织是如何参与到比我们预期的种类还要多的乡村事务中去的。对于那些潜在的成员或信众而言，角色的多重性让这些组织变得更富吸引力。他们会明白这些乡村组织力量的消长变化与其在乡村生活中角色的多少以及活动的多样性密切相关。

由此我们会发现，宋元时期，徽州大型亲属组织在乡村中的地位远不如其他三种类型突出、强大，特别是在有关死亡的问题上更是如此。社，通常会在墓地祭祀他们成员的祖先，有时还会通过巫觋与祖先进行沟通①；佛、道教组织为死者祈祷、照看坟墓，且向其信众许诺，只要经过转世投胎或修炼，即可在精神或肉体上得到永生。民间宗教为徽州许多乡村的民众创造出无数的神灵和祭坛，它们在功能上时而竞争，时而合作，同时也被视作一种非标准的祖先崇拜（quasi-ancestral cults）并许诺给民众带来安康和福祉。长期以来，为了解决死亡所带来的不可避免的遗忘，儒家所采取的独特方式是借助社会记忆来实现，即通过不断的代际繁衍和持续举行纪念性的仪式。然而儒家对民众世俗的需求却关注甚少，促进亲属情感需要依靠范围更大的社区团体或自愿组成的社。而且最重要的是，在直系亲属之外，亲属组织对它潜在的支持者很难给予实际利益的回报。不言而喻，对于乡村中的绝大数男性而言，功名与做官皆遥不可及。与此同时，那些亲属组织的竞争者，不是通过后代繁衍，而是以自己独特的方式为生者和死者提供实现社会记忆的方法。在一个宗族仍然普遍缺乏稳定组织和悠久世系的社会中，那些义户大族体现出弱势地位，便显得十分正常。

然而，若要对上述四类乡村组织影响力的大小作出评价的话，需要从两个方面加以界定：一是地理因素，二是作具体分析。首先，处于

---

① 对于政府官员和儒家学者而言，不管何种民间信仰，只要他们不喜欢，就会对它的神职人员冠之以"巫"而加以污蔑。

同一地域中的乡村组织，其扩张速度与权力大小都是因地而异的。与其他地区不同，徽州的人口在几个世纪之内就增长了四倍。截至1391年，徽州登记在册的人口有131 660户，即650 000口，其中绝大多数都生活于乡村。①人口增长的原因不仅来自当地粮食、茶叶以及木材等种植业方面的发展②，还源于大量移民的涌入——他们都是在三次大动乱中逃难至此的。一些人是为躲避8世纪中叶的安史之乱而来，这场动乱给北方大部分地区带来了严重的破坏；另一些人则是因为9世纪七八十年代爆发的黄巢大起义，这场暴乱横扫了整个长江流域；还有一部分发生在1127年后的数十年间，当时女真人赶走了宋朝皇帝而控制了中国北部。

表1　徽州户数表（东晋至明初）单位：户

	徽州	歙县	休宁	婺源	祁门	黟县	绩溪
晋	5 000						
刘宋	12 058						
隋	6 154						
唐	6 021						
713—741	31 961						
742—755	38 320						
806—820	16 754						
宋							
1017—1021	127 203						
1041—1048	124 941						

---

① 参见表1中唐以前至14世纪晚期徽州的户口数，据统计徽州4%的人口生活在县城内。参见《徽州府志》卷二，弘治十五年刻本，第32b—33a页。考虑到宋元时期的市镇数量很少，那么市镇人口所占比例也应很低。

② Shiba Yoshinobu（斯波义信），"Urbanization and the Development of Markets in the Lower Yangtze Valley", in John W. Haeger, ed., *Crisis and Prosperity in Sung China*, Tucson: University of Arizona Press, 1975, pp.13-48.

（续表）

	徽州	歙县	休宁	婺源	祁门	黟县	绩溪
约 1080	105 984						
1131—1145	161 147	44 530	32 080	35 105	25 907	12 365	11 160
约 1145	97 248	22 716	17 876	26 222	12 233	9 041	9 160
元							
1290	157 460	40 505	36 648	43 928	7 483	40 505	10 806
明							
1371	117 110	37 764	30 985	27 645	6 101	4 816	9 799
1376	（121 200）	39 901	31 968	28 723	6 407	5 079	9 122
1391	131 662	40 064	36 863	28 027	6 943	6 380	13 385

不过，对于这三次移民浪潮在徽州人口增长中所具有的统计学意义，最近的研究并未给予应有的重视。笔者着重强调民众或家族在六个世纪的前三个世纪中就已迁来，意在表明徽州增加四倍人口在 11 世纪初即已完成。[①] 由此我们可以看到，在接下来的一个世纪中，徽州的经济和人口都在急速地发展，至 12 世纪初期，人口即达到 161 147 户。然而，在地方豪强方腊的叛乱以及女真于 1129 年对江南发动的侵略中，徽州有记录的增长人口，竟减少了三分之一强。南宋时（1127—1279），徽州人口得以恢复，且增长速度要比官方登记的数字快得多。即便如此，徽州户口的增速在总体上也比此前三个半世纪慢。事实上，到了 1391 年，因元明易代的战争动乱，徽州人口仅仅达到 10 世纪中叶的水平。

随着徽州人口的增加，乡村组织也随之发展。随着大量无主荒地和

---

① ［日］山根直生：《唐宋間の徽州に於ける同族結合の諸形態》，《历史学研究》2005 年第 804 卷，第 37—56 页，特别是第 41—48 页。汪氏在歙县和黟县的人数非常多，见《新安志》卷二，第 15b 页。

山林被开垦为稻田、茶园和山林梯田，许多新的村庄出现了。这一漫长的定居和开发进程，总体上遵循了东亚稻作区（rice-cultivating areas）发展的一般模式：先定居于山脚，其后随着水利灌溉设施的修建，梯田随之沿着山坡逐渐向上发展，但山下的河流湖泊却日渐干涸。[①] 在徽州这样的山区，自秦汉以来，民众一般倾向于在山谷或平地的中心定居，然后沿着河流湖泊的两岸四散开来。在此他们发现，溪水会沿山而下，为土地提供了充足的水源但却不会有持续的水涝危险。唐代时，在歙县西部和休宁东部的山谷盆地中，许多居民在此生活。如位于这一区域里的篁墩村，即是沿着丰乐河与富梓河而建。这里便利的水利灌溉条件为农田的进一步开垦提供了坚实的基础，既可以开发更低的湿地，又可以沿山而上开发不宜居住的山田。

唐代末年，为躲避暴虐的黄巢军队，徽州的土著居民纷纷逃入深山，这时长江下游地区大批民众也逃难而来，他们共同加速了山区的开发。此处仅举歙县三个事例，以资说明。歙县的部分方氏民众迁往瀹坑，部分罗氏迁居于呈坎，而篁墩的部分程氏则迁往更适合防御之所——其中一处海拔竟高达约60英尺，且四周悬崖屏绕，宛若铜墙铁壁，仅有两条石径可达至此。[②]

宋元时期，当地的居民和移民已经遍布整个徽州，以至于不管是山谷平原还是山林高地，皆出现了耕地不足的现象。这是民众持续开发甚至是过度开发所导致的必然结果，最初在徽州的中心盆地区域表

---

① ［日］渡部忠世、樱井由躬雄编：《中国江南の稲作文化：その学際的研究》，日本放送出版协会，1984年。
② ［日］山根直生：《唐宋間の徽州に於ける同族結合の諸形態》，第51—52页以及氏著《唐末五代の徽州における地域核と発達と政治再編》，《东方学》2002年第103卷，第80—97页；程珌：《洺水集》卷十，四库全书本，第15a页。显然所指皆是相似的地方，参见程敏政：《篁墩文集》卷十七，四库全书本，第17a页。

现得尤为明显。在这里，为便于灌溉稻田，湖盆被疏浚，溪流被改道。在歙县、休宁，尤其是婺源的西南部，大量平地被改造为稻田。此外，显而易见的是，从11世纪中叶开始，随着山地农业的继续开发，这里的梯田不断向山上延伸，早熟的占城稻也得以培育。因此，越来越多的移民在山上定居，如王干的洪氏即是如此。[1]尽管方腊的叛乱对这里破坏严重，但南宋时代，原来的荒芜之区还是布满了大小不一的村落。由此表明，在这几个世纪中，人口扩张的力度要比官方户口数字所显示的更大。据文献记载，宋代时祁门新增的居民要比唐代的府治歙县还要多，同时，两个相对偏远的黟县和绩溪县，人口也在不断地增长。不过总体而言，六县之中，歙县、休宁，尤其是婺源三县的人口始终最多，稳居全府在册人口数的三分之二以上。即便是一些山间零碎的小块贫瘠岩田，也被那些渴望土地的家族所占据，如婺源西南乡的朗湖叶氏、休宁济阳溪沿岸的万安吴氏以及南部山区的乐潭朱氏便是如此。据文献记载，最后到了12世纪晚期，人口最多的婺源县开始跨越县境，向人口较少的歙县和休宁高地迁移。尽管如此，由于土地稀少，歙县和休宁两县的家族也被迫向相邻府县中人口稀少的村落以及长江以北迁移——尽管江北距徽州有数百英里之遥，且都是深受战争破坏的贫瘠荒地。[2]因此在整个13世纪，虽然徽州官府户口册上的人口和居民还在不断增加，但移民史至此已进入一个转折点。自此以后，徽州已经不再是移

---

① [日] 周藤吉之：《宋代经济史研究》，东京大学出版会，1962年，第143、150—151、162、164—165页；《新安志》卷二，第1b—4a页；戴廷明、程尚宽等撰：《新安名族志》后卷，黄山书社，2004年，第504页。

② 戴廷明、程尚宽等撰：《新安名族志》后卷，第387、424及443页；[日] 山根直生：《唐末五代の徽州における地域核と発达と政治再编》，第42—48页；《新安志》卷二，第5a页；Joseph P. McDermott and Shiba Yoshinobu, "Economic Change in China, 960-1279",inDenis C. Twitchett and John Chaffee, eds., *Cambridge History of China, Sung Dynasty 960-1279*, v. 5, *Part Two: The Sung Dynasty and Its Precursors, 907-1279*, Cambridge: Cambridge University Press, 2015，pp. 321-436。

民输入之地，而开始成为输出之区了。徽州人口的增长虽然赶不上人口激增的福建省，但却快于帝国境内的其他地区，如人口停滞的山西省。[①]正如我们所看到的那样，徽州乡村组织在数量上的激增，让山西省望尘莫及。而且可以想象的是，如果换成福建省，当地势力强大的佛教组织将无法容忍村社主导徽州乡村社会的情况。[②]换言之，当我们分析宋代社会的变迁时，如果关注的是中国日常生活中的组织机构而不是那些精英们的统治，那么，像"地方"一类的乡村组织的基础性将变得更为明显，从而能进一步揭示出乡村社会秩序的巨大差异性，而差异性则是实际上构成诸如"中国社会"（Chinese society）、"中华帝国"（the Chinese empire）这类抽象名词的基石。

一旦村落结盟的范围超出周遭地域，地区间的这种差异性还会增加。然而几个世纪中，徽州村民通常都是以各自的社为基础祭拜同一个保护神，这一现象也存在于福建和山西南部。在福建和山西，信奉相似神明的村落会通过佛教、道教或者社联系起来，组成一个跨村落的灌溉网络，而像徽州这样的山区则没有建立如此复杂的农业基础设施。这些差异是否意味着徽州的社与非相邻的村庄更容易形成联盟组织尚待观察，但它的确表明，比起福建和山西那种以基本水利设施为基础的联盟，徽州的社更富有变化性和灵活性。因此，关于宋元时期徽州村社相

---

① Joseph P. McDermott and Shiba Yoshinobu, "Economic Change in China, 960—1279".

② 杜正贞：《村社传统与明清士绅：山西泽州乡土社会的制度变迁》，上海：上海辞书出版社，2007年；Kenneth Dean（丁荷生）and Zheng Zhenman（郑振满），*Ritual Alliances of the Putian Plain, v. 1, Historical Introduction to the Return of the Gods*, Leyden: Brill, 2010; Kenneth Dean, "The Transformations of the She（Altars of the Soil）in Fujian," in *Cahiers d'Extrême-Asie*, FranciscusVerellen（傅飞岚），ed., *Cults of Saints/Cults of Sites*10 (1998), pp.19-75; and Hugh R. Clark, *Portrait of a Community: Society, Culture, and the Structures of Kinship in the Mulan River Valley (Fujian) from the Late Tang through the Song*, Hong Kong: Chinese University of Hong Kong Press, 2007, pp.182-183,其中有关于庙产的讨论。

关权力的研究成果，或许对其他地方乡村中类似的组织也能适用。但随着时间的推移，同一区域中的地方社会是如何将村与村组织起来的呢？要想解决这一问题，上述成果未必能派上用场。这一联盟的外部复杂性，与四种竞争型乡村组织的内部复杂性相结合，表明中国乡村组织的多样性特征，相较于当代西欧庄园—教区那种简单的二元结构，要丰富得多。一般而言，多元性（pluralism）并不适合中国政治，但是在探讨宋代一些宗教组织的运作以及乡村社会关系时，则难以否认其适用性。

我们所关注的第二个因素是乡村中非亲属组织的稳定性。作为一个组织，随着成员人数以及相关事务的增多，将变得更为庞大和更富竞争力，而不是更稳定，这一点在宋代尤为如此。如同许多小寺庙和民间教派一样，社的运作是独立于政府之外的。尽管这一突出的自治性特征减少了官府对它的介入，却无法避免某些官府代理人为自己谋取私利，如那些被赋予权力的官吏或取得功名的士人。[1]而且，一些相对强大的乡村组织可能会严重依赖首事的能力和魅力，一旦更换首事，实力可能就会削弱，进而容易受到其他组织的挑战。

此外，我前面一再强调，这些非亲属乡村组织的强大动力来源于角色与功能的多样性，但这种多样性恰恰从根本上慢慢削弱了它的实力。这些组织——在宋元时期，主要是指社和佛教寺庙——能够将其影响力扩展至其传统的活动领域之外，这表明，一些组织强大的根本原因在于能兼并其他村庄中某一类组织。自13世纪开始，各个乡村组织地位的升降变化变得更为常见。

然而，如果村中实力较弱的组织是另外一种类型的话，那么较强的一方就会发现自己最初的成功其实只是一种假象。透过村社和小的佛教

---

[1] McKnight, *Village and Bureaucracy in Southern Sung China.*

寺庙，我们将会看到它们的强势也会变成自身致命的弱点。村社和小寺庙的实力源自他们能在各种场合提供服务，如殡葬、祭奠、看守坟茔、维护神像以及祭祖，而儒家士大夫则将这些活动越来越多地跟亲属组织结合在一起。尽管宋元精英中的许多士大夫支持那些异姓乡村组织来承担这些事务，而那些非亲属组织也需要并乐意承担像祭祖这类亲属间最重要也是最基本的仪式，但这些做法也只是延迟了亲属团体（kinship groups）发展的时间。至明清时代，亲属团体俨然成了一个实力强大、财力雄厚且组织完备的宗族组织。在宗族化过程中，上述任务不断地转移至他们手中。在南宋中期及元代，徽州宗族的规模还很小。根据16世纪晚期完成的《新安名族志》记载：在84个姓氏、722个宗族中，超过三分之二的宗族最早定居在徽州的时间只能追溯至宋代甚至更晚。[1]1200年前后，休宁吴氏是其中具有代表性的最大宗族，但也仅由散居在县内各村中的几百户人家组成，而那些更小的宗族则只有几十户。[2]而且，像明清时期的宗族为了凝聚族人、加强亲属组织以及防止族人加入其他乡村组织而设立的族田，在这一时期还十分少见。

然而，宋元时代这种建立在小家庭层面上的亲属单元作为一种组织，不论多么弱小，它们的目标和价值观念是得到普遍认同的。事实上，那些热衷于获得民众信赖并提高自身在村中地位的乡村组织迫不及待地就接受了这些目标和价值观。强化家族组织、厘清谱系、定期祭祖以及维护祖茔，这些生者和死者的事务，对于徽州的乡村组织来说，不论是亲属还是非亲属，都是作为核心问题而加以深切关注的。因此，当我们走进宋元乡村社会的组织网络当中时，会发现相互交织的亲属关系

---

① ［日］山根直生：《唐宋间の徽州における同族结合の诸形态》，尤其是第40—44页。
② 吴激：《竹洲集》卷十一，四库全书本，第2b—4a页。有关福建的情形，参见 Clark, *Portrait* 一书，在第96—97页中提到的"大型"亲属组织，也仅由300多户的700多个男性组成。

错综复杂且变化万端。根据一般预设，村社、民间信仰（popular cults）以及佛教寺院等宗教组织与亲属关系没有关联。但是，亲属关系在这些宗教组织制定目标和运作经营中所扮演的角色，是任何一个认真研究徽州乡村家族的学者都必须要考察的。

如果将宋元时期这四种类型的乡村组织看作一首音乐四重奏，将会颇具意义。演奏者们将有关生死的观念和主题谱写成时而和谐、时而冲突的旋律。演奏过程中，演奏师们各负责一个主旋律，每人弹奏自己的旋律时，先是将自己旋律中的主题展现出来，当主题变化后再交给他人。弹奏中，他对于四重奏中的每个主题都提出了挑战，有时因为转变太大，让我们知晓自己到了哪里，但却不知道这是如何发生的。下面的任务就是聆听那些杂乱无章且纷繁复杂的交响乐，如果可能，我们不仅要聆听乐谱上的每一个音符，还有音符之间的吟唱。

村　社

村社是一种容纳性极强的地缘组织，有效地指导着村中的一切公共事务。其管理范围通常与自然村一致，有时也会包括两到三个小自然村（在那些人烟稀少的高山区域尤为如此），有时又仅管理一个较大村庄的一部分。对于徽州的村社而言，在我们可资证明的几个例子中，其参与的民众人数是以"十"为单位而非"百"。[①]与寺庙、道观或民间

---

① David Johnson（姜士彬），*Spectacle and Sacrifice: The Ritual Foundations of Village Life in North China*, Cambridge, MA: Harvard University Asia Center, 2009，第1页中有关于山西东南部的评论；又见 Hawashima Atsutosh（滨岛敦俊），"Communal Religion in Jiangnan Delta Rural Villages in Late Imperial China," *International Journal of Asian Studies,* Vol.8, issue 2 (June 2011), pp.151–153。

信仰不同的是，村社仅从本村内吸纳成员。与乡村亲属组织亦有不同，它的成员不仅仅包括亲属、姻亲和私交好友，相反，它关注的核心是共同体的认同感（a shared sense of community），这一认同感由某一特定空间内基于共同崇拜、生活、工作和防御的需要而建立，然后再由轮管它的民众通过长期和多方面的培育而形成。随后，在本社区共同福祉和安全的关切下，这些社区成员——小村落、村庄，甚至城市社区——在一起参与对神灵的祭拜活动，进而形成相互支持的义务。在中国社会结构中，这些村社往往是潜在的、非亲属意义上的基本社区单元，进而形成"大村、村落间及区域性寺庙与村落联盟"。[1]一些宋人甚至自信地宣称，在由这些村社所组织的春祈秋报活动中，欢乐的宴会与舞蹈会让村民们变得更加和善而更少好斗。[2]

　　然而，由于村社存在着天然的边界意识，它们所服务的对象和内容也有局限性，这让它的成员和管理者无法成为彻底的共同体主义者（wholly communitarian）。万志英（Richard von Glahn）在一篇有关村社（作者称其为乡村崇拜团体）研究的精彩论文中认为："跟亲属的身份类似，社员也具有身份上的认同——各种文献皆强调社员们都会参与社的活动或提供资金上的支持。"[3]从宏观层面看，这一看法是正确的。如果反驳的话，所要追问的则是，是否每个人都是如此呢？不仅一些外来的移民家庭不被所在的村庄和村社接纳，即便是一些原住民也有不加入村社的，原因在于村庄本身并不能保证村庄内的所有家庭都有资格加入村社组织。这些被排斥在外的家庭包括佃仆和其他一些贱民阶层（他们往往

---

① Dean, "Transformations," p.21.

② ［日］松本浩一：《宋代の道教と民間信仰》，汲古书院，2006年，第104—105、116—117页；［日］田仲一成：《中国祭祀演劇研究》，东京大学出版会，1981年，第35页注释4。

③ Von Glahn, *Sinister Way*, p.168.

被迫居住于社区的边缘区域，至迟在明末清初的某个时候，他们以"灵媒世家"〔hereditary mediums〕而非普通成员的身份得以参与进来①），他们不愿交纳为维持村社运营而例行均摊的会费，也不会参与每年的轮值管理事务。对于穷人而言，交纳会费一项很可能是个负担。据一位12世纪的官员记载，穷人们是通过借贷才得以交纳会费的（这种情形，也适用于其他类型的宗教组织）："贫下人户，多是典剥取债方可应副。又以畏惧神明，不敢违众，或是争气强须入会。"②尽管他们最终可能会在富人的资助下得以入会，但当地的一些地痞无赖还是会以修建神庙的借口强迫他们付一些钱。③这种强制性交纳似乎是不可避免的，在鄱阳湖地区，每年都会举行一次迎神赛会，当地的每座庙皆由一名士兵或平民负责。④如果是向所有姓氏民众开放的话，也仅仅是那些有财力承担会费且愿意参与管理之人，而且在饥荒、殡葬以及瘟疫等情况下确实能提供帮助。正如一份签订于1349年的歙县潭渡村社的社约所记载的那样：

> 傥有新来之人，须要出钞半锭，入社公用，方许入社。同众承管。无钞，并不许入分。毋得违约争论。⑤

---

① Guo Qitao（郭琦涛），*Exorcism and Money: The Symbolic World of the Five-Fury Spirits in Late Imperial China*, Berkeley: Institute of East Asian Studies, University of California, 2003，在该书第107页援引1870年《黟县志》说法，认为这一行为"至明末时即已出现"。注意，我在此处对"巫"（wu）的称谓从"巫师"（sorcerer）换成了"灵媒"（medium）。在宋代乡村中，灵媒这一地位上的世袭性并未妨碍他/她培养自己的徒弟，参见李小红：《宋代社会中的巫觋研究》，光明日报出版社，2010年，第60—64页。

② 李元弼：《作邑自箴》卷六，四部丛刊续补本，第31a页。

③ 松本浩一在《宋代の道教と民間信仰》第102页表明，城镇居民是不愿意向社交钱的，又见［日］田仲一成《中国祭祀演剧研究》，第18—19页。

④ 洪迈：《夷坚志》支庚卷六《鄱阳县社坛》，中华书局，1981年，第1181页；［日］松本浩一：《宋代の道教と民間信仰》，第104页。

⑤ ［日］田仲一成著，云贵彬、王文勋译：《明清的戏曲——江南宗族社会的表象》，北京广播学院出版社，2004年，第6页。

为了减少自身家庭的社分派款，他们或是作为已入社亲属组成的独立家户的一个部分而登记并享有部分"分"权，或是与村内其他心存不满的家庭另建一新社。但是，如果不愿交纳全额会费的话，则无权参加社的各类活动。总之，加入的首要条件是要受到邀请，一旦被邀请了，是否加入则会按照个人意愿。

不论如何，这类的村社组织在宋元时代的乡村中是最具包容性的。事实上，宋元时期的村社组织发展很快，无论在宗教的还是非宗教的、新的还是旧的活动中，它都发挥着作用。村社一年会组织两次对本村土地神的祭祀仪式表演活动，这一活动至少在周代就已在中国乡村出现，如今仍然是他们宗教活动中最基本也是最重要的内容。春季，社员们会祈求神灵保佑他们今年风调雨顺，有个好收成；秋季，他们会为今年的丰收而向神灵举行答谢之礼。其实，这类活动更多的是旨在娱神和促进农业生产，同时也是一个集体的狂欢节日。村民们每年都会将一到两周的时间用于宴饮、游神以及看戏，因为在他们眼中，这些活动是自身及神灵关于美食和娱乐的集体狂欢。①

在这个百年传统的年度庆典背景下，我们可以看到宋元时期的村社作为乡村组织发展的五个重要变化。首先，比以往任何时候都重要的是，它们的庇护神（或若干庇护神）有了名字。此前的社神一般是没有名字的自然精灵或神灵，然而现在被逐渐地人格化为一个个非凡的历史人物，并将他们的出生、生活以及业绩与普通的村庄联系在了一起。②

---

① ［日］山根直生：《唐宋間の徽州に於ける同族結合の諸形態》，第37—70页；［日］田仲一成：《中国演劇史》，东京大学出版会，1998年，第32—41页，本书从其关于戏剧与中国乡村宗教仪式关系的大量论述中获益良多。现代中国学者对社的研究漠不关心，反映出他们的学术兴趣还是集中于儒学研究的学术传统上。亦可参见［日］田仲一成：《中国祭祀演劇研究》，第18—31页。

② ［日］田仲一成：《中国演劇史》，第37页。

第二，人们普遍相信这个神灵建立了或是在某个时候保护了这个村庄或是共同的区域。他有时会被视作一个宗族的始祖（a Prime Ancestor）或始迁祖（First Settler）或宗族中的杰出人物。尤为重要的是，他曾经将该区的民众——无论是亲属还是非亲属——从困厄中解救了出来。此后，每当遇到干旱、洪水、饥荒、病患或瘟疫，村民们都会向他求助。第三，这个守护神往往（并不全是）被塑造成一个具有军功或出身于军功世家的人物，即便不是一位将军，也曾领导当地的军事武装抵抗过外来的侵犯以维护当地的秩序，以此表明该地区及居民对皇帝的忠诚。随着这名领袖持续不断地护佑和村民自身不断加以确认，领袖所积累的功德理所当然地被当地民众所分享。第四，这个有了名字的保护神通常被认为需要一个家，所以他的形象（一尊雕塑或一幅画）越来越多地被安置在一个小的厅堂或神殿里。他的塑像或画像通常安置在他的坟墓旁或坟墓附近，因此可以更经常地进行祭拜。第五，最终这个神有了名字并被纪念，以一个历史名人进行标识，具象为某个形象，并被供奉在一所小房子中，或许通过灵媒（intermediary）之类的人士还可以与他直接对话。这一做法如此普遍，以致不会受到尖锐批评者的抨击。因此，一个道士、僧侣或者是晚唐以来越来越多的巫觋（medium）会被派到这里，专门负责保护当地的神龛以及所有塑像或画像，必要时还包括神灵附近的坟墓。有时人们还认为，一个神仙只能有专门的灵媒，因此他们会专门为神和巫觋建造一座小庙，供他们栖身。①政府在某个时候——比如1023年，曾禁止过华南地区的巫觋治病行为，试图对这类宗教仪式专家的活动加以限制。然而，不论政府的规定多么严厉和苛刻，一般

---

① [日] 田仲一成：《中国演剧史》，第33—35页，有关灵媒表演的突出的证据来自敦煌地区，他们的葬礼通常是佛教性质的。又可参见 [日] 松本浩一《宋代の道教と民間信仰》，第90页。

很难对宋元乡村中这种"灵媒"的实际活动产生长期影响。对于一位能干的地方官而言，他可以在三年任期内将这些巫觋加以制裁或驱逐，但一旦任满离开后，这些巫觋又会原路返回到村民们的生活世界中。截至目前，还没有发现宋元时期的地方政府对徽州乡村中的巫觋频繁加以约束的记载。①

如前所述，那些被徽州乡村民众尊奉为守护者的人或神，往往因为他们生前佑民的功绩和死后的神迹而广受欢迎。如果按照最初职责和保护范围两个标准划分的话，神明往往分为两类：一类神明地位卑微，影响范围小；另一类地位尊崇，影响遍及整个徽州。依照人们想象中各自保护范围的大小，陈禧（属第一种）或程灵洗和汪华（属第二种）这类保护神之间颇有差别，但他们在被供奉的村庄之外也有信仰者。正如下面对三位神灵的研究所表明的那样，传播他们美名的关键，在于将其与某个灵物（如一棵树）②、位于村庄之外某处的神墓③以及他们死后显灵的记载联系起来。

少数被村社选定的保护神，如程灵洗、汪华，被视为徽州全境的

① 李小红：《宋代社会中的巫觋研究》，第157—161页。
② 李昉等编：《太平广记》卷一百一十八，中华书局，1961年，第827页。这则故事抄录于公元821年前的《歙州图经》，因此，它为这个故事至少可以追溯至中唐时期提供了文本依据，参见张国淦编著：《中国古方志考》，中华书局，1962年，第295页；熊远报：《黄墩伝説と徽州地域における祖先史の再構成》，《アジア遊学》2004年第67卷第9期，第32—41页，特别是第38—39页，他敏锐地指出程灵洗在农业和水利方面神乎其神的技能，并暗示这些技能与他最后作为神灵加以崇拜的关联。但遗憾的是，我未能找到支撑这一论点的证据，其原因可能是由于那些歌颂他功绩的文献多出自那些并非直接受益于其水利成就的村庄。
③ 见罗愿：《鄂州小集》卷三，丛书集成本，第29页；程敏政编：《程氏贻范集》卷二，北平图书馆善本文献缩微胶卷，第17b页。作为休宁程氏，徽州民众总体上没有遵循长江下游三角洲实行火葬的做法（罗愿：《鄂州小集》卷三，第29页）。14世纪时，一位在徽州府休宁县任职的官员在看到徽州民众几个世纪以来竟持续不断地维护自己的祖坟时，大为吃惊。当他回到故乡浙江湖州时，也坚持做到这一点。见赵滂：《东山存稿》卷三，四库全书珍本丛书，第97a、98a页；卷五，第29b—38b页。

守护者。至迟从12世纪开始，人们认为程灵洗生于徽州，是程元谭的十二世孙。程元谭曾任徽州（译者注：北宋宣和三年之前的隋唐时期，此地称歙州，下同）刺史（公元308—313年在任）并定居于此，任期内声名卓著，受人爱戴。青年时的程灵洗仅是一介平民，但由于他的高超箭术和逞强斗狠而闻名乡里。他带领着一帮兄弟"屡获赫赫战功"，最为著名的是他于548年代表梁朝王室挫败了侯景之乱。[①]取代萧梁王朝的陈朝皇帝封其为大将军，并带领部队全力镇压了长江和汉水流域的匪徒和叛乱，最终获得了封爵。[②]用一位15世纪正统儒家士大夫的话来说，他于568年"殁而为神，历代严祀之……胤系蕃昌"。[③]

与此相反，汪华在归附唐王朝之前，就已经身居高位了。隋朝末年，他率军荡平贼寇，被任命为徽州刺史。随后他自封为吴王，并承诺会给徽州带来超过十年的和平。其间，他又控制了包括杭州在内的五州。此时，他一直尽忠于隋朝，直到唐灭了隋，他才被说服投靠了唐朝。[④]作为唐代军队中的一名高级将领，他将六州管辖权拱手给了朝廷，从而获得了生前与死后的封号。[⑤]综上所述，这些徽州豪强人物，一为平民，一为地方豪强，最后都变成了超越宗族或一乡之外共同的保护神。他们在中央和地方两个政治世界中都获得了成功，因而被视作徽州本土的保护者。宋代以降，他们还进入国家祀典，具有了合法身份而受到官方的敕封和祭祀，因此在某种程度上，也可被视作徽州之外的

[①] 李昉等编：《太平广记》卷一百一十八，第827页。
[②] 章毅：《宋明时代徽州的程灵洗崇拜》，《安徽史学》2009年第4期。
[③] 程敏政：《篁墩文集》卷十六，第17a页，以及罗愿：《鄂州小集》卷三，第29页。
[④] 在常建华的研究中，我们发现了一则有关汪华及其神庙的重要文献，见氏撰《宋元时期徽州祠庙祭祖的形式及其变化》，《徽学》2000年第2卷。
[⑤] 《新安名族志》前集，第182页。对徽州这一问题的较好研究是卞利，见氏撰《明清时期徽州的会社初探》，《安徽大学学报》（哲学社会科学版）2001年第6期。

保护神^①，结果他们成了被普遍信奉的神灵。于是，每当当地民众、村社以及地方官渴望降雨、祈求生子和庄稼丰收、治愈疾病以及免遭瘟疫时，就会向他们寻求帮助。^②

另一类保护神也因生前的义举和死后的神迹而受到大众的信奉，不过，他们的守土之责显然不具有官方正统性质。与汪华和程灵洗不同的是，这些保护神提供的帮助和保护是徽州的部分民众而非全境，他们抵御的危害也仅是一些如匪乱造成的人祸或者是干旱带来的天灾，而不是王朝鼎革所引起的动荡。这类保护神的典型例子是休宁陈村的陈氏始祖，正如他的一位生活于14世纪早期的后裔所言：

> 始祖鬲山府君，讳禧。唐僖宗时，避广明之乱，自桐庐郡溯流而上至新安郡休宁之西，曰藤溪里。爱其溪山之清奇，因家焉。其后子孙益藩，一村无二姓，故人称是村曰陈村。府君之始迁也，泛宅浮家，托于渔钓，积德敦义，乡称善人。

> 没，葬于县之南，地曰鬲山。岁益久，一方之民神之。乃创庙墓旁，尸而祝之，凡水旱必祷焉。东作不祀府君，不敢兴；西成不祀府君，不敢食。子孙之祀之，有不如鬲山之民之祀者，视桐乡之于朱邑，庶几焉。

> 且诸乡大姓之祖，有庙食者矣，程忠壮公是也；有墓祭者矣，孙王墓是也。彼其生也，或贵为大将，或南面称孤，没而为神，固其所宜也。

---

① 有关程灵洗在1225至1227年、汪华在1114和1275年的敕封情况，分别参见《徽州府志》卷十，嘉清四十五年刻本，第7a页和汪艺总编：《越国汪公祠墓志》卷三，咸丰二年刻本，第1b页。
② 程敏政：《篁墩文集》卷十四，第10b—11a页。

若府君生无位于时，托为烟波之钓叟，没乃神于后，永为树艺之田祖，其亦灵异也已。民报事兮无怠，其始自今兮钦于世世。嵩山成尘溪水绝，府君之祠始应歇耳。《传》曰：盛德必百世祀，虞之世数，未也。府君为虞之子孙，其亦蒙盛德之余泽而百世祀者与！①

这位始祖或神灵在地方社会中扮演了朝廷的角色，在逆境中获得了当地民众的信奉。尽管他生前是一名居无定所的渔夫，在死后躺进墓穴后，才算有了归宿，但他却变成了一位农业神，且从未进入官方祀典。事实上，在16世纪关于他的生活及其早期谱系的文献中，他被人轻视的职业也被记载了下来。②然而，他还是被当地村民及其后代（所在村庄的管理者）视作神灵，而且村民个人、整个村庄甚至更大范围的社区都会经常寻求他的帮助。

通过这一事例我们可以了解到，一个村庄的保护神是如何被村民们视作始祖或始迁祖而加以信奉的。因此，对于一些徽州民众而言，他们联合成立的村社组织同时兼具边界和宗族的功能。当村庙先于家庙或祠堂而建立时（由于大部分的家庙或祠堂直到宋元时期才首次出现，而且许多村落的民众接受了他村的保护神，因此这种次序是十分普遍的），那么神灵的功能便会被置于优先地位。③村庄内"神"的后代人

---

① 陈栎：《定宇集》卷十五，四库全书珍本丛书，第2b—3b页。

② 在《新安名族志》后集（第348—349页）和曹嗣轩所编的《休宁名族志》（卷二，黄山书社，2007年，第380页）中，均提到了陈禧的神化和供奉，但未提及他卑微的出身和作为渔民的经历。

③ 如《新安名族志》后集第543页中有关于村社祭祀项氏始祖的记载，常建华的《宋元时期徽州祠庙祭祖的形式及其变化》一文在第45—46页中讲述了三个姓氏：祁门奇峰郑氏、休宁嵩山陈氏和歙县沙溪凌氏，当地的村社分别向三个宗族的始祖献祭。

数越多，两种功能的叠加性就越大。①在此情形下，村内如汪华这类法力无边的保护神就变成了宗族的始祖、始迁祖或声名卓著的祖先。如果对父系或父系血统的谱系不严格编排的话，一个看似仅与社区和空间相关的地域崇拜，其实也是一个无名有实的祖先崇拜。因此，宋元时期的亲属团体及其成员往往强调他们的组织与村社之间的依附关系，而不是像宗族这类的大型亲属组织。②

如果一个组织既要筹集运营资金、收藏文献、筹划集会和节日，还要在村庄周围通过游神活动以标识自己管理范围的话，那么这些宗教活动皆需要财力支持和周密的筹备。既然需要这么多工作之间的配合，可想而知，乡村中那些村社组织一定会承担更多的非宗教事务。一份文献记载了一个村社——它在徽州有文字可考的最早村社中位列第二，据说它的建立者在宋代以前就对村社管理的区域制定了社规民约：

> 已乃，（项良）游学来歙贵溪，爱其山水幽秀，林木阻深，遂以唐清泰三年，携家入贵溪。辟草莱、刈荆棘，择最胜居之。垦田以供稼穑，启塾以教子弟，立社江坑之西，定社约，以一里俗。③

尽管徽州的这类宋代社约并未保留下来，但当我们读到徽州一些村社参与坟墓维修这类活动的记载时，并不觉得奇怪。一般来说，徽州民众更

---

① 一个明显的例子是在1272年新建的一个村子中，包括村社举行的所有活动，皆有程氏族人轮流进行组织管理，并按照财力的多少提供服务。有趣的是，程氏族人却宣称这一做法来自黄氏家族。见程序等编：《休宁率口程氏续编本宗谱》卷五，隆庆四年刊本，第1b页。

② 陈栎《定宇集》卷十四（第15b页）收录了一篇祭文，该祭文在春秋时节的仪式中加以宣读，按照祭文，他们将自己的兴旺归功于祖宗的保佑。该卷（第14b—15a页）还收录了另一篇类似的祭文，通篇关注的都是祖先和他的命运。

③ 叶为铭编：《歙县金石志》卷五，新文丰出版公司，1984年，第83b页。

倾向于土葬而非火葬，而且并非亲自去看护祖坟。他们更多的是将祖墓尤其是父母、祖父母的坟墓委托给某一个组织、村社以及下面我们将要提到的寺庙进行看管。1304年，宋代的徽州理学家陈栎（1252—1334）将自家族人对于始迁祖坟墓的疏于照料跟村社的悉心照顾作了对比："夫以总总林林之里社尚致敬于鸡豚，岂有绳绳蛰蛰之子孙乃不如于豺獭？"[1] 据说其他家族之墓的管理与维护办法，竟写进了"社规"，而与族规家法无关。族内子弟的生死年月、丰功伟绩以及埋葬日期也是被保存在"社籍"和"社户簿"中而非族谱。[2]

随着时间的推移，由于这些村社对世俗事务的积极介入，它们逐渐被纳入地方行政体系之中。据朱熹撰于1169年的一份奏折所言，在南宋王朝的最后一个世纪中，华南乡村普遍建立了社仓。朱熹请求朝廷将地方社会交给乡村里老、村社社首以及官方指定的税吏共同管理。[3] 然而，正如万志英所指出的那样，这些职能逐渐操纵于地方政府之手，从而削弱了村庄自治权以及社仓在财政功能上的生命力。[4]

在1206年后的华北和1270年中国的其他地区，社逐渐成为乡村治理中的一个基本行政单元。1206年，金朝政府依据社的数量划分乡，然后依据其人口多少，在每乡设置一到四位数量不等的乡长，其职责是协助里正登记人口、征收赋税、维持治安以及促进农业生产。元代，

---

① 陈栎：《定宇集》卷十一，第14b页。

② 同上，卷十五，第3b、4a页。这则文献写于元代，但作者声称其文献来源于12世纪的"社籍"，其中还保存了祭祀仪式上的祭文。

③ [日] 柳田节子：《宋代の丁税》，收录于氏著《宋元郷村制の研究》，创文社，1986年，第404—405页。

④ Richard von Glahn, "Community and Welfare: Chu Hsi's Community Granary in Theory and Practice," 221-54, esp. 238-46, in Robert P. Hymes and Conrad Schirokauer, eds, *Ordering the World: Approaches to State and Society in Sung Dynasty China,* Berkeley: University of California Press, 1993.

蒙古人于1270年统一华北后，即将社正式纳入地方行政管理体系之中并加以推广，而且在南宋政府灭亡后的1279、1286年两次坚定地向华南地区推行。在制度上规定五十家为一社（这大致相当一个自然村的户数，多余的民户会另立一社），其权力范围不仅包括征税与治安[1]，还包括辖区内的学校开办事宜和鼓励农事生产。

在鼓励农业生产方面，长江下游的一些州县似乎实施得较好。据文献记载，在这一地区，一些州县的村社对其所管辖民户的生产状况进行了调查与监督，并指导社员大力开荒、消灭蝗虫、管理农田水利（如果必要的话，还会拆除水碓），为穷人们提供充足的水源，以便灌溉庄稼和饲养鱼鸭。政府权力向乡村的这一扩张，虽然旨在扩大税收，但也由此可知元朝政府是如何将乡村的基本管理单元紧密地纳入其统治结构中的。[2]我不清楚徽州的社首是否参与了农业生产，但在一份1335年关于一桩非法侵盗林木的诉讼文书中，调查的任务就是交给当地的社首完成的。[3]

然而，这些在道德、社会以及经济上的目标，由于政府缺乏足够的人力、物力而无法全部实现，结果是在大多数情况下，社在事务的决策与组织上都保留了相当的自治权。关于社的自治活动的最详尽记述来自远离徽州的中国西北地区，那里的乡村里老也建立了村社。如果说徽州的社约（就像936年贵溪的乡约）仅仅是大致的框架，那么西北地区的社约则详细地记载了所管事务。根据它们详细的记录可知，西北地区村

---

[1] 比如在1311、1317和1319年时，政府规定，禁止村社聚集大规模的民众组织戏剧表演活动（《元典章》卷五十七，第43b、44b—46b）。这些禁令将社的表演活动与商业联系起来，由此表明，政府对社的活动的关注，即使不是唯一，也是大部分位于集镇上的。

[2] ［日］柳田节子：《宋代の丁税》，第405—408页。

[3] 王钰欣、周绍泉主编：《徽州千年契约文书》（宋・元・明编）第一卷《元统三年洪社客退还误占树木字据》，花山文艺出版社，1991年，第14页。

社的大部分事务都是非宗教性的。

在有关早期中国乡村治理思想的文本中，社约为我们描述了社人的一系列义务。依据规定，除忙于农事的夏季三个月外，所有社人（男人）都要参加每月两次的道德宣讲会。在宣讲会上，他们按照地位和年龄就座，从而形成了一个暂时性的乡村秩序（除非作为客人受邀而来，否则非成员禁止参加）。各成员就座后，首人就会对赌博、嬉戏以及不孝的行为予以谴责、批评，随后对历代王朝历史和儒家经典进行真挚的评说。

假设这些活动确实发生的话，宣讲会的内容很快就会转移到更为实际的事务上来。那些因年龄、德行及才能而被任命轮流担任的社举、社司和管社人就会提醒各成员对于村庄的责任。社人们必须要看好牛群，以防踩踏庄稼；还要勤力耕种，否则便要被罚款甚至是开除出社。在发生洪涝干旱时，他们还要提供必要的救济。当土地因社人去世或耕牛死亡而面临抛荒的危险时，他们须协助管理。社人之间还须为彼此的葬礼和婚姻费用相互资助，还要为孩子开办一所乡学。一旦发现他们违反了这些规定，必须支付相应的罚款，罚款由社举和社司收取，并由管社人收贮。这些款项将被用于整修社庙和神像，但如果有剩余，将会分发给社人而不是归个人所有。总之，尽管社因与一座龙王殿联系在一起而具有宗教性质，但社约的制定者则将它设计成一个教化、社会、生产的单位。它的事务仅仅在发生旱灾去龙王庙烧香求雨时，才具有明确的宗教性。[①]事实上，由于社约对所管事务特殊性（宗教性）的完全忽视，通篇表达的仅是与儒家普世主义传统相一致的乡村治理理念。尽管我们无法保证社约中的所有规定都能得到切实执行，但可以肯定的是，在帝

---

① 焦进文、杨富学：《元代西夏遗民文献〈述善集〉校注》，甘肃人民出版社，2001年，特别是其中的第23—25页。

国其他地方村社制定的社约中，这些活动也得到了提倡。

宋元时代的村社积极利用新建的房屋、新塑造的神灵、承担的多元职责以及交费入社的成员来巩固自己的领土，并通过不断吸收周围其他乡村组织的资源而渐渐扩张。有些地方的一些民众以始祖和始迁祖为祭祀对象构建了血缘组织，村社便会与之联合并依靠他们。但更为常见的是，他们会把大众信奉的神灵当作自己的保护神，以此增强成员的依赖性，从而强调社区组织的地域性。基于此，为了更深入地探讨四个乡村组织之间是如何提供宗教活动的，尤其是祖先崇拜，有必要对大众信仰的世界作进一步的讨论。

大众宗教：小与大

宗教崇拜涵盖了五花八门的神灵——万物有灵的、传说的、历史的以及邪恶的，对于今天的我们来说，他们的名字、形象皆变幻不定，因此会担心有关这些祭祀和信仰的神灵不可能会有一个正名的历史（straightforward history[①]）。不过，近年来的一些学者对宋元帝国的某一信仰是如何获得大众广泛接受的过程，作出了描述和解释。[②]通过

[①] 译者注：根据周绍明教授的解释，这里的"straightforward"在某种意义上相当于汉语的"正名"一词，是指当提及某一事物（如某一食品或其他）的名称时，就可以直接想到与该名称相对应的内涵，进而可以直截了当地对其分析或讨论。周教授在此处想要告诉那些不了解中国神灵的西方读者和研究者，中国的神灵并非如西方那样有固定的名称和职能，而是变化不定，从而难以直接把握。当然，这一点也并非是他的新发现。

[②] E.g. Von Glahn, *Sinister Way;* Hansen, *Changing Gods;* and Terry Kleeman, *A God's Own Tale: The Book of Transformations of Wenchang, the Divine Lord of Zitong*, Albany: State University of New York Press, 1994.

对它们传播和流行情况的分析，学者们认为，在南宋和元代早期即已建立了一个共同信仰的神庙，并进而指出宋元时期一种乡村民间宗教文化（a common religious culture）的发展历程。即便是邪神，这一发展也是可能的，比如徽州著名的五通或五显信仰。[①]五通或五显可以给世人带来数不尽的财富和无与伦比的性快感，因此在中国东南地区的乡村和城市中吸引了大批的信奉者。此种状况表明，在一个金钱至上的社会中，不管生活于何地，许多男人都有着商业和性欲上的焦虑。

　　下面，笔者将从发生和发展两个方面，详细探讨徽州的信仰。当然，像五通这类较为出名的信仰已被证明在徽州之外的地区也很盛行，而其他的一些信仰，如对8世纪时忠于唐朝的将领张巡的崇拜，则产生于别处。但正如人们所预期的那样，在10—14世纪之间，随着移民的涌入，民间信仰也随之在徽州扎根、发芽并枝繁叶茂。[②]要想分析徽州的民间信仰与其他类型的乡村组织特别是社与亲属组织之间关系的话，首要任务便是将关注焦点更多地放在以家庭为主的民间信仰的类别上，此举将被证明十分有效。正如朱熹所指出的那样，12世纪时，世人普遍认为徽州民众的信神之风十分浓厚。据说最晚到14世纪，与帝国的其他地区相比，这里对当地土神的信仰非常盛行。按照这位自信的元代批评者的说法，它不仅产生了大量土神——这些土神在世时曾是"勇士、孝女、道教神仙以及佛教僧侣"，而且其中的几位土神信仰还持续了很长时间。到14世纪时，徽州至少有六个神已被信奉了几个世纪

---

① Von Glahn, *Sinister Way*, pp.180–256; Hansen, *Changing Gods*, pp.140–143; and Ursula-Angelika Cedzich, "The Cult of the Wu-t'ung/Wu-hsien in History and Fiction: The Religious Roots of The Journey to the South," pp.137–218, in David Johnson, ed, *Ritual and Scripture in Chinese Popular Religion: Five Studies*, Berkeley: Chinese Popular Culture Project, 1995.

② ［日］松本浩一：《宋代の道教と民間信仰》，第74—78页；叶为铭编：《歙县金石志》卷三，第40b—42a页。

之久，而且都有各自的神像。他们不是地方先贤，就是获得过政府的敕封。①

如果我们想要理解亲属组织与村社之间的关系，就必须对被这位身份颇高的批评者所称作"小"和"大"两种类型的信仰加以研究。正如我们在12世纪的婺源乡村中所看到的那样，这些小神由于领导者巧妙地利用恐吓策略、深奥的仪式、神秘的占卜以及暴力而得到信奉。它的主持者也是一名巫觋，他们以善于利用巫术攫取权势和金钱而出名。最初，他会向富人勒索钱财，一旦他们稍有抵制，就会立刻利用一些仪式表演和即将到来的疾病和死亡预言来恐吓他们。由于一些反对的富人在未来果真生了病并因之而亡，所以他很快就吸引了众多追随者，其中还包括当地的一位儒士。这位儒士因"慕其能得不义之财"而成了他的学徒。这位领袖宣称他对一切人和事都了如指掌，而且他在乡下经常端坐高处，对着脚下的受骗者宣讲未来的命运与灾难。他还豢养了约三十名左右的心腹充当护卫，以此让别人知晓他的权力："巫以创造法院，敛民钱几千缗。"②最终，当地官员证明他是个骗子而让他当众出丑，不仅没收了他的全部财产，还将他痛打二十大板并驱逐出县。

一旦披上地方政府许可的合法外衣，这类信仰团体即展示出地方组织如何利用自治的宗教权力去挑战州县权威，而且完全无视我们提及的其他三个乡村组织。在宋元时代的徽州，更为常见的是一种政治性质的地方信仰，他们的神通常会与徽州的具体时间、事件及地点扯上关系。由于我们接下来要研究的某个特定信仰被村社所信奉，且与官方合法

---

① 叶为铭编：《歙县金石志》卷三，第38a—40a页；朱熹：《朱子语类》第一、三、四十三卷。这六位徽州本土神灵分别是汪华、程灵洗、陈仪、钱氏兄弟、郑令以及方黟侯。
② 洪迈：《夷坚志》支丁卷四《张妖巫》，第995页。

的宗教机构联合起来，因此它的发展历程向我们展示了在不危及地方政府权威的情况下，是如何通过蚕食业已存在的其他乡村组织而为自己的组织和信仰所用进而发展壮大的。事实上，我们看到，这一信仰至少包括六个吴氏宗族，其中最为我们熟知的是休宁县茗洲吴氏。跟我们看到的一些社的做法不同，吴氏宗族首先将其信奉的神变为他们的始祖，然后再跟茗洲的一座道观联系起来。总的来说，这些错综复杂的关系揭示了一种信仰在与其他乡村组织的合作、竞争中不断发展和吸引信徒的过程。

这个信仰的故事始于9世纪末，当时黄巢的叛乱让江西东部低地山区的民众四处逃散。吴氏祖先听说徽州的篁墩适合避难，便举家来到徽州的山谷中寻求安身之所。然而到了之后才发现，徽州也成了军队与土匪的蹂躏之地。据一份文献记载，这位先祖在渡过一条小河时，被偷了个精光。而另一份文献记载得更富戏剧性，当匪徒们来到吴氏位于休宁县的新家时，展开了一场屠杀，"妪袨服辟门与贼言：'宁断吾头，不可戕吾乡。'"强盗们即刻将其杀死，然而却发现其先祖死后更为倔强，尸立不僵，鲜血在他们身后喷射而出，且红白参半。

> 贼骇异，拜伏不敢犯，一乡赖以郊保。墓在叶泊岭，人祷于墓祠。

因此，吴氏族人对这座神庙及坟墓十分看重。

这则神奇的传说没有提到他们的始迁祖像汪华和程灵洗那样担任很高的职位，甚至在某种程度上更富草根性。他们的始迁祖并不是一个"他"而是"她"，而且她甚至都不姓吴，而是姓程。这位程氏夫人，只是那位生活于9世纪的吴姓祖先的小妾。然而，由于她为了保护吴氏子孙而牺牲了自己，而且即使死后还在保护吴氏后人，因此被休宁茗洲吴氏及其他五个支派尊为始祖而祭拜。他们亲切地称她为"小婆"——一种对小妾的口语化表述，由于她持续为后代们的利益而费心，因而数世纪以来一直受到吴氏族人的祭祀和赞扬。[1]

换言之，这位夫人严格说来算不上吴氏的宗族成员，但是由于她作为地方信仰非常具有影响力，因而随着时间的推移，宋元明时期的茗洲吴氏及其他五个支派皆将她奉为始祖加以祭祀。[2]除她之外，村内的其的神灵——其中也包括一些女性，也赢得了茗洲吴氏的信奉与捐献。她们是三位老夫人，分别是寺庙的尼姑、道观的女住持以及一位巫婆。其他还有龙神、雨神和一位名为"吴仙洞神"的古老村民，他们曾经似乎都是村社之神。[3]然而，"小婆"则因最受欢迎而地位显赫，她成了被热烈赞扬和无比感激的对象，也是他们的始祖和当地民众信仰的领袖。

自13世纪中叶始，小婆的盛名还来自她的神龛与当地一座道观的紧密关系——这座道观获得了吴氏族人的大量捐助和信徒。1235年，一位名叫吴南一的道士参观了村子附近一个被认为龙潭的水塘，随后，

---

① 吴子玉：《休宁茗洲吴氏家记》卷六，手抄本，东京大学东洋文化研究所收藏，第1a、11a页；《休宁名族志》卷三，第477页。在接下来的一个世纪中，吴氏族人仍然时常在其墓前献上鱼肉和果蔬进行祭祀，希望小婆能让他们减少饥荒、贫困和疾病。他们有的愿望似乎应验了，而且小婆为了满足人们的请求所显示的神迹，让来这里参观的人变成了强烈渴望获得她恩惠的信奉者。整个宋元时代以及明代，他们在诗歌和文章中不断地对她进行歌颂和赞扬。1377年，她的丈夫正式变成了吴氏的始祖（见《茗洲吴氏家记》卷十一，第46a页）。16世纪末的《休宁名族志》中将程夫人称作妻子和老太太，这显然不妥。而且，对于《新安名族志》中那些认定为程夫人的后代的人物，在《休宁名族志》中没有一个被当作吴氏的始祖。

② 《休宁名族志》卷三，第417、421、477、491和496页。

③ Joseph P. McDermott, "Emperor, Élites, and Commoners: The Community Pact Ritual of the Late Ming", in McDermott, ed., *State and Court Ritual in China*, Cambridge: Cambridge University Press, 1999, pp.299–351, 336.

他在先前建立的"小婆"神龛旁修建了一座道院并住在其中。修建这座道观的初衷是积聚神力，从而吸引了四面八方的信奉者。然而，由于对它祭祀上的不满，外村的信众又在别处捐建了一座寺庙。不久，这座道院衰落了，道院住持退隐，其职位交给了另外一位道士继任。当茗洲吴氏的一位后裔花费巨资修复神龛并重新吸引大批信徒之后，这位继承者的职权也于1253—1254年间被剥夺了。这位吴氏后裔说服官府将更早的一座道观的匾额转至此处，并将始祖"小婆"的神龛也供奉其中以方便祭祀。[①] 换句话说，这座道院在未经官府许可的情况下一改而为祠堂，提供祭祖服务。

由此看来，吴氏是将本地的一个包括吴氏族人在内的区域神变成了他们的始迁祖，并作为祭祖的首要对象，然后又将一个更大的道观及其住持纳入其中。[②] 对于任何一个稍微了解有关祭祖和宗法的儒家典籍的人而言，吴氏的这些手段都让人难以接受。《礼记》和朱熹的《家礼》都明确禁止小妾的牌位进入祠堂，只有当正妻无子，小妾之子在祠堂主持祭祖仪式时，《家礼》才允许这位小妾的牌位临时摆在宗祠内。[③] 所以，将小妾当成祖先是件让人何等反感的事啊！

---

① 《茗洲吴氏家记》卷七，第8b—10a、17a—b页、以及卷十二，第13b—14a页。头两个道士姓吴，但不在吴氏的族谱中，应该来自捐助的其他吴氏宗族。第三位姓郑，他被神龛的恢复者任命为神龛的管理者，并且可以传给他的后代，作为他们的世袭职业或家业。

② 如果一个祭坛有一个仪式专家的话，那他通常是一位道士。否则的话，他应该是一位灵媒—巫祝（medium-incanter），比如说周氏家族。在毗邻徽州的池州府，有一座梁朝昭明太子庙，自9世纪中期至10世纪中期，该庙的事务一直由周氏家族负责，而且他的八个支派族人全部以灵媒为职业。张邦基：《墨庄漫录》卷四，中华书局，2002年，第110页。

③ 这一点在吴翟所编的《茗洲吴氏家典》中有所解释，见《茗洲吴氏家典》卷二，黄山书社，2006年，第32页；伊佩霞在研究中提到，朱熹并不能确定这一行为在实际生活中要全部加以禁止。见 Ebrey, *Confucianism and Family Rituals*, p.125。

其实，在刊刻出版的文献中，吴氏族人已经对家族的这一传统表示了不安。有一次，一位著名的非吴氏士人在高度赞扬吴氏家族在科举方面所取得的巨大成就时——至1377年，吴氏家族已出了20位官员和11位获得功名者——也指出一份正式文献中提到的这位小妾的丈夫才是吴氏的始迁祖。①更为常见的是，在吴氏族人以及他人所编撰的吴氏宗族文献中，都对这一问题含糊其辞、遮遮掩掩。在16世纪有关徽州及休宁的名族调查中，他们刻意回避称任何人为始迁祖，只是将程夫人称作"先""姬"或"妻"，甚至是直接忽略有关她的一切，并不喊她小妾。②晚明学者吴子玉在他出版的有关家族的文集中说"族系"源于她，他同时还记载了有关她的凄惨命运以及后来对她墓祭的大众化。③

然而，仅仅到了1713年，吴氏族人甚至在未出版的私人文献中，都开始直接质疑这一做法的正当性了。④最终，"小婆"的牌位从祠堂中被移除，表明他们不再将她视作吴氏始迁祖。⑤如此一来，当这一民间宗教信仰将亲属团体的祭祖活动融入其中而且又给了他们的世系一个有效解释时，它居于超越儒家正统主义之上已经超过八个世纪。虽然我们不清楚道院是否也打算将供奉小婆的神庙兼并进去，但三个世纪后，当吴氏宗族编修族谱时，记载的是"小婆"而不是她的神庙。

---

① 《茗洲吴氏家记》卷十一，第46a—47b页。
② 《新安名族志》后集，第392、403—404页；《休宁名族志》卷三，第418、477、491、493页。
③ 吴子玉：《大鄣山人集》卷四十三，四库全书存目本，第10b—11a页。
④ 吴翟：《茗洲吴氏家典》卷二，第26—30页；卷六，第240—247、249—250页。
⑤ 同上书，卷六，第240—241页。

民间信仰（popular cults）:
宗教联盟（religious alliances）

宋元时代的徽州，像"小婆"这类的宗教崇拜，其信奉者远远超出了本村的范围，其中一些更为流行的信仰为形成一个广泛的联盟提供了基础。这些联盟致力于共同祭拜同一个神灵，其目的在于避免再次陷入困厄之中，从而实现繁荣昌盛。为了应承劳役和完成赋税，不同姓氏的民众也会结成广泛的共有经济联盟[①]，而宗教联盟更为稳固。通常情况下，宗教联盟每年都会举行一次祭神活动，地点多选在位于市镇或城市的大型公共祭庙处。[②] 这一活动的管理者往往是当地村社的首人，他们募集必要的资金、管理游神事宜以及负责活动前后的日常事务。[③] 当祭神活动地点位于一个大城市时，本地的行会组织甚至是军队都可能加入其中，同时这也是商人发财的一个大好机会。一些学者认为这是一场由

---

① 从12世纪中叶到13世纪中叶，在中国东南地区的一些府县，那些通常需要承担劳役的富裕家庭往往会设立一个依靠土地或收入而形成的共有基金（shared pool），从而使得每个家庭都可以靠它来雇请别人代替自身应付政府的差役。徽州的一位县令在1189年时首倡此法，随后向其他县份推广，而资金则由宗族中的有钱人捐献。参见〔日〕周藤吉之：《南宋に於ける義役の設立とその運営》，收入氏著《宋代史研究》，东洋文库，1969年，第261—304页，特别是第279—280页；McKnight, *Village and Bureaucracy*, pp.157—177。

② 可参见中村治兵卫有趣的文章：《中国聚落史の回顧と展望—とくに村落史を中心として》，收入唐代史研究会编：《中国聚落史の研究》，刀水书房，1980年，第1—32页，其中论述了数十个村庄如何以神坛为中心，建立一个共同体区域的情形。韩森介绍了与徽州毗邻的湖州在宋代的情况，见 Changing gods in Medieval China, p. 116；关于福建的情况，可参见陈淳：《北溪大全集》卷四十三，四库全书珍本丛书，第12b—16b页；关于四川，可参见度正：《性善堂稿》卷六，四库全书珍本丛书，第9b—11a页；而《玉峰志》则记录了13世纪中叶苏州府昆山县的情况，见《玉峰志》上，淳祐五年刻本，第17b页。

③ 关于这类大型节日，松本浩一提到了几则现代的报道，见氏著《宋代の道教と民間信仰》，第107—108页。

市场商人所支持的地区集市，这是可以接受的。^①事实上，这一每年举办的活动的区域特征非常明显，以至于相较于尊崇这一信仰的村社而言，那些始迁祖或杰出人物被奉为神明的亲属团体仅居于次要地位。

通过对两个村社（一个信奉汪华，另一个是程灵洗）的研究，可以有效检视社与血缘组织在这类民间信仰中的不同角色。这两位徽州历史上的神灵作为两个非常重要的区域信仰（regional cults），值得我们将他们放在一起加以考察，因为有关前者的记载可以探究这类区域崇拜是如何运作的，而后者详细的记录则能揭示出一个区域信仰联盟在宋元时代是如何组织的。也就是说，我们由此可以了解到在控制徽州的村社及其联盟中，地缘和宗教组织要比亲属组织更重要，即便这些组织宣称他们的神是一个祖先时也是如此。

有关汪华信仰的记载强调，这一信仰得到了国家与地方的支持。在几乎所有记载汪华主庙（principal shrine）的文献中，都会夸耀徽州社会的悠久历史以及与之相关且错综复杂的王朝国家史。^②作为一个被官方批准的神灵，其地位的确立始于1114年，而1275年的国家敕封则让他的地位又大大提升。但是，他在徽州的主庙汪王庙的建立以及与政府的联系其实要早得多。最初，神庙是建在徽州府的府衙旁，专门祭祀汪华。大约在766至799年间，汪王庙被迁往城外的乌聊山——他的驻军之地。最初汪王庙的规模似乎较小，但是由于在808年时，徽州遭遇了一场十分严重的旱灾，政府也就批准了州民祭祀汪华的请求，于是人们很快又在乌聊山上建造了另一座庙宇。随后的10至14世纪之间，几里外的汪华墓也得到了几任地方官的修整。从1351年开始，对汪华的祭

---

① 这一点是由田仲一成提出的，见氏著《中国祭祀演剧研究》，第26—30、36—37页。
② 所有的这些信息都可以在汪艺总的《越国汪公祠墓志》中找到，见是书卷三第1a—14b页，以及卷四上第1a—2a页。

祀还获得了当地一个担任军职的后裔捐助。

在这些祭祀活动中，那些声称汪华是他们的始迁祖或伟大祖先的汪氏族人貌似仅是一些次要的角色，这不仅是因为只有一个汪氏裔孙在906年为族人修建了一座单独祭祀汪华的祠堂（1092年被修复）[①]，而且在徽州33座较为有名的汪华支祠（branch shrines）中，仅有约五分之一位于乡村或城市的汪氏宗族聚居的毗邻之处。[②]因此，一种民间信仰至少在16世纪之前即已成功地获得了官府的扶植与批准，而且它一直都是一个区域而非亲属性的组织。一部刊刻于清代的明代文献仅仅显示的一个细节即能表明，这两个团体的完美结合只是一种人为的安排。这份文献突显了汪氏作为一个血缘团体的缺陷：宋元时代的汪华墓及其所属的土地是由一位僧侣经营，这位僧侣就住在坟墓附近的一个祭祀汪华的小庙里。[③]我们即将看到，这种服务是宋元时代徽州僧侣为自身和佛教组织刻画重要角色的常见手段。

然而，这一民间信仰的各个支祠与主庙及汪华墓之间到底是如何联系起来的呢？对于汪华信仰来说，存世的宋元文献不能给出一个明确的答案。不过，徽州另外一个围绕程灵洗的民间信仰则留下了足够的资料，它们主要是关于歙县篁墩程灵洗墓及庙的记载。对于很多徽州的宗族而言，无论是早来的黄氏，还是晚来的余氏，它们都声称在移居徽州

---

① 证明这一情况的文献产生于1559年，我不能确定这一观点是否适用于其他地方。见叶为铭编：《歙县金石志》卷五，第75a—76a页。

② 这一估测结果是对《越国汪公祠墓志》（卷三第2a—b页）中提到的33个神庙和《新安名族志》《休宁名族志》中所记载的汪氏宗族加以对比后得出的。我根据他们的低相关性所作出的结论是保守的，因为这两部宗族调查报告都编撰于16世纪，很有可能没有将宋元时期的徽州汪姓村落全部收录进去。尽管如此，这一巨大的差异性还是能反映出宋元时期徽州外姓人对于汪华信仰所作出的贡献。

③ 汪艺总：《越国汪公祠墓志》卷四上，第3b页。

的过程中在篁墩生活过，以此博取崇高的社会地位。[①]根据徽州一则耳熟能详的故事：在9世纪七八十年代的黄巢叛乱中，叛军会杀死每一个人，但姓黄的人或是居于村名中带有"黄"字的村民除外。结果是很多非黄姓的家庭纷纷来到篁墩避难，因为此处的居民将村名中意为"盛产竹子"的篁改成同音不同义的"黄"。[②]如果一个宗族拥有一份记录其曾短暂居于篁墩的明清文献，即可表明他是一个10世纪前即已存在的古老家族，也可作为他们很早就到达徽州的证据，因此他们在法律上享有村中及乡里土地的任何权利。

然而，宋元时代的程氏宗族，包括那些声称是程灵洗的直系后裔，在有关世忠庙（译者注：即程灵洗庙）的各个方面，以及民间信仰对程灵洗的祭拜活动中，所起的作用都微乎其微。我们注意到，那些非程氏民众对世忠庙的祭拜活动有着强烈参与意识，而且这一现象在宋元时代的其他组织中也是如此。在篁墩的居民、整个信仰成员的数量、程灵洗获得王朝敕封的请愿过程、信奉者所举行的活动以及对世忠庙的维护方面，程氏宗族所起的作用皆少之又少。与后来几个世纪中程氏宗族的作用不断增强的印象相反，甚至到了南宋时期，在很多信仰者都声称程灵洗是他们的始迁祖的情况下，程氏宗族在各种祭神活动中所起的作用也非常小。换言之，这类亲属团体的组织要比他们的竞争者弱得多，而后者则利用程氏的祖先实现了自己的目的。

首先要考虑的是程氏定居篁墩的地点和时间。毫无疑问，唐、宋、元时期，程氏既不是定居于此处的最早居民，也不是唯一的居民。黄氏宗族声称他们在更早的唐代即迁来定居于此，这一说法得到了徽州民

---

① 熊远报曾正确地指出，此时的篁墩所涵盖的范围要比明清时期狭长的篁墩山谷大，见氏著《黄墩伝説と徽州地域における祖先史の再構成》，第37页。
② 程敏政：《篁墩文集》卷十三，第17b—18a页；卷二十九，第16a—17b页。

众甚至是程氏族人的认同。①而且程氏还承认在他们定居于此的前几个世纪，就有其他姓氏的人已经生活在这里了。他们提到了10世纪就居住在此的查氏②，其他文献也记载了早期在此生活过的孙氏③、朱氏④，甚至是汪华的后代——据说他们在此处曾人丁兴旺，并一度将此处改为汪家村。⑤这里甚至还有另一个当地人所信奉的神灵——陈仪，他在14世纪的篁墩曾经常被祭拜。⑥总之，如果程氏武断地宣称篁墩只是他们一家的祖居地（ancestral village），则毫无根据可言，因为至少直到明代中叶，程氏依然跟其他姓氏的民众共同生活在此，并一起举办宗教活动。

其次，自10世纪早期开始，历经宋、元两代，生活在篁墩的程氏族人在数量上呈现出逐步下降的趋势。10世纪前半叶，其登记在册的人口数从400减少至200人⑦，然后在一个世纪后，仅剩几十户了⑧。1102年，因这里连续发生洪灾，一部分程氏族人不得不离开故居而迁居他处，直到最近他们才重新搬了回来。⑨13世纪20年代，一项授权命名为篁墩世忠祠的申请获得政府批准。申请者强调，篁墩是徽州各地程氏族人的祖居地，他们正是从这里搬迁各处的，有超过两百个村庄、一万户

---

① Guo Qitao, "Genealogical Pedigree versus Godly Power: Cheng Minzheng and Lineage Politics in Mid-Ming Huizhou," *Late Imperial China* 31.1 (June 2010), pp. 28–61, esp. 52–53.

② 程敏政：《篁墩文集》卷二十九，第6b页。

③《新安名族志》后集，第485页。

④ 同上书，第432、435、437、442、443页。其中，在第442页中将朱熹的家族与篁墩联系了起来。

⑤《新安名族志》前集，第194页。

⑥ 叶为铭：《歙县金石志》卷三，第39b页。

⑦《程氏世谱正宗》程陶序，缩微胶卷，嘉庆十七年，第1b—2a页。

⑧ 同上书，程祁序，撰于1095年，第1a—b页。

⑨《休宁名族志》卷一，第87页；《率东程氏族谱》，嘉靖四十二年刊本，上海图书馆复印本。有趣的是，该谱将编撰时间修改为宝庆年间（1225—1227）。

人家的生灵受他庇佑。据说在1180年的大旱和1218年的蝗灾中，庙中的神明及时地保佑了他们。自此以后，"村民们"而非程氏族人就修建了神庙并加以祭拜。①

再次，在13世纪20年代的篁墩神庙和程灵洗信仰获得官方正式认可的申请过程中，程氏族人扮演的不过是个小角色。事实上，他们一开始还对村民们努力将这一殊荣赋予神庙的做法加以阻挠。②程氏家族的文献将这次申请的成功往往归于当地的一位士大夫——程珌。③据说，程珌在嘉定年间（1208—1224）强烈呼吁恢复程氏及其他宗族的组织，以此表明他对朱熹理学的实践。作为实践之一，他说服了歙县和休宁的六个宣称是程灵洗后裔的支派将土地捐给了篁墩世忠祠。随后，他又从族人那里募集资金以修葺祠堂屋顶，并将族田出租，所获租金用于祠堂的祭祖费用。④然而，在有关吁请神祠获得官方认可及赐额的关键问题上，程珌的记述虽颇具启发意义，但同时他又出乎意料地含糊其辞。他提到了村社的作用，但却将其视作一个机械的履行官方手续的代理过程："今者里社相与合词于县，县白之州，州上于漕，漕臣以亟闻防，赐庙号世忠。"⑤

这一代理问题（同时在此过程中还有其他几个特征不明的问题）在程氏以外的族谱以及公开的文献中有着明确的记载，这些记载都强调了非程氏村民在这一过程中的重要作用。从一份汪氏文献了解到，申请书出自一位名叫汪昈的士人之手，他曾三次向朝廷请求赐额与授匾。⑥其

---

① 程弘宾编修：《歙西岩镇百忍程氏本宗信谱》第一册卷一，万历十八年刊本，第21b页。
② 同上。
③ 如程敏政即认为是程珌，见程敏政：《篁墩文集》卷三十六，第24b页。
④ 程敏政：《程氏贻范集》卷二，第17b页；卷三，第1a页。
⑤ 程珌：《洺水集》卷七，四库全书珍本丛书，第41a页。
⑥ 汪尚琳：《新安汪氏重修八公谱》卷四，嘉靖十四年刊本，第4b页

他文献也证实了这　记载的可靠性，只是汪昹是将正式的申请书交给了村中保长甲首而已。而且它还提到，这一申请得到了村中吴姓和汪姓里老的支持。①1224 年，这一请求获允之后，汪昹再次向朝廷请求赐封程灵洗一个字数更多的封号和地位更高的官职。在朝廷的提倡下，地方政府于 1228 年在篁墩修建了一座世忠祠。②后来当程氏宗族"变得越来越显赫"时，汪氏族人在其刊刻的文献中坚持认为应当将程氏后裔的发达归功于他们家族的汪昹。③

　　进入宋朝以后的半个多世纪，篁墩世忠庙及其信仰的主要变化是加封程灵洗并晋升其爵位。在 1250 至 1257 年间，朝廷至少通过五次敕封将这些殊荣赐给了他。④在此敕封过程中，程氏的角色尚不清晰。但是，即便他们为这些申请作过精心的准备，关于篁墩世忠庙及程灵洗墓的些微兴趣也被证明是稍纵即逝的。至 13 世纪末，关于这座神庙和程灵洗墓的所有遗迹仅仅是一对半埋于地下的石墓造像碑，其余的则完全埋没于农田之下。1297 年，一位来自休宁的程氏后裔恰巧经过这里，他召集了本村的里社乡老，说服他们对程灵洗墓加以维护，他们同意指定专人征收坟墓附近土地的租金，并于春秋时节加以祭祀。⑤然而在此后一个世纪中，徽州却惨遭蹂躏和破坏。至下个世纪末，不仅程灵洗墓再次为农田覆盖，而且更为糟糕的是，它被卖掉了。为此，一位外乡的程氏后裔不得不将其赎回。⑥

---

① 《新安大程村程氏支谱》第二册下，乾隆五年刊本，第 25b 页。
② 程一枝所编的《程典》回顾了这一复杂的过程，见是书卷六上，万历二十六年刊本，第 12a—13b 页。
③ 《新安名族志》前集，第 194 页。程氏晚期所编纂的文献可证实这一说法，参见《新安大程村程氏支谱》第二册下，第 25b 页。
④ 《程典》上，第 16a—17a; 页；程敏政：《程氏贻范集》卷二，第 17b 页。
⑤ 程敏政：《程氏贻范集》卷二，第 5b 页。
⑥ 同上书，卷二，第 6b 页。

　　最后，在这一宗教联盟及其主庙的管理方面，包括首人、地方捐助者、日常管理人以及看护世忠庙等几乎每一个环节[1]，程氏后裔的角色再次居于次要地位。12世纪末，一位名叫方必动的拥有高级功名的学者，将程灵洗墓及其祭祀的场所变成了一座神庙。他甚至将一张程灵洗的画像置于程灵洗的牌位前，旁边还摆放了一张供神休息的床。[2] 其后，自宋至明中叶为止，至多仅有一位程氏后裔曾负责过神庙的管理和维护工作。[3] 据说在世忠庙于1244年获得朝廷的敕封后，程氏宗族曾聘请一位僧人为程灵洗供奉香火。[4] 后来，世忠庙的日常管理者，宋末时是另一位僧侣，元时是一位道士，而明初则是一位巫祝，他们三位中仅有一位姓程（原本姓程或是因收养而姓程）。[5]

　　自宋代中期至明初，那些非程姓的团体在篁墩程灵洗庙合法化过程及管理中起着关键作用。除此之外，在几个世纪中，来此进香与祭拜的民众中，他们也占据了大部分。12世纪末，在"常有八十余社（祭祀于此）"的活动中，即便不是很多，也还是有一些非程氏的群体参与其中。[6] 而且，在官方正式承认神庙后不久，该地区内的六个程氏村庄联盟可能对该神的游神活动表示了欢迎。[7] 然而有文献记载，因每年都会

---

① 对于前三个职位情况，皮庆生曾作过探讨。他还提到皇室成员在漳州的宗教节日中所扮演的角色，但我在徽州没有看到他们的任何身影。见皮庆生：《宋代民众祠神信仰研究》，上海古籍出版社，2008年，第116—130页。

② 罗愿：《鄂州小集》卷三，第29页。

③ 据《程典》记载，1235年，程元凯曾被任命为负责神庙的首人。但是有关他的记载也仅止于此，在同一年也没看到一个程氏裔孙向政府提出建立篁墩庙的申请。程氏族人似乎缺乏充足的资金，或者是他们自身对此没有兴趣。

④ 程敏政：《程氏贻范集》卷三，第1a页。

⑤ 程敏政从程氏族人的角度讲述了这则故事，见氏著《篁墩文集》卷五十三，第18b—19a页。

⑥ 罗愿：《鄂州小集》卷三，第29页。

⑦ 程敏政：《程氏贻范集》卷三，第11b页。元代时，估计是往来于篁墩十分不便，汉（汊）口的程氏族人在本村建立了一座支庙。该庙在14世纪中期曾被烧毁，程氏于1478年进行了重建。

有人提出请求并在此处祭拜，至1223年时，在百余个村庄（即里）中，信奉神庙的崇拜联盟已多达200多个①，其中除程氏外，至少还有四个姓氏参与到每年春秋两季的祭神活动中，他们是朱氏、汪氏、刘氏以及范氏。②此后，还有其他姓氏的群体加入。③

所以说，这座在南宋及明代被程氏后裔宣称为属于他们的程姓神庙，事实上至少在明初还是被诸多村社所供奉。它的提倡者、成员、管理者以及捐助者中包含许多姓氏，即便是被徽州的几个程氏大族尊奉为祖庙而为其服务时也是如此。正如编修于1535年的一部汪氏族谱所言："有梁将军姓程名灵洗者，当侯景之乱，保全乡井，土人不忘其德，以墓为坛、以坛为庙。"④此外，它吸引了众多姓氏的群体参与，是作为一座区域性的庙宇而发挥作用的，比起一位非凡历史人物的亲属关系，它更关心的是促进共有的区域联系。面对这些证据，如果还要坚持认为这一时期的神庙及其活动主要是受程氏宗族的参与和实践所影响的话，那就是信口胡说。除了13世纪20年代程氏族人在维修与祭祀方面提供一些资金外，他们的作用实在是微不足道。

以上这些证据皆表明，篁墩村及程灵洗墓并非仅属程氏一姓。退一步说，即便程氏族人面对证据还有异议的话，那么他们就必须要正视地方官府的观点了。当时政府即宣称，他们是将代表神庙的权力交给那些经常在此举行祭祀之人的。在1320年左右，一位名叫揭傒斯的人声称：

---

① 《新安大程村程氏支谱》第二册下，第25b页。
② 《程氏谱辨》，著者不详，日期不详，现藏于安徽省图书馆。
③ 同上书。
④ 《新安汪氏重修八公谱》卷四，嘉靖十四年刊本，第4b页。这一主张与篁墩汪氏分支有关，据说他们曾三次向朝廷提出申请，要求朝廷在13世纪20年代为这座程氏神庙加以赐额。

公（程灵洗）子二十二人，散处南北，而河南其支。惟忠壮世食黄墩，福于其人，多历年所，不于其孙而于有司为祭作主。

揭氏甚至宣称这座神庙是由地方政府当局所建。[1]而且在明初，一些春祈秋报的祭祀活动有时是在程氏祖先的牌位前举行的。不过跟前面情况类似的是，这些祭祀活动并非由程氏族人或是他们的代表负责，而是由地方政府派出的特别官员来代理执行。在这些节令祭典中，祈祷者祈求神灵显灵的目的是护国佑民，而非仅对程氏族人。祈祷者主要关心的是雨水、税收、丰收以及瘟疫这些问题，并不是程氏后裔或是其他任何祖先的福祉。同样，朝廷法令和地方州县反复强调的是乡民而非程氏宗族与这座神庙的关系。事实上，14世纪20年代对神庙的重建（在弘治年间进行第二次重建）工作，是在地方官员的发起领导下由地方民众来完成的，并未提及程氏宗族在此过程中有什么突出贡献。总之，徽州的很多村社都把程灵洗作为神灵加以崇拜，对于小部分信众而言，他又是始迁祖。对于亲属、村社以及地方信仰这三类乡村宗教组织而言，程灵洗都是他们祭祀的主要对象，他吸引了多个姓氏的群体参与。因此，认为宋元时代程灵洗信仰主要是祖先崇拜，显然是错误的。程氏后裔在祭祀他们祖先的活动中，仅具有部分话语权，甚至是在其声称的祖居地内也是如此。[2]

最后，一部分程氏族人不再去篁墩参加祭祀。至少有八个程氏支派——其中六个生活于婺源县——声称："春秋祭祀，不能以时。"（好像这些支派在宋代时并不存在一样）因此他们在元代各自建立了自己

---

[1] 程敏政：《程氏贻范集》卷二，第14a页。因此，篁墩主庙与那些由当地支派用自己的资金所建立的支庙形成了明显的对比。

[2] 甚至这一主张到后来也遭到了质疑。

的世忠支庙。①与篁墩主庙不同的是，这些供奉程灵洗的支庙或临时性庙宇，在建造和挑选管理者的过程中，着重强调世系的首要性。例如，休宁县干龙山村的程氏族人，在1310年就成功地阻止了一座佛寺改名为世忠祠的企图。他们还获得了本村西面一座社坛坛基的土地，并于1310、1324年两次在新的程元谭庙举行祭祀活动，这座新庙专由程氏族人负责。"落成之日，合族之祭者百余家。远近之民来集者，旁午于道。"这些"远近之民"应该不全是本村程姓居民。首事之人"择族之老成俾俸祠，不使他姓主之"。尽管这座支庙声称是为社境以内的所有民众谋福祉，但是这则元代的事例是对宗族成员管理权的限定——这是一个预防程氏宗族其他支系以及程氏之外姓氏侵夺管理权的制度。②

几十年来，程氏族人对自己在管理篁墩主庙以及祭祀活动中有限的作用已十分不满，但真正引起他们转向独立发展的导火线则是关于篁墩世忠庙庙产的争端。14世纪20年代早期，徽州的一些程氏后裔认为这些庙产皆由他们的祖先捐赠，但其租金却用途不明，因而他们要求对这些租金收入掌握更多的管理权，他们尤为反对一位名叫范天锡的致仕官员对庙产的绝对性控制——范氏将神庙的管理与资产完全置于自己手中。当发现范氏在过去的20年间竟私吞了7 000秤租谷后，他们便展开了行动。程氏发布了一项已经制定好的规定，即以后佃户在交租时，程氏族人必须在场，且直接交给庙里，这令范氏错愕不已。范氏被程氏族人这一具有侮辱性的举动激怒，他试图将部分土地转移至他负责的另外一个机构——医学署中。为此他还杜撰了一个故事，说是自己的祖先

---

① 程敏政：《篁墩文集》卷十四，第10a—12a页；《程典》卷六上，第19b—27b页；章毅：《宋明时代徽州的程灵洗崇拜》，尤其是第113页。
② 程敏政：《程氏贻范集》卷二，第17b页。

也向这座庙捐赠了土地。最终，程氏族人夺回了土地的所有权，其中一个裔孙还恢复了庙产，徽州地方当局还为此在1327年又颁布了一项禁令。[①]然而，范氏还是根据算命先生的指示，将世忠庙的管理权交给了报德观中的一位道士，程氏族人对此也没有反对。[②]不过，他们至少获得了为祭祀其杰出祖先而设置的祭田管理权。

这段漫长的历史表明，在宋元时期，徽州的程氏宗族对篁墩世忠庙的各项事务包括其庙产的管理皆兴趣不大。他们将世忠庙的人员安排、成员管理、领导权力以及庙址选择等事务都交给了其他组织团体——主要是村社组织。尽管这些组织中的许多成员也是这位人或神的后裔，但至少直到14世纪之前，这些组织的大部分功能与亲属组织是大不相同的。由于这些联盟是由大约两百多个村社组成，因此，除一些可能是竞争关系的信仰团体及其举行的祭神活动外，任何乡村组织在号召力上都无法与之相比。尤其在乡村亲属组织面前，这些联盟展示了村社组织的强大能力，他们可以将如此众多的成员和居民都纳入其中，而绝大多数亲属组织则力有不逮。正如程氏在14世纪初所经历的那样，他们只有在表现出了极大的容忍（抑或是漠不关心？）和失去大量收入之后，为了获得对神庙的控制权和重新夺回他们祖先所捐献土地的管理权时，才放弃逆来顺受的一贯立场，开始了与他们的直接争夺。直到此时，他们才开始争取更大的自主权，甚至包括独立完成各种仪式和祭祖活动。然而，他们仍然缺乏大型与可靠的稳定组织，因此最终不得不依靠僧侣来为他们管理庙产。

---

① 《程典》卷六上，第26a页。地方政府的这则禁令应该是在朝廷的敕封后作出的，两个月前，帝国政府将程灵洗加封为"王"，同上。

② 《新安大程村程氏世谱》下，乾隆五年刊本，第25a—26b页。

佛 教 组 织

由于僧侣们可以经常在丧葬、追悼以及忌日等仪式中提供服务，因此，佛教礼仪与佛教组织在宋人的生命周期中是必不可少的。①几乎所有家庭都会请一个和尚为自己死去的亲人举行佛教葬礼仪式以及后来的悼念仪式。②11世纪的司马光是一名典型的士大夫，他平时经常谴责佛教，但竟然嘱咐他的后代在他死后每年的农历十月，都要去寺庙请和尚为他以及其他已故的祖先诵经超度。③两个世纪后，像身为朱熹弟子和女婿的黄榦这类标准的理学家，对于自己或是父亲的葬礼，可能会考虑按照儒家而不是佛教的礼仪来进行。但他也不得不承认，这一决定将会遭到其亲属和其他人的激烈批评，因为他们所关注的是超度死

① 在徽州，佛教在死亡仪式上的服务，主要竞争对手是道士及道院，这一点可从几个宗族中得到证明。休宁珰溪金氏，在1264至1393年间的某个时候，将原来的祠堂土地建了一座道院（Daoist shrine）用于祭祖，并负责照看坟墓，见《珰溪金氏族谱》卷七，隆庆二年刊本，第31b页。婺源永川俞氏也是如此，他们在1266年建造了一座道坛用于祭祖，见常建华：《宋元时期徽州祠庙祭祖的形式及其变化》，《徽学》2000年卷，第50—51页。再比如休宁县的茗洲吴氏也是如此，他们安排一位道士照看他们一直以来用于祭祀始祖的神龛，参见《茗洲吴氏家记》卷七，第8b—17a页，以及黄敏枝：《宋代佛教社会经济史论集》，台湾学生书局，1989年，第249、299—300页。正如茗洲吴氏的一个道士之家那样，他们可以娶妻成家，并将管理院产的职位传给他的儿子们，这是一种额外的好处。当然，由于他们与道院及其土地的关系越来越紧密，一旦有人担心的话，也会带来不利的一面。
② 也有一些例外，有少数人在临终前，要求他的儿子不要为他举行佛教葬礼（有趣的是也不要灵媒参与），参见李小红：《宋代社会中的巫觋研究》，第193页。
③ 俞文豹：《吹剑录全编・吹剑录》，古典文学出版社，1958年，第13页。有意思的是，中国王朝有关祭祖及相关礼仪实施，是由更早的儒家典籍及其实践所确立的，参见Keith N. Knapp, "Borrowing Legitimacy from the Dead: The Confucianization of Ancestral Worship", in John Lagerwey（劳格文）and Lü Pengzhi, eds., *Early Chinese Religion, Part Two: The Period of Division*（220–589 AD）, v. 1, Leiden: Brill, 2010, pp.143–192。

者的亡魂并以此确保自己的社会地位。^①同时代的一位黄姓士人认为，此事可以有多种选择的可能性。他声称可以为自己、妻子及其儿子们举行非佛教式（即理学式）葬礼，但如此一来，他就不得不面临来自双亲的指责。^②在徽州，这种做法同样会让人苦恼。在朱熹的故乡婺源县，一个李氏士大夫家族为祭祀祖先而建立的各类礼堂、社庙以及寺庙中，没有一座是儒家的，他们建造了九座道观、十三座寺庙，世代为其照看香火、祭祀祖先。^③在整个南宋及元朝，即使是在他们各自的祠堂内，李氏的祭祖活动也都是由佛教僧侣及其佃仆（field servants）完成的。^④这些服务连同丧礼和葬礼一起，通常都由帝国各地成千上万的佛教机构提供。至1175年，徽州的各类寺院共有135座，其中歙县一县就占了三分之一。然而，这一数字大大低估了徽州佛教机构的实际数量。它不仅忽略了宋代未向官方登记的137座寺院^⑤，而且还有两类佛教机构没有统计，即功德寺和庵，它们因能保佑人们升官发财而倍受欢迎。

---

① 黄榦：《勉斋先生黄文肃公文集》卷三十三，北京图书馆出版社，2005年，第15b—16a页。

② 俞文豹：《吹剑录全编》，第125页。孀妇因坚持为他的亡夫举行佛教仪式，也会受到指责，见陈栎：《定宇集》卷十五，第9b—10a页。

③ 陈柯云：《明清徽州的修谱建祠活动》，《徽州社会科学》1993年第4期。在《严田李氏会编宗谱》中的《李氏祀观记》中也发现了这一现象。李坑李氏的一些支派在婺源举行道教仪式，但严田李氏和李坑李氏的关系尚不明了。见《新安名族志》后集，第360—361页。

④ 陈柯云：《明清徽州的修谱建祠活动》，第42—43页。宋元时代，新儒家正统思想的传播未能阻止这一行为的蔓延。不可否认的是，像南宋诗人方岳这样的一些家庭，其后代的选择是"于茧窝秋崖（译者注：即方岳）墓侧，构亭几楹，勒秋崖公所作《茧窝赋》于其上。岁时，率族人祭之。祭毕，集缙绅之士，宴于亭，可谓有敦本厚俗之意矣"。见《祁阆志》卷七《士习》，永乐九年刊本。

⑤ 在唐朝的习俗中，有时会将棺木暂时埋在一座寺庙的旁边，参见［日］中砂明德：《唐代の墓葬と墓誌》，收入［日］砺波护编：《中國中世の文物》，京都大学人文科学研究所，1993年，第371—414页。

　　最迟在711年，有些人开始以个人名义捐资建立功德寺，目的是为
其祖先、最终也是为自己进行祈福和祭祀。①唐宋时期，那些达官贵族
和皇室成员对这类寺庙的捐助所表现出的浓厚兴趣，是有充分理由的。
首先，这些机构可以让捐助者死后享祭不绝、财产不被分割，而且只要
他们愿意，其后代就能一直以私人的方式管理这个机构及其捐赠的财
产；其次，对于个人或家庭可以建立多少功德寺，或者功德寺可以拥
有多少土地，政府并没有限定；最后，这些功德寺一旦以这种方式获
得法律的批准，那么寺庙、寺庙中的僧侣以及寺庙拥有的土地就可以
免征全部（唐）或部分（宋）的赋税和差役。②至1071年，政府收回了
寺庙地主的差役豁免权。但或许是因为1086年政府对那些贫穷的寺庙
又恢复了免征权，因此对于建立功德寺的热情并未减退，政府不得不在
1110年、1137年及1195年三番五次地颁布法令，禁止将那些有额寺院
（authorized temples）变成这种另类的私人寺庙（alternative category of
private temple）。北宋时期（1021年以后）至少新建了62座功德寺，至
南宋末年，又增加了187座。这些有"避税和财产庇护所"之称的寺庙
几乎全部位于长江下游的三角洲地带。③

　　对于那些远离朝廷的边远地区以及达官贵人——即徽州以及东南
其他省份的有钱人和知名人士——来说，更为可行也更受欢迎的是庵

---

① 值得注意的是，《新安志》（淳熙二年刊本）在列举这些寺庙时，都会将其匾额列出，
　以此表明这些寺庙都在政府登记过。
② 游彪：《宋代寺院经济史稿》，河北大学出版社，2003年，第153—168页。这清晰地
　表明，在整个宋代，包括功德寺和坟庵在内的大部分寺庙一年要缴两次税。然而直
　到1071年，它们在法律上仍然是不用服劳役的。此后，由于地区间的差异，很多较
　为贫穷的寺庙和庵实际上仍然是免除劳役的。
③ Stanley Weinstein, *Buddhism under the T'ang*, Cambridge: Cambridge University Press,
　1987, p.166, n. 2；黄敏枝：《宋代佛教社会经济史论集》，第241—300页。明州（今宁
　波）的史氏家族在宋代的最后一个世纪中建造了十多座功德寺（同上书，第250页）。

（chapel）。^①至少从8世纪开始，中国的富裕之家就已让佛教僧尼和庵堂在丧葬和忌日的仪式上代替自己履行孝道了。这些小庵通常位于一位或几位祖先（他们多是家族的创建者或杰出人物^②）的坟墓旁，捐建者期望它们以及居于其中、数量不多的僧尼或道士能永久地为其祖先设祀献供，晨香夕灯，在每月的朔望、祖先生辰和忌日时加以祭祀和供奉，并在春、秋两季时，进行岁时祭扫。同时还要诵经祈福，并照看庵堂旁边的祖墓。特别是当一座庵堂历经数代仍被同一个家族掌控时，这些祭祖礼仪以及墓祭活动很容易就占据这些神职人员的大部分时间。^③

这些功德寺、庵堂的建立方式多种多样。唐宋时，皇帝会允准一些达官贵人建立功德寺以追思祖先；后来，在某个时候他们又向朝廷申请，将其改为正式的合法寺院。^④1127年，在金人对华北的一场侵袭之后，一些皇族、大臣乘机南下长江三角洲，在这里随便指定一座大型寺院，迫使寺僧将寺庙投献给自己，并随即将这座寺院正式认定为自家的坟寺（grave temple），最后将寺院连同寺产一起据为己有。^⑤

至少在徽州，那些富人或富家更为普遍的是建立一座自己的庵堂。^⑥有时候，这些庵堂就建在既有的功德寺或道观里，或者是一座民

---

① 黄敏枝：《宋代佛教社会经济史论集》，第243页；［日］竺沙雅章：《宋元佛教における庵堂》，《东洋史研究》1987年第46卷第1期，第6—10页；［日］宫元则之：《宋元时代に於ける坟庵と祖先祭祀》，《佛教史学研究》1992年第35卷第2期，第112—134页。
② 在唐代，他们通常派人来祭扫坟墓，见［日］江川式部：《唐代の上墓儀礼》，《东方学》2010年第120卷，第34—50页。
③ 黄敏枝：《宋代佛教社会经济史论集》，第243页；［日］宫元则之：《宋元时代に於ける坟庵と祖先祭祀》，第125—128页。
④ 黄敏枝：《宋代佛教社会经济史论集》，第253页。
⑤ 同上书，第248、254—255页。
⑥ 这一行为的最早例证，在徽州尚无法确定具体时间，但在毗邻的饶州府，其时间不晚于886年（同上书，第241页）。

众信仰的神庙里。① 他们似乎经常在一位杰出的祖先坟墓旁修建一座庵堂，当作一个独立的机构，资以土地或租金，用以维护坟墓、提供祭品，尤其是保障里面僧尼（或偶尔的道士）的生活开支。最初，宋代政府一直忧心于土地流失和赋税下降，它发现要想阻止这类私人庵堂的建立十分困难，原因在于这些庵堂的规模实在太小，小到没有资格向官府申请。而且，这类庵堂在民间宗教新兴教派（new sects）和庶民当中大受欢迎。② 最终，它们将重点放在如何防止逃税上。1071 年，宋朝统治者取消了先前的法令，坚持要求所有的坟庵都要缴纳差役钱。尽管这项费用从 1086 年开始，就仅对经济实力雄厚的寺庙征收，但是，由于它的严格执行，导致一些庵堂将自己的土地投献给那些享有免役权的达官们（他们无须跟最初的捐建者有关）。至少直到 1109 年，这一做法可以让这些坟庵不必再输钱代役了。③

不过，这些富贵之家的家长们为何宁愿将这些追思和祭祖的事务交给这些僧侣和道士负责而不是自己的子女呢？当然，如果家庭或旁系家庭中的成员在庙庵中出家当和尚或道士的话，这个问题也不会存在。但是，从宋元时期的徽州文献看，几乎没有捐献者及其后代出家的记录。④相反，如上所述，私人庵堂钻了税制的空子。然而，随着时间推移，这种颇受欢迎的制度设计变得越来越少了，元朝政府迅速从紧缩的税收政策中获得了财政方面的启发。元朝政府曾在一段时期内十分慷慨，在1290 年宣布对境内所有的寺院都免征土地税。但五年后，又对这项政策

---

① 有关一位宋人的后代在佛寺中如何能专设一方神龛并加以守护，可参见程敏政：《篁墩文集》卷十六，第 17b 页。
② ［日］竺沙雅章：《宋元佛教における庵堂》，第 10—23 页。
③ 常建华曾提到四种这类庵堂，见《宋元时期徽州祠庙祭祖的形式及其变化》，第 48页；又见程敏政：《程氏贻范集》卷四，第 21a 页。
④ 仅有一则记载例外，捐资人将自己的族人任命为一座佛庵的负责人，以负责对祖先的祭奠，见叶为铭编：《歙县金石志》卷三，第 38a—b 页。

进行了修正：1295年以前捐给寺庙的土地仍不予征税，但对个人捐献位于长江下游三角洲地区寺庙的土地，在该年之后则不再免征。①

其实，即便是撇开1295年修改前的优惠政策不谈，包括江南在内的华南地区还有一个推动兴建坟庵的更强大动力，即这些地方的家长们在心理上更愿意将祭祖、追思以及看护坟墓的事务交给僧侣和道士而不是他们的子孙。不论今天的中国学者感到多么不可思议，这些在正统儒家教育下长大且清正廉洁的有钱人就是认为将自己的土地、坟墓及各种仪式活动交给庵庙中的神职人员负责，要比交给自己的子孙后代照料明智安全得多。

当然，这些地主们也熟知一些僧侣对土地管理不善的事例。但是，他们的经历或观察告诉自己，他的那些容易闹事的兄弟和不孝的儿子们往往会带来更多的问题，而那些有知识的地主对这一点看得更加明白。他们肯定听说过或读到过很多唐代家族坟墓已经湮没无闻的先例——徽州民众都知道程灵洗和程氏家族其他杰出人物坟墓的不幸命运，这让他们对自己未来的坟墓所面临的危险了然于胸。他们明白，自己的子孙很可能无法考取功名，后劲不足，并因此而家道中落，进而为了自己的私利而分家析产。他们也会因为耗时费神的义务而烦恼不已，拒绝缴纳坟田税；极有可能卖掉家产而往他处谋生，并逐渐遗忘自己的祖辈以及与他们的联系。在此期间，家族的坟墓便会无声无息地湮没于黄土之下。②果真如此的话，变成饥肠辘辘的孤魂野鬼而被人忘却，将是他们

---

① ［日］大薮正哉：《元代の法制と宗教》，秀英出版，1983年，第1—25页，尤其是第6—7页；《元典章》卷二十四，第12a—13a页。
② ［日］宫元则之：《宋元時代に於ける墳庵と祖先祭祀》，第117、119—122页。9世纪时，正是这一忧虑让著名诗人白居易离开了寺院，随身带走了他所编辑的三部手稿，并将这些手稿全部留给了他的后代，而不仅仅是其中的两部。参见［日］井上进：《中國出版文化史：書物世界と知の風景》，名古屋大学出版会，2002年，第102—103页。

死后未来的普遍命运。

对于徽州的许多家长而言，这一深深的恐惧，如千钧般压在心头。为了确保坟墓得以永存，祖先及自身的祭享持续不断，他们转而寻求一个比唐代世家大族们所能依靠的更好的机构，这些机构在唐宋变革中幸存了下来，那就是佛教的寺庙以及它们的僧侣。即如休宁的士大夫汪循所言：

> 中世以来，才智有力者，每假营创而因以寓于浮屠老子之宫，其意以为家之造废不常，有朝富贵而暮丘墟者，不足恃。足恃以延吾祀者，不若旧院名刹，世变不迁，能久于世也。[1]

宗族对某一教派或僧侣提供捐助的承诺或许是短期的，但当他们对神庙的管理者不满时，会再寻找另一个佛教甚至道教机构而非他们的亲属。此举表明，他们是从孝道出发，才更喜欢神职人员的，否则还能有其他什么理由呢？徽州一些人甚至直截了当地表示，在这类事务上，僧侣比其子孙更可靠。[2]

有时，这些捐献者从一开始就让他们的庵堂为其提供所有的宗教服务：供奉祖像和牌位、祈福、诵经、拜佛以及僧尼举行的各类仪式。[3]有时，他们似乎是要对僧侣进行考验，好像要验证一下自己最初的良好印象是否准确。对坟庵的这类考察会发生在犹豫不决的几十年后——如果不是几个世纪的话。比如，在728至1110年间，徽州的一个大族连续十二代、每代都要在家庙旁至少埋葬一位族内子孙，因此需要进行系列

---

① 汪循：《汪仁峰先生文集》卷十一，四库全书存目本，第335页。
② ［日］宫元则之：《宋元時代に於ける墳庵と祖先祭祀》，第120—121页。
③ 同上文，第123—128页。

的追悼活动，这些活动很容易占据司礼僧侣的大部分时间。与此同时，还会通过其他方式，如捐助修缮资金，逐渐扩大对庙务的参与程度。[①] 坟庵在祭祖方面的持久性，可在徽州历史上的一座最早有文献记载的坟庵那里得到验证——这座坟庵专门为祭祀当地的文化英雄汪华而建。这座坟庵大约始建于904至907年之间，附属于一座汪华庙。[②] 在后来的一个半世纪里，僧侣们一直负责着祭祀事务。在1050年前后，汪华后代的十六个支派在这座坟庵（事实上他们认为这座坟庵就属于他们）中举行了集体的祭祖活动，直到这时，才能确定僧侣们接受了汪华后裔或汪氏继嗣群捐赠的土地。而其他亲属组织的做法则较为谨慎，他们在长达几个世纪的时间里，先在祖墓旁竖一座坟坛，随后改为坟龛，最后才修建一座坟庵。[③] 这一做法始于中唐，当初朝廷敕赐皇室成员可以建立一座坟寺，并召集僧侣，将土地作为庙产由寺院管理，僧侣为此负责本家族的祭祖活动。后来，朝廷大臣和各地方大族对此进行模仿并加以创新——或是利用既有的古老寺庙，或是自己创建新的庵堂。

很多佛教机构的生存力都十分顽强，这不仅是因为他们节俭的习惯和保全庙产的能力，更是因为他们还经营各类商业活动。除了普遍拥有大量稻田和山产外，一些较大的寺庙还会创办一些手工业（磨坊、纺织、刺绣、榨油、打铁），经营金融服务机构（市场租赁、当铺、钱庄），以及从事仓储和买卖货物（书籍、中药材、画作、书法、域外的奢侈品以及木材）。[④] 即如一位南宋人所言："货殖，贤不肖无禁。"一位

---

① 黄玄豹编修：《潭渡孝里黄氏族谱》卷三，雍正九年刊本，第4b、7a、8a、9a、10a、11a、11b、13a、17a、30b页。
② 汪艺总：《越国汪公祠墓志》卷三，第10a页。
③ 一些人将刚刚刻好的罗汉像或地藏王菩萨像捐给了自己喜欢的寺庙，见《新安汪氏重修八公谱》卷四，嘉清十四年刊本，第7b页。
④ 游彪：《宋代寺院经济史稿》，第181—200页。

宋代僧人说得更加直白也更为客观:"钱如蜜,一滴也甜。"① 僧侣们一般还会拥有自己的私产,如辽代时北京的一位僧人竟坐拥28家当铺。② 当宋朝政府试图限制僧人及寺庙继续占田时,布施者便会替其购买。③ 如前所述,蒙元政府在1295年修订的赋税政策中规定,此前向长江下游三角洲地区寺院布施的所有土地一概免征土地税。

寺院也会对其布施者报以诸多金融方面的服务,包括货币借贷、信誉共享、典当以及投资担保。④ 最晚从15世纪末开始,寺院已将受捐产业中的多余收入借贷出去,称之为"无尽财"。作为回报,债权人——他们往往是这些寺庙的富裕布施者——会承诺将债务人的抵押物一直保留在寺院手中,直到贷款被还清。寺院在扮演典当经纪人的同时,自己也会直接贷款给自己的忠实信徒。在唐代,寺院的各类贷款一般是免息的——虽然并非总是如此,"因为无论是寺院还是布施者,借贷是慈善的一种形式,可以以此积累功德"⑤。到了10世纪,这种顾虑消失了:

---

① 游彪:《宋代寺院经济史稿》,第188页。

② 黄敏枝:《宋代佛教社会经济史论集》,第225页。

③ 同上书,第85—86、93—94、99—106页;游彪:《宋代'禁寺、观毋市田'新解》,《中国经济史研究》2002年第4期,特别是第130页。陈栎记载了一个有趣的故事,这则故事跟庵堂的僧侣有关。这个僧侣首先在自己的庵堂中为自己及家族设立一个永久的祭堂,随后又出钱购买土地,将土地的收入捐给这座庵堂,让自己的弟子和继任者为设于庵堂中他家族的灵位定期祭祀。陈栎以这个事例为他自己出钱建造的庵堂加以辩护。见《定宇集》卷十二,第5b—6a页。陈栎还记载了另一个僧侣的故事,这位僧侣先是在他父母的坟墓旁建了一座小房子,然后出于孝心,可能是为了照看他父母的坟墓,让自己的一个弟子居住于此。同上书,卷十二,第8b—9a页。

④ 西方学界对这一发展历程的经典描述是谢和耐(Jacques Gernet),见Jacques Gernet, *Buddhism in Chinese Society: An Economic History from the Fifth to the Tenth Centuries*, trans. FranciscusVerellen, New York: Columbia University Press, 1995, pp. 169-178。

⑤ Valerie Hansen and Anna Mata-Fink, "Records from a Seventh-Century Pawnshop in China," pp. 54-59, in William N. Goetzmann and K. Geert Rouwenhorst, eds., *The Origins of Value: The Financial Innovations That Created Capital Markets*, Oxford: Oxford University Press, 2005.

在所有已知的敦煌借贷契约中，都是要付利息的（通常是每年100%，有时高达300%），即便按照要求提供了抵押物而只能算是典当时，也是如此。[1]

最晚至12世纪中叶，中国其他地区的寺院在典当和借贷时也普遍收取利息了。[2]最初，佛教中的一些教派由于收取贷款利率有违佛教教义，因而会尽量不发放有息贷款。但到了宋代，这一约束开始减弱。在鄱阳湖盆地（今江西省附近）的各县，无论是禅宗还是律宗的寺院中都有典当行为。[3]面对世人的谴责，寺院宣称，他们收取的利息用于购买朝廷颁授的度牒——这是一种政府颁发的出家为僧的许可证书。有时，寺院接受这种"捐赠"的意图并不明显。直到1200年时，所有的寺院都建立了长生库，他们会邀请富人往里面捐钱。这一做法表面上是为了筹集购买度牒的资金，但实际上，寺院允许"布施者"将这一集体投资的资金作为长生库基金加以登记，其目的在于逃避国家税收并能给投资者以及他们合伙经营的寺院带来利润。而且，这种信用机构（credit association）制定了明确的运作机制：十年一轮。在此期间，每位布施者每年都能轮流从总投资中获得1 000到1 500贯钱的固定收入。每位获益者都能使用他所需要的部分资金，据说最后的回报是最初投资总额

[1] Eric Trombert, *Le crédit à Dunhuang: Vie matérielle etsociétéen Chine medieval*, Paris: Collège de France, Institut des hautesétudes chinoises, 1995, pp. 133–188. 可以充当抵押物的包括土地、劳力、孩子或者衣服。
[2] 陆游：《老学庵笔记》卷六，中华书局，1979年，第73页。
[3] 洪迈：《夷坚志》癸志卷八，第1280页。对于寺院而言，这里所言之"禅宗"和"律宗"，划分它们的标准到底是他们在佛学院中学习的内容，还是它们接受民众出家以及成为方丈的规则，我们并不清楚。一般而言，禅宗比起律宗，在僧侣的招收和方丈的选择上，向那些非弟子（non-disciples）更加开放。参见 Morten Schlütter, *How Zen Became Zen: The Dispute over Enlightenment and the Formation of Chan Buddhism in Song-Dynasty China*, Honolulu: University of Hawai'i Press, 2008, pp. 36–49。

的好几倍。①

管见所及，在宋元文献中，没有看到关于徽州寺院和神庙中这类盈利性信用机构的直接评论。但是一份14世纪末的徽州文献表明，那里至少有一座佛教寺庙可能是为了获得利息而从事钱庄生意，且极有可能持续了一个多世纪。这份文献告诉我们，有一个名叫西莲社的村社，在160年的时间里，不断收到来自"四面八方"的成员捐献，这意味着它的成员不限于一个村庄甚至一个乡村地区。该社位于向杲寺的佛陀殿内，在府城之西。每年农忙之后的农历九月之初，莲花社就将成员召集至佛陀殿内。到达之后，他们便会集体拜佛祈愿并供献祭品，其中包括募集重修和维修寺庙的资金。②由于这些钱每年都会募集，且历经多年，所以可以推测，在某个年份，这些维修费会有净余。如果真是如此，那么这座寺庙至少是有可能跟其他佛教寺院几个世纪以来的做法一样，将钱借贷出去以牟取利息，从而可以获得长期维修的费用。③

这一理解只是一种事后诸葛亮式的推测，它的依据是我们所知其他地区佛教寺院的一般做法以及明代时期徽州祠堂的经营策略。退一步说，即便这一推测不成立，也并不妨碍我们得出的结论：在传统意义上，祖宗崇拜活动是中国亲属组织和儒家所关注的核心问题之一，却被宋元时代的富裕家族（通常是遵照父辈的安排）转交给了佛教机构及其僧尼。土地、房屋以及有关亲属团体的社会记忆，如今都被那些毫无亲属关系的人员所控制。而且，这些人信奉的异教信仰（foreign faith），即便不对血缘关系加以敌视，也是毫不关心，且容易遭到非议。当然，

---

① 徐松：《宋会要辑稿》卷七十，世界书局，1969年，第102a—b页；[日]日野会三郎：《宋代长生库の発展について》，收入氏著《东洋史学论集》卷七《宋代の貨幣と金融（下）》，三一书房，1983年，第213—246页。
② 郑玉：《师山集》卷五，四库全书珍本丛书，第5a—6b页。
③ E.g. Gernet, *Buddhism in Chinese Society*, pp. 153-191.

在这一安排下，亲属礼仪便会不断举行，亲属情感得以培养，而且死后不会被遗忘。但是，之所以将这些儒家的责任交给当地合法佛教机构中的僧尼负责，不仅是因为他们切实履行了儒家职责，而且还在于他们乐于处理死亡问题以及儒家学者大多乐于交给他人的悠久传统。因此，即便这些人很可能完成了对他们直系祖先（比如他们的父亲和祖父）在祖宗崇拜及悼念方面的个人仪式，我们也会在理学著述中看到，那些佛教机构在祖先崇拜中所担任的角色被排斥，或者把它归于佛教一边。因此，就像社和民间信仰联盟为民众选择一个祖先进行集体崇拜那样，其他的一些非亲属组织，如寺庙、功德寺以及庵堂，经常为悼念祖先提供家庭祭祀，并为祖先祈祷冥福、提供献祭。总之，"儒家组织"几乎是无事可做。

亲属组织（kinship institutions）

与宋元时代的其他乡村组织相比，在讨论宋元生活的任何一个方面时，徽州的亲属组织似乎都显得软弱无力而不值一提。不过，当时包括徽州在内的全国各地的亲属组织，无论在规模上还是复杂性上都显得丰富多样。11世纪以来，儒家学者们多将一些中国反复出现的社会、政治问题归因于亲属组织的缺陷，因而他们鼓吹共同建立一个要超越一家一户的大型亲属组织（kinship organizations）。下面的这些革新将对中国后来的社会经济史产生深远影响——他们致力于建立一个大型的亲属集团，声称拥有共同的世系，并为这些祖先举行集体的祭祀活动。最初是墓祭，后来变为家祭或祠祭。本节将首先论述的是，在与其他组织竞争时，宋元时代的亲属团体在宗教革新中所采用的不太成功的策略；

其次讨论在13到14世纪之间，他们做出的一些实践也吸引着越来越多的家族。尽管对以财产为基础的组织变革的详细讨论将在下一章展开，但至本章结束时，关于他们组织的缺陷程度、性质以及为此采取的一些革新方法，将会交待清楚。

宋元时代，一些较大的亲属群体（kinship groups）所开展的家族实践活动跟那些传统的精英家族密切相关：编纂族谱以厘清世系、践行祭祖活动并维护祖坟。即如上述，这三项活动的后两项是由非亲属组织负责的。其实，还须指出的是，一方面，撇开非亲属组织承担这些任务的悠久历史不说，从总体上看，宋元时期的亲属组织面对这项挑战时，他们的反应也显得太温和了；另一方面，南宋时期尤其是元代，一些亲属团体对这些活动也逐渐产生了兴趣。

先来说一说族谱的发展。徽州最早的修谱活动始于宋代之前整整两个世纪的758至760年之间。有一张残破不堪的纸片，列举了家族集会的情形。它的记载表明，自唐代中叶始，婺源程氏就开始实行一项枯燥的工程，即定期收集本族人口的数据，以记载世系，目的在于建立一个更为完整的亲属团体：

> 率五岁为会，择吉日，以诸房之长而居村中者主之，盖欲长幼远近均也。先期一月，纳曲米六升，并馔具送所会之家。或一房不至，则罚金五百。会之日，各具五岁中男女生月，次第上籍讫，即各录一本，藏之于家。或虚冒不实，亦如不至之罚。[1]

即使程氏的这一工程算得上成功，也似乎并不算是一个严密的组织。作

---

[1] 程敏政：《程氏贻范集》乙集卷四，第22a—b页。

为一个团体，他们仅计划五年聚会一次。他们当中的一些人由于居住偏远，即便是召开一次全体成员的非正式会议，也比较困难，所以，仅仅只是为了上报信息，他们也必须等到在这种正式的、间隔很长时间的场合上才能完成。其实，如果组织严密、经常聚会的话，这些信息会很容易定期搜集上来。尽管如此，这部族谱明确表明，程氏后裔打算恢复不同支派之间的联系。事实上，程氏家族还作出了一个非同寻常的决定，就是女孩同男孩一样皆可入谱，并且对所有的后代和支派都一视同仁。①这种平等不仅体现在罚金和会费缴纳上，而且还体现在所有后裔子孙的身份信息都可以登记在族谱上，这一点与此前拒绝某一群、某一派族人入谱的做法恰好相反。②所以，这张残存的文献表明，中唐时期的徽州对编修族谱的兴趣正逐渐增加。当然，修谱的水平还比较低。

宋元时期，徽州的修谱之风一直在延续。正因为如此，在我们搜集到的明代以前的族谱中，徽州的最多。赵华富在中国各个图书馆发现了现存的23部宋元谱系图，其中有14部出自徽州。③据森田宪司编纂的另一份目录可知，在现存的宋人文集中，有不超过两篇的徽州谱序，元代文集中有18篇（全国族谱谱序的总数分别是：宋代19篇，元代186篇）。④然而，这些有关徽州族谱的统计数字都大大低估了那些开始编

---

① 将女孩收入家谱表明，这些妇女有权要求福利，甚至可能是财产，这是由她们所属的亲属团体编修的家谱决定分配的。她们对一些财产权的主张，在唐代737年未婚妇女继承权的相关法律中有所涉及。参见［日］中田薰：《法制史论集》卷三、岩波书店，1943年，第1357—1360页；Bettine Birge, *Women, Property, and Confucian Response in Sung and Yuan China (960-1279)*, Cambridge: Cambridge University Press, 2002。

②《武口王氏金源山头派宗谱序》，光绪元年编修，第7b—8a页，它对一视同仁的强调，很有可能是为了更多人加入这一团体。

③ 赵华富：《徽州宗族研究》，安徽大学出版社，2004年，第214页。

④［日］森田宪司：《宋元时代における修谱》，《东洋史研究》1979年第37卷第4号，第27—53、31—32页。译者按：这里有关徽州府（它是安徽的一个府）的最高数量，也是森田调查中安徽省的全部数字。

纂（如果没有完成的话）的族谱数量。以徽州程氏为例，我们从后来的
私人著述中了解到，仅程氏一姓，编修于宋元时代的族谱就有25部之
多。① 而且，在14世纪的前30多年里，徽州宗族的修谱之风十分盛行，
在《新安大族志》中就包含了50个姓氏。该书是中国8世纪以来所作
的首次区域性宗族调查，其调查者为徽州士人陈栎，他在书中详细记载
了这些宗族到达徽州的时间和定居地。②

　　然而，对于这些宋元时期由徽州大族所编家谱的文献价值也不应夸
大。在北宋时期，官僚们对他们的远祖甚至是近祖都所知甚少，尽管
他们提到了他们所认为的唐代贵族祖先，但似乎没有多少人在细节上
给予太多关注。大部分的官僚家族对于族谱的兴趣主要着眼于自身往
前的四代世系，目的在于弄清服丧的义务。③ 只有到了南宋甚至是南宋
晚期，他们对族谱的兴趣才多了一些。如程氏的25部宋元家谱中，有
24部编修于1257年或以后。在徽州，程氏宗族有数百个支派，但只有
其中的14支编修了家谱并对之持续关注。这说明了陈栎虽然在14世纪
时就完成了对徽州宗族的调查，但直到两个世纪后才得以首次出版的
原因。

　　徽州亲属组织第二个常见活动是在祖墓旁进行集体祭祖，这是一种

① 《程典》卷六上，第9a—33b页。由汉口程氏协助编纂的两部族谱，至少包含了程氏
　的另外一支。
② 有关这部文献的成书日期以及作者的争论，极大地困扰了对它的利用。按照最近朱
　万曙的研究（《〈新安名族志〉的版本及其史料价值》，《文献》2005年第1期；《〈新
　安名族志〉的编纂过程与版本》，《安徽大学学报》2004年第5期），似乎可以明确的
　是，这部文献的标题并非产生于元代（正如多贺秋五郎所猜想），而是直到明代中后
　期才出现，而且至少陈栎是被一群16世纪的徽州本土学者认定为该文献的编纂者，
　这批人对家谱的编纂十分了解。如今，东洋文库在对他们所藏的这部文献刻本的抄
　本进行编目时，将其列入晚明的刊本，且认定为编著者不详。见东洋文库编：《东洋
　文库所藏汉籍分类目录·史部》，东洋文库，1986年，第83页。
③ ［日］竺沙雅章：《北宋中期的家谱》，收入笠谷和比古编：《公家と武家》Ⅱ《その比
　較文明史の考察》，思文阁出版，1999年，第425—443页。

古老的习俗。宋元时期的徽州，这种团体的活动多在春节和清明节（冬至后的第105天）举行。在此期间，五服以内的家族成员会去始祖或关系更近的祖墓旁进行祭拜。[1]徽州宗族对其死去的祖先采取的是土葬并能妥善地照料其坟茔，这让他们赢得了好名声。[2]然而令人惊奇的是，有关祭墓活动的评论并不常见，其原因可能在于很多家庭将照料祖墓的工作交给僧侣或道士。但不论如何，对于一些宗族来说，由于祭墓和其他节日活动几乎是家族成员们唯一的集体活动，因而具有重要意义。[3]元代时，徽州的一些宗族制定了一些措施，以防墓地被偷挖、盗卖和侵葬（unapproved burials）。有一个家族规定族内子孙一旦违反，将被终生逐出宗族；而另一个宗族则明确规定，族内长辈如有盗卖或侵占墓地者，允许晚辈控告于官府，以不孝罪论处。[4]

最后，还有一种与政治和社会精英的祭祖活动关系最为密切的机构，那就是家庙，或者是在南宋和元代日益增多的祠堂。[5]家庙是专门用于祭祖的建筑，最早出现于周朝，为各诸侯国的贵族所有。在中华帝国的第一个千年中，家庙的使用和拥有一直被限制在达官阶层，通常是

[1] Ebrey, "The Early Stages in the Development of Descent Group Organization," pp. 116-161, in Patricia Buckley Ebrey and James L. Watson, eds, *Kinship Organization in Late Imperial China, 1000-1940,* Berkeley: University of California Press, 1986, pp.20-29；郑玉：《师山集》卷五，第13a—14b页。徽州的这一宗族会失去对一些祖坟的控制权和所有权，最终只有赎回再加以修复。
[2] 赵涝：《东山存稿》卷三，第97a、98a页；卷五，第29b—38b页。
[3] 有关这一问题的记载，可见《休宁名族志》卷一第98页、卷四第717页，《新安名族志》前集第53页、后集第667—668页，程序等编：《休宁率口程氏续编本宗谱》卷五，第1a—b、4a页。在休宁率口程氏宣称要组织的十个节日中（族内子孙轮流操办），与祭祖有关的仅有清明节。奇怪的是，春节未被提及。
[4] 陈瑞：《元代徽州的宗族建设》，《安徽师范大学学报》（人文社会科学版）2009年第2期。
[5] 有关这一点的论据，主要来自Ebrey, *Confucianism and Family Ritual*, pp.53-56；尤其是［日］吾妻重二：《宋代の家廟と祖先祭祀》，收入［日］小南一郎编：《中國の禮制と禮学》，朋友书店，2001年，第505—575页。

品秩最高的前三品官员以及皇室成员和外戚。至南北朝时期，家庙制度已成为"贵族官僚文化"（aristocratic of ficial culture）的内在组成部分。到了6世纪中叶，一个家庭在家庙里祭祀祖先的代数（the length of time）取决于其家长的官阶。唐初，几乎每一个自诩为士大夫的人都会建一座家庙。632年，一位名叫王珪的朝廷三品大员因逾越礼法而被法司所劾：按照法律，四时蒸尝，应在家庙中进行，但他却违反礼制改在寝庙。

906年，唐朝灭亡，对名望的追求以及其他许多古老的习俗似乎也随之逐渐消失了。随着地方武装势力的强大，中央政府失去了对地方的控制，因此，士族阶层在中央朝廷和地方官僚的生活中不复存在。在华北地区，家庙、祖墓以及其他象征古老秩序的建筑或是受到忽视，或是在争夺皇位的战争中沦为废墟。最终，宋朝于960年建立，但那个由官方谱牒和家庙构成的唐代世界已很难重建。宋朝建立后的80年里，对于家庙的建立和使用，朝廷始终没有一个明确的规定。直到1029年至1040年间，一些大臣持续上奏，请求朝廷恩准建立家庙，但直到1041年，朝廷才给出答复。请求虽被批准，但根据以往的惯例，范围仅限于官秩三品以上的高官，其数量还不到11世纪官员总数的10%。70年后的1111年，朝廷又将这一特权扩展至所有的官员和士人，而不管他的官位如何。即便如此，在1113年由朝廷组织编纂的《政和五礼新仪》中显示，无论是朝廷的敕令，还是这部《政和五礼新仪》，对促进家庙在官僚阶层之外的推广都显得漫不经心。在人口高达1亿之多的广袤帝国中，家庙仍然是特权阶层中的一小部分人的特权。

对于将这一特权赋予官员之外的请求，如果把朝廷的反应视作动作迟缓和权宜之计的话，那么，更不可思议的是，很少有官员遵守法令。自从司马光在北宋的第一个世纪撰写一部家庙志（family shrine's history）之后，中国的学者不厌其烦地提到，文彦博于1051年获得建立家庙的特权，并于1056至1059年间在老家洛阳修建了一座。然而，在接下来的60年中，在总数不少于2万名的科举官员里，仅有不到10位高级官员获允建立家庙。1113年向所有官员和士人推广家庙特权的法令，所产生的实质性影响也微乎其微——据统计，在北宋统治的最后一个半世纪的时间里，只有20余位官员、将军以及其他位高权重的皇室近臣建立过家庙。[1] 实际的数量当然不止这些，但即使是在高官阶层，家庙的数量依然很少。

士大夫对于建立家庙的冷漠态度是可以理解的。建造家庙所需费用不菲，而且这笔费用须由获得特权的官僚和学者自己承担。而且，找到一位能长期管理家庙并负责举行祭祀仪式的人也不容易——那些士大夫的儿子们，汲汲于功名事业，不愿在一个收入微薄且毫无前途的管理机构中虚度一生，他们往往会选择一个真正能赚钱的工作。更重要的是，官员的后代们没有承袭祭祀家庙的权力。皇祐年间（1049—1053），可能是一位丞相向皇帝提出让其儿子承袭家庙祭祀的请求，他的这一请求交给专门负责官僚礼仪的两制礼官进行讨论：

> 下两制、礼官议，以为庙室当灵长，若身没而子孙官微，即庙随毁。请以其子孙袭三品阶勋及爵，庶常得奉祀。不报。[2]

朝廷的暧昧态度可谓意味深长。在宋朝建立后的第一个世纪里，统治者竭力限制官员的儿子合法地世袭其父的官职和接受任职的资格。朝廷逐步减少了官员在官职、税收以及任命方面的世袭特权，并加强控制

---

[1] 这一数据来自黄敏枝的估测，见《宋代佛教社会经济史论集》，第244页。
[2] 宋敏求：《春明退朝录》，中华书局，1980年，第22页。

竞争日益激烈的科举考试[1]，这让官员的后代们面临着父辈几十年的努力付之东流的危险，从而对未来充满失望。为此，朝廷同意授给他们一些虚衔，以对这一政策作出调整。当官僚家庭中的年轻一辈很可能被告知将无权经管家庙时，再花钱建造它就是无意义之举。相应的，对于建造并拥有佛庵或寺庙以及道观方面，朝廷却没有限制，因此这些沮丧的后代便转而将祭祖、献供以及悼念这些本应儒家士人负责的事务交给那些非儒家性质的组织来负责。

因此，徽州有据可查的宋元家庙仅有三座：一座建于12世纪，另两座在1324至1350年之间。[2]与之相反的是，现代学者一直强调徽州民众的祠堂建设。但"祠堂"这个词尽管觉着有些古老，但在11、12世纪理学复兴之前一般很少使用。由于理学家希望所有的学者和官僚都能享有这一特权，因此这些改革家们希望祭祖在内涵和形式上都有一个标志性的转变。总之，对于一个愿意致力于理学复兴的家庭来说，他会建立一座自己的祠堂，尽管在未来几代里他们在科举中会面临失败，但通过对子孙后辈持续地施以儒学教育，就能以士人之家而自居了。

这些组织的上的变革历时长久，而且宋元时期的徽州，祠堂并不常见，总共才15座，其中宋代4座，元代11座。[3]这一情况表明，在宋元时期，祠堂也只是一个可望不可即的愿望。更何况，佛庵可以免

[1] Chaffee, *The Thorny Gates of Learning*, pp.95—115, 192—202. 1159年时，徽州府县学中的2 000名学生中，仅有12位去参加更高一级的科举考试，见洪迈：《夷坚志》三志壬卷六，第1515页。

[2] 常建华：《宋元时期徽州祠庙祭组的形式及其变化》，第45页。遗憾的是，我没有看到与这一数据有关的原始文献。据《清华胡氏九公宗谱》（道光二十七年刊本）记载，他们的一个族中子弟因不孝而遭到驱逐出族的惩罚，他将一座学校房屋变成了祭祀祖先的家庙。见是谱第1a—3a页。

[3] 赵华富：《徽州宗族研究》，第142页；常建华：《宋元时期徽州祠庙祭组的形式及其变化》，第41页；陈瑞：《元代徽州的宗族建设》，第206—209页。

税，存在的时间更长久，而且政府对家庙还有诸多限制。即便从数量上看，相对于数量众多的人口来说，此时的祠堂也是沧海一粟。哪怕撇开这些不谈，从制度上来说，在这种由朱熹所设计的祠堂中，按照规定，供奉的牌位必须不少于五位——始祖和其他四代祖，要建立起这样一个世系是需要时间的。但正如我在前面引言所指出的那样，在宋代的大部分时间里，徽州一直是一个以新移民为主体的政区。直到11世纪末，那些唐末迁来的移民才认为有必要建立这样一座神庙，然而12世纪20年代的一场破坏严重的动乱让很多这类希望破灭了。南宋期间，徽州乡村又迁来一批新的移民。事实上，如果我们考虑一下那些在16世纪被称为徽州名族的迁入日期的话，那么，南宋可被视作徽州在前近代的移民全盛期。在南宋153年的时间里，平均每年都有一位未来被称作始祖或始迁祖的人来到徽州，于某处定居，这要比徽州历史上任何一个同等时间段都要频繁。[1]以祁门凫溪李氏为例，在11世纪，他们住在那里已超过四代，人数也有102人，但是直到14世纪，他们才建成一座举行集体祭祀礼仪的神庙。[2]宋元时期，像休宁富溪程氏[3]那样编修族谱、修建各类祠堂以及保持共同看护祖墓传统的宗族仍然很少。

尽管如此，在12至13世纪时，徽州的一些家族对构建和组织更大规模的亲属团体的兴趣越来越浓。到了12世纪20年代，绩溪县的胡氏和汪氏已经形成了紧密的婚姻联盟，而且他们还占据了县城一隅。不可否认，12世纪20年代的暴乱造成了大量人口死亡，众多家庭也因此四处逃亡。但不论如何，很多宋代以前就迁来的幸存者在徽州算

---

① 有关徽州移民的讨论，参见前文的介绍。
② 程敏政：《篁墩文集》卷十七，第13a页。
③ 同上书，卷十七，第17a—b页。

是扎下了根。① 至 12 世纪晚期，一些姓氏可以完全标榜自己族大根深
（genealogical depth）了。像休宁吴氏，由十多个支派组成，大的支派
有人口数百家，小的也有几十家。② 而且，据一部完成于 16 世纪的调查
资料——《徽州名族志》记载，南宋时期，一些村庄中的多数新移民
实际上就是徽州本地人，他仅在本县范围内迁移。这一点对整个徽州
亲属团体关系网络的发展或许是最重要的。③ 居住区域的扩展会扩大某
个已经形成的徽州宗族或谱系的影响，特别是在歙县和休宁这两个中心
区域更是如此，这一点可以从下面的事实中得到证明。《徽州名族志》
列举了 84 个姓氏、722 个村落，其中 8 个姓氏的民众所居住的村落竟占
了全部村落的一半以上。④ 明代中叶，在徽州出现了一股构建同姓集团
（same-surname groups）的普遍趋势，而上述分布广泛的姓氏关系网络
和庞大的人数则构成了这一趋势的基础。不管是否真的存在血缘关系，
他们都构建出了一个单一的继嗣群体（single descent group）。在利益而
非亲属关系的驱动下，许多个人口日益增长的支派往往共同构成一个大
型宗族。

　　而且这些没有功名，未受过儒学教育，也没有雄厚家产的平民家
族，可能连一座合法祭祀共同祖先的独立建筑都没有。也就是说，他们

---

① 唐力行：《论徽商与封建宗族势力》，《历史研究》1986 年第 2 期，里面引用了一篇撰
　于 12 世纪早期的序文，它被收录于一部清代族谱中。
② 吴儆：《竹洲集》卷十一，第 2b—4a 页。
③ ［日］山根直生：《唐宋間の徽州に於ける同族結合の諸形態》，第 42—43 页。
④ 具体数据如下：汪氏村庄，103 个；程氏，68 个；吴氏，64 个；胡氏，35 个；方
　氏，31 个；黄氏，25 个；王氏，23 个；孙氏，21 个。有关这些姓氏所居住的村庄，
　很少有外姓入住的记录。值得指出的是，这次调查的范围并不均衡。两个中心县占
　所列举村庄的一半以上：歙县占 20.8%，休宁 32.1%，婺源 16.2%，祁门 13.6%，黟
　县 9.2%，绩溪 5.9%。此外还应注意的是，在所统计的祁门和绩溪的宗族中，居于城
　市中的宗族分别占两县的 43% 和 65%。不论出于何种原因，这一比例无疑表明，编
　纂者忽略了这些宗族定居于这些县份山谷中的原因。

祭祖是在家里的客厅（outside their home's bedchamber）进行的。但其他一些个体家庭实行的则是另外一套，一些人按照旧风俗，在位于佛寺中的祠堂内举行，而且所有的事务皆由僧侣负责。① 更多人则冒险建了一座被称为"亭子"的独立建筑，它或许很小，仅有四根柱子，子孙们可能就是在这里进行祭扫，以寄怀思。② 或者正如田仲一成所论述的那样，这种亭子可能会有多重功能，祭祖仅仅是其中之一。歙县潭渡的一些黄氏族人为了集会和商讨大事而建立一座礼堂，至宋元时期，他们又开始在此处祭祖。③ 这些建筑虽然不以祠堂命名，但随着时间的推移，建筑内逐渐摆放了祭祀祖先的祭台和祖先的牌位，因此可以认为具有了祠堂的功能，而参加祭祀的人员都是所祭祖先四五代以内的子孙。结果，这些祭拜者只不过是儒家著述中常常提及的"五服"（在亲人去世时，它被用来确定送葬者的范围和服制）以内的子孙。总之，黄氏及其他家族的成员们并未真正充分意识到他们在未来几个世纪里能成为徽州占支配地位的名族。因此，陈栎指出：无论是穷人还是富人或是品官之家，他们在参与宗族活动时，皆是单独举行祭祖活动。④

　　然而，正如常建华和远藤隆俊⑤所指出的那样，徽州一些宗族日益

① 常建华：《宋元时期徽州祠庙祭组的形式及其变化》，第48—50页；程序等编：《休宁率口程氏续编本宗谱》卷五，第3a页；汪纯粹：《弘村汪氏家谱》卷二十三，乾隆十二年刊本，第73b页。此处有一则记载，叙述了汪氏宗族将汪华的神龛（就像在祠堂中的那样）置于当地的一座佛寺中。毫无疑问，汪氏宗族的这一安排，有效地减少了自唐代至明代（1453）以来，持续重复支付的有关维修寺庙的费用。我推测，那些寺庙的主要捐助人一般都采取这一方式。即便这一方式通常不被记载，但对于所有关注这一问题的人而言，这都是最好的安排。
② 郑玉：《师山集》卷五，第13a—b页。
③ ［日］田仲一成：《明清的戏曲：江南宗族社会的表像》，第10—11页。
④ Harriet T. Zurndorfer（宋汉理），*Change and Continuity in Chinese Local History: The Development of Hui-chou Prefecture 800–1800*, Leiden: Brill, 1989, p.140.
⑤ 常建华：《宋元时徽州祠庙祭组的形式及其变化》，第38—52页；［日］远藤隆俊：《墳寺から祠堂へ―宋元士大夫の墳墓と祖先祭祀》，《东北大学东洋史论集》2007年第11期，第55—82页。

意识到，如果打算将族内成员从乡村其他组织中吸引过来，就必须将祠堂和其他基于亲属关系建立起来的场所和活动联系起来。比如元末一位姓汪的将军在婺源大畈建了一座祠堂和其他房屋，他竭力满足宗族内每一支派的需求，而且做这些工作时从不借助其他竞争性组织的神庙、管理人员或资源。首先，他将包括始迁祖在内的十代以上的汪氏祖先牌位按照世系次序摆放于三个房间内；其次，在祠堂的南面他又建了一座较小的庙宇，将那些担任过官职以及后代中取得过功绩的祖先画像供奉于此；再次，他为族内的子弟创办了一所学校；最后，他捐献了一块祭田，祭田的收入用于每年在小庙中举行的由族老主持的春秋祭祀。他把上面的祠堂、祭庙、族学以及祭田合在一起取了个名字——"知本堂"。在完成这些宗族所需要的各种建设后，又呼吁本支族人祭祖的场所从那些已故祖先的房屋里转移到一座专门的场所内，主要祭祀离自己最近的四代直系祖先。他把这座单独祭祀本支直系祖先的场所命名为"永思堂"，并且安排专门的祭田收入用于祭祀。①

总之，一种由众多亲属成员组成的新型乡村共同体（village community）正在形成。这些亲属成员收到了诸多好处和服务，而这些好处和服务是那些非亲属组织无法提供的。甚至一些村社的成员和某个民间信仰或寺院的信徒，也被这个以亲属关系为核心建立起来的共同体所排斥。在宋代尤其是元代，一些理学家对建立这样的共同体已展开讨论并大力提倡，他们也意识到许多亲属组织的不足。有些人甚至提出，关于如何保持成员的忠诚和信用问题应该向佛教和其他宗教组织借鉴经验。②最终，这些亲属组织不得不承担起佛教僧尼曾负责的一些世俗

① 常建华：《宋元时期徽州祠庙祭组的形式及其变化》，第43—45页。
② Mark Halperin, *Out of the Cloister: Literati Perspectives on Buddhism in Sung China, 960-1279*, Cambridge, MA: Harvard University Asia Center, 2006, p.182.

和宗教上的职责和服务。因此，他们将看守坟墓、祭田以及举行丧葬仪式的管理权从佛教僧尼的手中夺了回来。他们还必须把乡村事务的控制权从村社夺回来，而且宣称，凡是以他们姓氏命名的神，无论是村内信奉的还是在徽州跨村崇拜的，其领导权和管理权皆是他们说了算。不仅如此，或许最重要的是，这些儒家学者所提倡的组织还必须要对自身加以革新，使其对各个成员在社会经济方面的巨大差异更具包容性。为了让亲属团体更具包容性、多元性，实现自己管理，它的组织就必须做到全面改革、设立专职领导人、获得政府直接或间接的支持，尤其是如前面所看到的，要有可靠的物质保障。结果，尽管理学家们没有公开承认，但无论是在理念上还是在组织的实践上，他们实际上都是照搬了佛教甚至是村社的做法。宗族会从事货币借贷活动，对遵守祭祖礼仪做出更为严格的要求，这两个核心内容通过明代中叶以前建造的众多祠堂实现了，至少在徽州是这样。

这些变革的实现并非轻而易举，也并非一蹴而就，即便是在徽州这样一个相对来说较为欢迎革新的地区，也历经了几个世纪，而且通常都是在大型亲属团体（large kinship group）设立了族田以后才开始的。此后，像粮食、土地、货币借贷、山林、祖墓甚或是钱会（credit associations）以及钱庄（proto-banks）这些财产的性质、规模以及管理，都发生了巨大的变化。尽管宗族的倡导者和管理者在明代就已意识到，在乡村权力格局的四重奏中单靠一块稻田无法确保徽州宗族这一无可争辩的领袖地位，但无论如何，在宗族与乡村其他组织的竞争中，这些变革最终助了它一臂之力。

明清政府地方管理的多样性

——以明清江南市镇中的"同知"与"通判"为视角

张海英

（复旦大学历史学系）

摘要：明代，同知、通判开始于府州城外驻地分防，至清代已成为一种比较普遍的管理模式。明清时期江南地区的驻镇同知、通判主要因维护治安需要而设立，就其职能特点而言，有的同知、通判分防职责带有县令治民的色彩，起到了替代设县的作用，有的则主要是管理专项事务。同知、通判的管理区域大都超越了其所在县辖驻地，有时兼辖数县地区，其管理权限也较之属地县令有更大的灵活性，并将知府的管理权限直达县以下。这一制度安排反映了明清政府的行政管理体系并没有拘泥于传统科层式机构设置，其在府县层面的横向设置方面（府县佐贰官分防外地）具有相当程度的灵活性，同时也带来了其管理体系的复杂性。以明清时期各个地方的分防同知、通判为个案，深入分析这些分驻地方的同知、通判的具体职能作为、它们颇有差异的区域性特点、各自不同的"行业性"特征，有助于我们更全面地了解明清传统政治制度框架下，政府行政管理机构的运作及对地方基层的管理实态。

关键词：明清政府　地方管理　江南市镇　同知　通判

　　同知、通判均是明清时期知府的佐贰官。^①明初改元制之路为府，府为省以下的行政组织，下辖州县。府设知府一员，正四品，另有同知（正五品，无定员，因事而设）、通判（正六品）等数人。知府"掌一府之政，宣风化，平狱讼，均赋役，以教养百姓。每三岁，察属吏之贤否，上下其考，以达于省，上吏部"，集亲民、治吏于一身。同知与通判辅佐知府事务，"分掌清军、巡捕、管粮、治农、水利、屯田、牧马等事"。^②

　　清代基本延续了这些职责。乾隆《大清会典》记载："同知，正五品，府或一二人或三四人，分理督粮、捕盗、海防、江防、清军、理事、抚苗、水利诸务，量地置员，事简之府不设。"^③"同知、通判，分掌粮盐督捕，江海防务，河工水利，清军理事，抚绥民夷诸要职。"^④

　　州之佐贰官称为州同知（清代称州同）、州判，职责与府同知、通判类同。"州同、州判，分掌粮务、水利、防海、管河诸职。"^⑤

　　作为府州的佐贰官，同知、通判通常和知府、知州同城而治。明代已开始出现同知、通判驻防到府城、州城之外管理地方政务的现象。清代，同知、通判分驻到府城以外的现象更加普遍^⑥，有的通判逐渐具有

① 凡主管一事而不授予正官之名者，称之为"知某事"，此制始于宋太祖，后朝沿袭此制，以府之主管官为知府，其副者称"同知"。"明、清之制，各府同知为正五品官，与通判分掌清军、巡捕、管粮、治农、水利、屯田、牧马等事，而府之辖境若过于辽廓，亦往往以同知分驻。"黄本骥编：《历代职官表·历代职官简释》，上海古籍出版社，2005年，第52页。
② 《明史》卷七十五《职官志四》，中华书局，1974年，第1849页。
③ 乾隆《大清会典》卷四《官制四·外官》，《四库全书》本。
④ 《清史稿》卷一百十六《职官志三》，中华书局，1977年，第3356页。
⑤ 《清史稿》卷一百十六《职官志三》，第3357页。
⑥ 《光绪会典》记载，清代共设府佐贰同知110人、通判88人。其中，地方同知共89人，理事同知共21人。地方通判共83人，理事通判5人，仅直隶、山东、甘肃各1人，顺天2人。

独立辖区，并转化为地方正式行政机构——厅。^①这些品秩高于知县的府州佐贰官分驻到府城州城之外专管地方政务，是高层级的行政力量"越级"直抵基层，与基层县级行政力量交叉管理。这种制度安排体现了中国古代传统政治体制的复杂性，同时也呈现出非常灵活的治理特色。因此，这一现象值得关注。

目前学界对分防之后的同知、通判在地方上所承担的职责，已有相应的个案分析。笔者此前曾发表过相关研究成果，从回应"国权不下县"角度，通过对明清政府在江南市镇设置同知、通判乃至县丞、主簿等府县佐贰官的形式管理江南市镇的实态分析，阐明明清政府对江南地区基层社会的管理触角，已非常明晰地延伸到县以下。^②本文拟在分析明清江南市镇中的同知、通判职能作为的基础上，关注这一官职作为在地方行政实践中的地域性变通，以期从制度建设与理政实态的多重层面，关注明清传统政治体制的治理特色。

一

明清时期，江南地区政府曾派遣同知、通判驻镇管理的市镇主要有：苏州府的同里镇，吴县周庄镇，湖州府的南浔镇，地跨杭州、湖州二府的塘栖镇，沿海港口乍浦镇和地跨湖州、嘉兴二府的乌青镇。^③

① 胡恒：《厅制起源及其在清代的演变》，《文史》2013年第2期。
② 详拙文《"国权"："下县"与"不下县"之间——析明清政府对江南市镇的管理》，《清华大学学报》（哲学社会科学版）2017年第1期。
③ 嘉靖三十五年，明政府于塘栖镇设水利通判厅，亦称"添设府"；雍正八年，清政府设太湖水利同知驻同里；雍正十三年，太湖水利同知改为抚民厅，移驻吴县洞庭东山，割吴县东山设太湖厅，加督捕衔，专理民事，隶苏州府；雍正八年，添设太湖水利同知驻周庄；乾隆八年，盐漕水利湖捕通判署移驻南浔镇。详光绪（转下页）

其中，以地跨嘉兴、湖州两府的乌青镇（通判、同知驻镇）的相关记载最详，本文以此为主要个案进行分析。

浙江乌青镇的地理位置比较特殊。整个市镇以市河为界，河西属湖州府乌程县，为乌镇；河东属嘉兴府桐乡县，为青镇。明代前期，乌青镇的管理总体上沿袭"市镇统于州、县，例无设官"①的传统行政管理模式，同时也承袭了元朝的巡检司制度。其镇号称"东有烂溪巡司，北有后潘巡司（后移南浔），南有皂林巡司（后移青镇）②，西有琏市巡司，各与其相离不远"③。

随着市镇经济的发展，人口日渐增多，"万民辐辏""五方杂处"等因素造成的治安隐患越来越多。而乌青镇"河港纵横，隔属错杂"的地势，分属两县的行政建置，加上"二镇之四栅八隅，则为江、浙二省，苏、嘉、湖三府，乌程、归安、石门、桐乡、秀水、吴江、震泽七县"，地处"三府七邑"错壤之地④的特殊地理位置，致使"盐徒盗贼，彼追则此逋，东捕则西窜"⑤，市镇管理困难重重。

明嘉靖十七年，原任广东按察司副使的乌镇人施儒，上《请立县治疏》，疏中称乌镇"地僻人稠，商贾四集，财赋所出甲于一郡。……

（接上页）《塘栖志》卷三《桥梁》，蒋瑶《重修通济长桥记》卷首，俞樾序；咸丰《南浔镇志》志二《公署》；乾隆《吴江县志》卷四《镇市村》；嘉庆《同里志》卷一《地舆志·沿革》，卷七《官政志·官制》；光绪《苏州府志》卷二一《公署》。详拙文《明清乌青镇的行政管理》，载《复旦史学集刊》第三辑，复旦大学出版社，2009年；《明清政府对南浔镇的管理》，载胡晓明主编：《中国文史上的江南："从江南看中国"学术研讨会论文集》，上海辞书出版社，2014年；《"国权"："下县"与"不下县"之间——析明清政府对江南市镇的管理》。

① 嘉庆《南翔镇志》卷四《职官》。
② 宣德五年设皂林巡司，万历三十二年改衙门于石门镇，见李乐：《见闻杂记》卷十，第四十四条，伟文图书出版社，1977年。康熙三十六年皂林巡检移驻青镇，详民国《乌青镇志》卷二十五《职官》。
③ 施儒：《请立县治疏》，万历《乌青志》卷之四《艺文志》。
④ 乾隆《乌程县志》卷十一《乡镇》。
⑤ 乾隆《乌青镇志》卷三《建置》。

比年以来，民风恶薄，盐徒出没，盗贼猖獗，赌博盈街，娼优塞巷，甚至白昼杀人，肆无忌惮……官府亦尝禁捕，缘系六县交割，凶徒各立党与，分聚巢穴，彼追此遁，互相拒夺，官兵限于越界之禁，竟莫谁何！"因此施儒提出，应该"在镇创立县治，庶事权归一，民有依庇"①。

从方志记载来看，当时分立县治的呼声还是很高的，立县之议得到了市镇各阶层的支持，"有识、耆老、晓事、生儒及乡镇大小居民，俱各踊跃称便"。甚至连各级官署廨舍都已考虑周全，"设立衙门，工费浩大，众口皆曰：立县治则有普静、广福、慈云等废寺，立儒学则有密印、宝阁等寺，立仓场则有北利济等寺。堂宇廨舍，前项寺院房屋，足勾修改，搬移工食，居民咸愿酌量多寡出办"②。时人认为，"割各县十之一以创立一县，县治取诸隙地，堂宇取诸废寺，官不甚烦，民不甚扰，事权归一而民有依庇，弭盗安民之术，其在斯舆"③。人们希望借此加强管理，"以弭盐盗，以安地方"。但这次的请建县治，以桐乡、吴江相关各县不肯割地，"版籍已定，有难分更"而未能施行。④

嘉靖十九年，又上疏请求添设通判一员坐镇管理，这次的申请获得了批准。嘉靖二十年，吏部任命通判郭玺驻扎乌镇管理，其职责为**"分理词讼，追征钱粮，缉捕盗贼，兼管治农水利"**⑤，颇有县令治民的色彩。而通判设立之初，也确曾令乌青镇的治安大为改善，"奸轨屏迹，人赖以安宁"⑥。后因官员渎职懒政，有些通判"官非其人，往往坐

① 施儒：《请立县治疏》，乾隆《乌青镇志》卷三《建置》。
② 同上文。
③ 沈应龙：《新建湖州府添设督捕馆碑记》，万历《乌青志》卷之四《艺文志》。
④ 谢鹏举、萧廪：《复添设馆府佐官员疏》，乾隆《乌青镇志》卷三《建置》。
⑤ 乾隆《乌青镇志》卷三《建置》。
⑥ 乾隆《乌青镇志》卷九《人物·施儒》。

府遥制，不肯一至其地，当事者遂目为冗员"，于是，隆庆二年，驻镇通判官员被"奉议裁革"。① 而"专官既去，法禁日疏，人心玩惕，奸轨迭兴"，治安状况再次恶化。②

万历三年，浙江都御史谢鹏举、巡按御史萧廪，具疏请吏部题覆准添设同知一员，"令其常川驻扎该镇，管理捕盗、盐法、水利事务，遇有强盗、人命重情，即时就近缉拿问理，其关系各府各县者，俱许关提解发，若有阻挠、偏护，许申呈臣等及巡按、察院衙门，尽治守巡该道，仍每不时巡历稽察，以防奸弊。至于本官马丁、俸薪、门皂等项，与修葺公宇工费，俱听臣等照旧派征，支给修理，庶官有定员，事有专责"。这次的申请获得批准，吏部题覆准设同知一员，"常川驻扎乌镇，**专一缉捕盗贼，兼管水利、盐法，随便受理词讼，禁革奸弊**"。③

从上述奏疏可以看出，"湖州府添设同知"的执事权限是比较灵活的，涉及治安（捕盗）、盐法、水利、诉讼、民风教化等地方事务各个方面，虽然没有明确规定催征钱粮之职责，也还是具有浓厚的县令治民色彩。而且办案时可以打破府县一般的常规约束，"附近府县地方悉听约束，抚按衙门不得别项差委"，如若相关事情涉及各府各县，添设同知亦有权"关提解发"，各府县不得"阻挠、偏护"④，在执事职能方面超越了驻地县令。

驻镇同知人员配备方面的规模也大大胜过县衙。"自后建立衙门，创设库狱，置造哨船，召募土著兵勇一百二十七名，分布哨守信地，各兵粮杂派安吉、归、乌、长、德、武、孝、崇、桐、秀水、吴江，十一

---

① 康熙《乌青文献》卷一《建置》。
② 乾隆《乌青镇志》卷三《建置》。
③ 同上书。
④ 同上书。

州县解给。若遇盐盗，协力擒拿，倘有失事，咎归典守，诚重之也。"①

清代，乌镇规模继续扩大，甚至号称超出了当时湖州府城与嘉兴府城，"名为镇，而实具郡邑城郭之势"②。顺治四年，乌镇的"湖州府添设同知"被裁革，其市镇管理再次面临与前朝类似的困难。康熙元年，应分守嘉湖道张武烈《遵旨敬陈末议疏》之请，移驻湖府督捕同知驻镇，"仍控石、桐、秀、吴等县，为乌镇捕盗同知。过此以往，承平日久，野无萑苻"。康熙十八年因衙署坍塌，驻镇同知回驻府城，市镇周边治安形势再次恶化。雍正二年，知乌程县事王郁讷，两镇绅士沈之涛、史芹等，呈请以本府总捕同知题复驻扎于镇。雍正四年，准浙江巡抚李卫《请移湖同知驻乌镇疏》之请，湖府督捕同知复驻乌镇，"控制缉捕事宜"，"以靖盗源"。此后其设置一直维持到清末。③

驻乌镇督捕同知的主要职责是维护地方治安，其下面配备主要人员有：经制典史二名、经制书办六名、额设清书六名、额设招书二名、门子二名、快手八名、帮役八名、皂隶十二名、民壮二十五名、捕役八名、水手八名、盐捕四名、轿夫七名、军健四名，共一百〇四名。④这一人员配置规模，已远远超过明清政府对县级以下基层单位的常规配置，权力范围也超越了普通县令。

乌镇之外，清政府在南浔镇、乍浦镇也均因需而置，设立湖捕通判、海防同知及理事同知，加强管理。

湖州府的南浔镇，"地处湖滨，烟火万家，商贾云集，易藏奸匪，向设巡检，不足以资弹压"，市镇管理也面临着与乌镇类似的问题。于

---

① 乾隆《乌青镇志》卷三《建置》。
② 康熙《乌青文献》卷一《疆域》。
③ 乾隆《乌青镇志》卷二《形势》；民国《乌青镇志》卷二十五《职官》。
④ 乾隆《乌青镇志》卷三《建置》。

是应巡抚常安《请通判称驻南浔疏》中所请，乾隆九年，清政府下令将湖州府的盐、漕、水利、湖捕通判署移驻南浔，"以便控制巡哨"。其管理职责除原有通判衙门事务外，主要偏重太湖水域的治安管理："太湖水面按照两省地方与江南太湖同知分界管辖，各县编烙船只、姓名造册，申送通判以凭查对，并令每岁督催清厘，倘失事疏防，应将通判与专汛官一体参处，每月驾船游巡并将会哨缘由分报道府查考，以杜规避。"政府还"铸给以昭信守，庶平行分任，呼应较灵，用以弭盗安民，大有裨益"。①

康熙五十六年，清政府移驻嘉兴府同知于乍浦，并设海防同知，管理海盐、平湖二县石土塘及海防事务；设乍浦理事同知，掌旗民争讼之事，兼管支放永备仓粮。②

这些分驻府城之外的通判或同知的权限，也同样超越了其驻地所属县令的权限，具有更大的灵活性，嘉湖知府的行政管理权限经过他们的作为也可直达县以下。

二

同知、通判驻防各镇的最直接原因是当地治安形势严峻，因此，"绥盗安民"是他们的首要责任。

塘栖镇，"当水陆孔道，泉货凑集，西为五林港，并港而南为总管，尝水派岐分，盗贼出没，往往昏夜行劫，过者患焉。于是督抚都御史胡宗宪、巡按御史周斯盛，会请增府通判一员，治水利"，驻守塘栖，

---

① 咸丰《南浔镇志》志二《公署》。
② 乾隆《乍浦志》卷四《职官》；道光《乍浦备志》卷十五《职官·文秩》。

"绥盗安民"。①

从乌镇历任同知罗斗、全为等人所上《条陈兵船五事议》《置哨官议》《募土兵议》《盐课议》《增工食议》《续条陈兵食议》《增船抽兵巡缉议》《改吏收谷议》等内容看，他们大多是围绕规范兵船管理、加强治安巡逻、打击私盐贩卖、保证地方积储等事宜，始终不忘"靖盗安良"的目标。

乌镇第一任湖州府添设同知刘治上任后，针对"两镇民皆杂居，正浙直二省六县接壤之区也，以前凡有罪犯，一奉勾摄，借口异省异府，关提右推左调，以致法令不行，事务牵格"等具体情况，采取"备兵船以缉盐盗""明县界以便专理""委官员以便分理"等措施，打击私盐贩卖，明确区域界限与官员职责，强化了对该地区的管理控制。②

第二任同知罗斗，也本着"以弭盗贼，以安地方"的目标，采取了"添兵船以协巡缉、严训练以壮武备、编保甲以御民患、设墙栅以资保障、明赏罚以励人心"等措施打击盗贼，保护商贩，清理狱讼积案，取得了很好的成效，"自是秩专而任重，浙河以西藩卫固而民有宁宇"。③特别是罗斗对一直困扰乌青镇私盐贩卖猖獗痼疾的治理，政策方面显示了极大的灵活性。他在仔细考察了镇周边私盐猖獗的具体情况之后，下令"本镇贫民许其肩挑为养生计，诸大路官河不禁夜行"，同时在一些支河港汊派兵树栅截获私盐船，一时"盐徒计阻，竟不缉而自敛矣"。④

水患是中国古代江南地区的共同难题，协助指导地方兴修水利，也

---

① 万历《杭州府志》卷之七《国朝郡事纪下》。
② 刘知：《条陈三事议》，康熙《乌青文献》卷一《建置》；乾隆《乌青镇志》卷三《建置》。
③ 罗斗：《条陈兵船五事议》，乾隆《乌青镇志》卷三《建置》。
④ 李乐：《浙直分署少府仰斋罗公去思碑记》，万历《乌青志》卷之四《艺文志》。

是明清时期江南地区各通判、同知的重要职责。嘉兴府澉水镇常年受水患困扰："澉之山，四塞而水无源，故西南皆膏腴之田，而取足于一湖，东北多斥卤之地，而仰给于天雨。湖既淤浅，雨复不时，则环镇秋成皆失望矣。"成化间嘉兴府通判张岫，曾亲诣澉水镇，考察地势，相视高下，指导水利兴修，"置立转水河等三闸，至今民受其利"。[①]

海宁县也颇受海塘塌圮之累。隆庆四年，杭州府同知刘元瀚"董其役，以庚午四月受事，择能吏五六人分督之，时时躬巡海上，课勤惰为殿最。其法以木柜盛巨石，鳞次栉比，复用木桩夹持内外。工稍就绪，七月初，海水复溢，不为民害"[②]。

从史籍所载各任同知、通判的具体理政实践看，虽然靖盗安良是他们的首要任务，但很多驻防同知、通判也参与狱案审理、教化民众、兴修水利等地方行政事务以及矜孤恤寡等慈善公益事业，有效地分担了县级政府的行政责任。

乌镇驻镇同知刘治，万历三年任职，第二年卒于任上。方志记载他为官"伉直倜傥，不设城府"，"吏事敏捷，讼者盈庭，片言而解，即隶罪者亦弗冤"[③]，人称"才练守洁，夜寐夙兴，不期年而职，称民安倚与盛矣"[④]。

罗斗驻乌镇的政绩也获时人任可，志书记载他"才大而志锐，下车即奋然励精，诸所因革，必广询详虑而动，动中机宜，先期严令叮咛，有干法网必不少贷。视事匝月，掏模皆望风逊去"。"在署五年，兢业

---

① 嘉靖《续澉水志》卷之七《人品纪》；天启《海盐县图经》卷之五《食货篇第二之上》。
② 雍正《浙江通志》卷一百四十九《名宦四》。
③ 民国《乌青镇志》卷二十五《职官》。
④ 万历《乌青志》卷之四《艺文志》。

如一日"，其离去时，百姓执浆食以候，"相望于道"。①

乾隆间驻乌镇的湖府督捕同知何际述，好善乐施，判案明决，屏绝苞苴。"（乾隆）十三年夏，饥，斗米二百余钱，首割俸买米二百石于普静寺平粜。明年大疫，治醮东岳庙三日，朝夕草履行香，为民禳灾。"临去官时，"镇人远送郊外，甚有泣下者"。②

吴桓任常州府同知时，"均徭役，导水利，平赋税，修桥梁，招流亡，给种佃田，归者相望。宜兴山崩，暴水垫溺，濒死者众。桓发仓煮糜以食之。又捐俸为倡，劝富民出粟以赈。靖江濒海，风潮蚀田，额税无办，桓躬为核实，以新涨沙田米补焉"。③

嘉庆年间，王凤生"以通判仕浙，留心吏治，勤求民隐需次至十六七年之久。凡浙中有大疑狱及水旱灾荒，大吏辄以任之，历权兰溪、平湖县，事皆有惠政"。嘉庆十一年，他任职乌镇同知，"实兼辖桐乡之青镇。俗尚赌博，每于临河搭盖蓬厂，昼夜聚赌，演唱女戏，名曰花赌。公亲往，捕得首犯，发县惩办，赌风遂戢"。④嘉庆十九年，凤生"以嘉兴通判摄平湖县事，吏治勤敏，终日坐堂皇，投牒者立为剖决，不稍淹留，乡民咸便之。乙亥（嘉庆二十年）春，大饥，海上无业之徒乘势欲行劫，凤生恩威并用，境赖以安。邑中饮射读法保甲诸典废弛已久，凤生一一行之，尤能严禁教门，优待士子。其去也，人咸思之"。⑤道光三年，浙西大水，王凤生"奉檄勘灾筹赈，先湖后嘉，遍历灾区，编查户口，亲督放赈。灾民实受其惠。是年冬，又奉巡抚帅

① 李乐：《浙直分署少府仰斋罗公去思碑记》，万历《乌青志》卷之四《艺文志》。
② 民国《乌青镇志》卷二十五《职官》。
③ 雍正《浙江通志》卷一百六十八《人物三·循吏二》引嘉靖《宁波府志》。
④ 光绪《桐乡县志》卷十《官师志下·名宦》。
⑤ 光绪《嘉兴府志》卷四十二《名宦一》。

公承瀛檄，查勘杭嘉湖三郡十八州县水利"。①他躬亲履勘各县，绘图立说，最后成《浙西水利备考》一书，刊行于世。从王凤生的为官实践看，无论是身为嘉兴通判还是乌镇同知，他都承担着县令牧民的直接责任。

有些驻镇同知、通判的行政作为实际上超越了其原本职务规定的范围。如乾隆四年任乍浦海防同知的林绪光，其当时的驻防职责主要是"管理海盐、平湖二县石土塘及海防事务"，但他所做的远不止此。"甫下车，即建九峰书院，又捐俸买田置立义冢。莅任八载，胥吏无敢因缘为奸者。"②另有王恒，乾隆五十二年任乍浦海防同知。任职期间，"清理积年尘案，吏不敢欺"，并于"乍（浦）城西门外捐廉增立义冢，以瘗民之贫不能葬者。其他葺书院，课诸生，聘通儒，纂邑志以及城垣、祠庙、桥梁、古迹，次第修举，当时竞推为勤政能事之吏"。③龙光甸任乍浦同知期间，"遇事敢为，黜华崇实，滨海豪民痛惩尤不遗余力。乍浦故有九峰书院，光甸鼎新之，又捐廉修龙湫山祠，莅任三载，多善举焉。所刊书籍，皆有关于世道人心者"。④他们的行为也在很大程度上分担了县令官的行政职责。

府一级的同知、通判，是连接中央与基层地方的重要一环，他们承担了融合国家行政体系与地方基层发展的重要职责。明末乌镇人李乐曾这样评价驻镇官员："诸公材品不同，未闻有大贪极恶者。"⑤从驻镇官员们的理政实践看，他们行使着县级行政职能，甚至超越县级的部分行政

① 光绪《桐乡县志》卷十《官师志下·名宦》。
② 道光《乍浦备志》卷十八《宦绩》；光绪《平湖县志》卷十二《宦绩·文秩》；光绪《嘉兴府志》卷四十二《名宦一》。
③ 道光《乍浦备志》卷十八《宦绩》。
④ 光绪《嘉兴府志》卷四十二《名宦一》。
⑤ 李乐：《见闻杂记》卷五，第三十四条。

职能，强化了政府对基层地方的治安管理，有效地分担了县级政府的行政责任，体现了在传统国家行政框架之下，政府行政机构对基层社会的有效治理，成为明清政府管理基层不可或缺的重要力量。

三

　　明初设置同知、通判，意在与知府共同协理府事，其人员并没有固定额数，属无定员额、无常职化的一种制度安排。之后为了满足各种需求，同知和通判分化出多种专业职衔。根据《明实录》的相关记载，明代专职通判多达十余种。有抚民通判专职招抚流民，处理水旱饥荒之后的流民或是盗区问题；管粮通判掌催征税粮与管理仓库粮草[①]；治农通判负责督粮长治农及催办税粮，开垦荒田，招抚盐徒，兼理水利[②]；管河通判，或专理河道，或专督闸坝，或管理堤岸等。此外，还有专理屯田的通判，管理马政的通判，以及抚苗通判、管山通判、管理民兵通判、专管御器厂烧造的管厂通判、安边通判等。根据各地不同的专职需要，通判员额也随之增加或裁革，在地方行政管理方面显示出非常明显的灵活机动的弹性特点。

　　明代湖州人徐献忠在其《山乡水利议》中关于苏松常嘉湖五府劝农通判的记载，令我们看到了这些专职通判在参与地方事务管理方面的不

---

① 明初即在苏州、松江、常州、镇江、嘉兴、湖州等六府设置通判一员，专督粮长治农及催办税粮。正统二年，还规定"各府仓收粮四十万石以上者，添设管粮同知或通判一员"。福建沿海及北方九边等处，也有管粮通判专理军事卫所及仓贮管理。详徐溥等撰，李东阳等重修：《明会典》卷四十，影印《文渊阁四库全书》第617册，台北"商务印书馆"，1986年。明代嘉兴府"通判有督粮、水利、织造"，以三员分任。详光绪《嘉兴府志》卷六《公署》。
② 治农与水利常并于一职，不过也有专督水利的通判。

可或缺：

> 按成化九年，添设苏松常嘉湖五府劝农通判，所属县县丞各一员，近复革去。今世冗官理应裁省者甚众，惟苏松湖三府劝农官独不可少。所谓劝者，专管水利以兴农功者也。苏松在震泽下流，淤淀日甚，加以海潮，涨沙日积，故吴淞江已为平陆。今之为郡邑者，谁复以水利为急哉？而税额日重，加派不息。今之苏松视昔苏松何如也？吴兴居于上流，所系亦甚重，而圈为菱藕之荡，塞为桑麻之区，日已加多，苟无专官治之，其谁已哉？若徒以区区冗官之议，概例之更，后五十年浦溇涨塞，高下俱病，非费数百万不足以议其成功也。①

清代亦然。冯祖悦为雍正二年进士，由知府左迁苏州督粮同知。其时"吴中估客所集，督粮主征，比逋欠，吏胥缘以为奸，案日积，祖悦取累年故案，立决之，无敢干以私者"②。另据乾隆《杭州府志》记载，靳襄（字天垣，汉军镶黄旗人）"初任杭州府督粮通判，刚方正直，不畏强御。巡抚以驻防旗兵骄横，题升为理事同知。旗军多以债息折取小民子女，襄悉为捐俸赎回，俾室家完聚。浙闱人文日盛，号舍不足，多编席补凑。襄修贡院，因为添设瓦号房，千余士子永赖焉。其余济贫民掩遗骸，御火灾，施丹药，合郡感德"③。从这些记载可以看出，除了要履行他们自身的"督粮"职责外，靳襄理政还涉及吏治、安民、教化、公益等各个方面，几近府令牧民的职责。

① 徐献忠：《山乡水利议》，同治《长兴县志》卷十一《水》。
② 同治《苏州府志》卷七十《名宦三》。
③ 乾隆《杭州府志》卷七十九《名宦六》。

另一方面，清代地方同知、通判远远多于理事同知和通判。据《光绪会典》记载，清代共设府佐贰同知110人、通判88人。其中，地方同知共89人，理事同知共21人；地方通判共83人，理事通判5人。理事通判仅直隶、山东、甘肃各1人，顺天2人。同知与通判在地方行政中的作用愈加突出。

这些分防地方的同知、通判的理政实践值得关注。就明清时期江南地区驻镇同知、通判的职能特点而言，他们的管理区域大都超越了其所在县辖驻地，有时兼辖数县地区，其管理权限也较属地县令有更大的灵活性。乌镇的同知、通判分防职责较多地带有县令治民的色彩，起到了替代设县的作用。像南浔镇的驻镇通判、同里镇和周庄镇的太湖水利同知、乍浦镇的驻镇海防同知、理事同知等，则主要偏重捕盗、水利、海防、掌旗民争讼之事，兼管支放永备仓粮等事务，更多地带有管理专项事务的色彩。

明清江南市镇的通判、同知驻镇分防的设立，都是因地方治安的需求，应当地官员的上疏请求而设。[①] 在上疏者看来，同知、通判分防的好处是"朝廷无添设之繁，通镇获清宁之福"，"县不设而事亦治，官虽增而民不扰"。[②] 这说明，这一管理模式也是为当时人们所普遍接受的。

很多情况下，同知或通判驻镇分防正是因这样一种"便宜从事"的目的而设，故而其建置往往并不稳定，驻防官员懈怠懒政招致民怨，或

---

① 关于乌镇的同知、通判驻镇分防，方志所载的官员奏疏主要有《复添设馆议》（嘉靖十九年）、《复添设馆府佐官员疏》（万历三年）、《命题湖州府捕盗同知移驻乌镇疏略》（康熙元年）、《遵旨敬陈末议疏》（康熙元年）、《详覆同知移驻乌镇稿》（雍正二年）、《详请移湖同知驻乌镇稿》、《详藩臬二司稿》、《请移湖同知驻乌镇疏》（雍正四年），详乾隆《乌青镇志》卷三《建置》。南浔镇的湖捕通判分驻是应巡抚常安《请通判移驻南浔疏》所请，详咸丰《南浔镇志》志二《公署》。
② 乾隆《乌青镇志》卷三《建置》。

治安形势缓和，甚或驻舍坍塌，即容易被裁革。

作为府州行政管理的辅佐，不同职衔的同知、通判因负责事务不同，需要接触或面对的事务及各级官员各不相同。例如，管河通判与巡盐、巡按御史接触较多，其治所驻地或就近置于河道附近；管粮通判驻地则或置于仓库或边关；捕盗通判则须与分巡、分守道官配合，其治所多位于盗匪猖獗之地，且由于捕盗通判的委派很多出于临时性质，故而在典籍记载中其增加或裁减的次数非常频繁。而通判们所涉及的管河、管粮、捕盗等领域，又有其自身的纵向管理特点。

同知也是如此。如海防同知负有管理钱粮、造船制械、调度指挥、监督将吏、弹压地方、征收洋税等主要职能。同时，视各地政务差异又分别兼有水利、海运、驿传、盐捕等附属职能。①因此，这些同知与通判在管理模式、区域特点、"行业"特点等方面都有很大不同。这些均凸现了明清时期政府行政管理体系的复杂性。

从制度建设的角度而言，这一制度安排反映了明清时期的行政管理体系并没有拘泥于传统科层式机构设置，它在府、县层面的横向设置（府县佐贰官）具有相当程度的灵活性。而且在管理实效上，也有非常明显的效果。因此，以明清时期各个地方的分防同知、通判为个案，仔细分析这些分驻地方的同知、通判的具体职能作为、它们颇有差异的区域性特点、各自不同的"行业性"特征，有助于我们更全面地了解明清政治制度框架下的治理实态。

---

① 黄友泉:《明代海防同知初探——兼论明代镇戍权力格局》,《历史档案》2018年第4期。

十九世纪初李毓昌案的"理性"与"迷信"

卜永坚

（香港中文大学历史系）

摘要：嘉庆十三年（1808），官员李毓昌调查山阳赈灾情形，同僚邀请他合谋冒赈贪污，他严词拒绝，并打算向上级检举。同僚收买李毓昌的仆人，将其毒杀，再伪装成上吊自杀。李毓昌家属在李遗体上找到中毒证据，赴京控告，案件迅速破解，冒赈官员、凶手等分别受到严厉处罚。但是，清仁宗特别要求搜集有关该案的灵异情节，目的是倡廉反腐，这是"以神道设教"的统治策略，大小臣工心领神会，李毓昌案的灵异情节与果报故事遂尔广泛流传于文人笔记、民间弹词曲本等文本之中。但是，由实录、正史、方志组成的正统史学体系，却严守官僚理性，摈斥该案的灵异情节与果报故事。可见，虽然灵异传闻、果报信仰深入人心，又得帝王纵容，仍无法撼动垄断正统史学的官僚理性。

关键词：李毓昌　冒赈　果报　灵异　官僚理性

法律与道德的分野何在？现实和灵界的分野何在？理性与迷信的分野何在？现代人可能自诩明白这些分野，且相信自己比古人更能坚守这些分野。确实，在中国古代，行政司法管治和道德教化的分野似乎不甚明显。据《论语·为政》:"子曰:道之以政,齐之以刑,民免而无耻;道之以德,齐之以礼,有耻且格。"管治是低层次目标,教化才是终极目标。潘武肃指出,西汉武帝年间独尊儒术,公孙弘"以经术润饰吏事",所谓董仲舒"春秋决狱"的传说被夸大,但法律被儒家化则是不争的事实。[①]邱澎生也指出,即使到了明清时期,仍有不少士人和官员热心地结合朝廷"律例"和儒家"圣经",蔚为一时风尚。[②]如果在西汉、明清这一头一尾之间还要找一事例的话,则王钦若怂恿宋真宗发动天书封禅运动一事最为恰当。[③]虽然中国历史上不乏这类用道德、哲学或统治者个人动机来干预管治体系的例子,但从中国历史宏观角度看,以官秩高低形成的官僚科层组织,再加上以律例条文为审案基础的司法制度,彰显出其强大的官僚理性,各种因为儒家哲学、民间信仰或特殊个人动机而形成的挑战,都未能动摇这种官僚理性,本文将以十九世纪初一桩毒杀官员案件证明之。

1808年,山东莱州府即墨县出身的新科进士李毓昌奉命往江苏淮安府山阳县勘查赈灾情形。山阳县知县王伸汉浮开赈灾户数,侵吞赈灾帑银,邀请李毓昌同谋。李毓昌峻拒,且声言会向上司举报。王伸汉遂买通李毓昌仆人,于是年十一月毒杀李毓昌,再布置李毓昌自缢的假局。李毓昌叔父李泰清将李毓昌尸棺运回即墨县,发现尸体有明显中毒迹象,遂于1809年五月京控,引起清仁宗的高度重视,朝廷经过四个月的调查审讯,真相大白,王伸汉等涉案官员、布局谋杀李毓昌的仆人等分别受到死刑、流放、贬谪等严厉处罚。清仁宗还亲自撰写悼念李毓

---

① 潘武肃:《〈春秋决狱〉论略》,《中国文化研究所学报》1990年第21期。
② 邱澎生:《律例本乎圣经:明清士人与官员的法律知识论述》,《明代研究》2013年第21期。
③ 脱脱等:《宋史》卷二百八十二《王旦传》,中华书局,1977年,第9544—9545页。

昌的《悯忠诗》，刊碑于李毓昌祖坟前，并对李毓昌家属抚恤有加。

从1808年十一月李毓昌遇害，到1809年五月李毓昌家属举报、七月朝廷对主要犯人作出裁决，该案前后不到一年，过程算是简单明快。但是，由于谋杀李毓昌的凶手手段阴险，而清仁宗对李毓昌的抚恤逾于常制，此案就颇为耸人听闻，成为一时舆论热点，还演变成果报故事，破案的过程被添加了鬼神报应的情节。对于此案，卫周安（Joanna Waley-Cohen）曾撰文研究①，她又协助何谷理（Robert E. Hegel）将此案主要内容翻译为英语。②她的研究对本文甚有启发。本文第一节介绍此案之主要文本《伸雪奇冤录》，对其编纂来历、版本流变作一介绍。第二节根据《伸雪奇冤录》卷一及其他史料，重组案情。第三节分析此案增生情节、演变为果报故事的过程。结论综合全文，指出正统史学体系对于灵异果报情节的剪裁。

一、《伸雪奇冤录》版本说明

《伸雪奇冤录》原名《悯忠录》，大概得名于清仁宗为李毓昌撰写

---

① Joanna Waley-Cohen, "Politics and the Supernatural in Mid-Qing Legal Culture", *Modern China* 19.3 (1993), pp.330–353.

② Robert E. Hegel, translated with the assistance of Joanna Waley-Cohen, "Li Yuchang: A Magistrate Murdered for His Integrity (Jiangsu, 1809)", in *True Crimes in Eighteenth-Century China: Twenty Case Histories*, Washington: University of Washington Press, 2011, pp. 226–243. 另外，何谷理还在2018年8月1日将现藏中国第一历史档案馆与该书处理的二十宗命案相关的朱批、奏折、军机大臣字寄、刑科题本等中文原文史料，全部打字上传至华盛顿大学数码文库（Washington University Digital Gateway Texts），供读者检索使用，嘉惠公众，功德无量。有关李毓昌案的奏折、上谕等，见http://lib-lslv119.wulib.wustl.edu/cgi/t/text/text-idx?c=tru; cc=tru; type=simple; q1=%E6%9D%8E%E6%AF%93%E6%98%8C; rgn=full%20text; view=reslist; subview=detail; sort=occur; start=1; size=25; didno=tru0020.1809.026。

《悯忠诗》一事。此书最初由李毓昌族侄孙李中华编纂于1881年；1895年，再以李毓昌族侄李希嶂校、族侄孙李中华订的名义二度编纂，但并未正式刊行。至1928年或1929年，由李希嶂孙李肇节将此书手稿交予友人石印成书，更名《伸雪奇冤录》。2000年，李毓昌家乡所在的即墨市政协文史委员会和即墨市博物馆，以简体横排标点方式出版《伸雪奇冤录》。此即《伸雪奇冤录》出版之大概，但其过程复杂，本文因此专辟一节以说明之。

　　笔者掌握的《伸雪奇冤录》有两种。一为上述简体本，一为上述石印本。石印本由香港中文大学历史系科大卫教授所藏，蒙科大卫教授慨然惠允影印。该石印本采中国古籍直排右行版式，半页9行，行25字，有句读，卷一无目录，卷二有目录，跋语有页码错误现象。与简体本比较，可知石印本缺了序言。简体本除序言、目录齐备之外，还稍稍增补新资料。《伸雪奇冤录》这两个版本，大同小异。两版本都是二卷本，卷一都是有关破案过程的公牍、奏折、谕旨；卷二都以清仁宗《悯忠诗》为首，收录各种悼念、歌颂李毓昌的祭文、挽联、诗歌等文字。石印本卷二的"跋"，凡九页，收录六篇跋语，头两篇均撰写于1881年。第一篇作者是四川盐茶道崧蕃，他说自己阅读了"李秀峰观察"的"令叔"李毓昌"悯忠昭雪原案"。第二篇作者是署理四川成都府知府王祖源。他说："此《悯忠录》所记当日情事……先生族裔秀峰观察将刊此书。"① 可见此书在1881年名为《悯忠录》，而非今天所见的《伸雪奇冤录》。王还为此书编纂缘由提供一重要线索："今当国史修书，一传行取天下各直省乾嘉以来循吏，此书……于吏馆采取之例相符，合行见东省

---

① 李中华原编，即墨市政协文史委员会、即墨市博物馆续编：《伸雪奇冤录》（即墨文史资料专辑），青岛市新闻出版局，2000年，第154页。以下称"简体本《伸雪奇冤录》"。

长官，将敬举此册以上。"①可知《悯忠录》之刊行，除了李毓昌后人表达追思怀念这个普遍原因之外，还有当时清廷下令搜集各省循吏事迹，编纂国史的特殊原因。②李家为让李毓昌事迹进入国史，乃及时编纂此书。第三篇跋是李毓昌"再侄"赵有埠七绝六首，无日期。第四篇跋由周熿业撰写，无日期，但提及自己女婿李品三的"三从伯萼卿亲家"把李毓昌案相关公文档案编为卷宗。第五篇跋作者为李崇惠，也无日期，但其中提及"戊辰春"自己与孙南原、蓝玉山将李品三藏本石印出版云云，可知当撰写于1928年或以后。最后一篇跋的作者是李毓昌"族侄曾孙"李肇节，虽无日期，但提及"戊辰春仲"，李肇节在朋友蓝玉山家中结识李宣三及孙原南、孙深皆兄弟，因此把"先大父与先从伯所校阅参订、拟付梓而未果"的本案公牍文字"家藏手录一册"③，交给他们石印出版，可知也当撰写于1928年或以后。李肇节的"先大父与先从伯"，应该就是李希嶙和李中华，详见下文。简体本卷二的跋内容完全相同。

以上是《伸雪奇冤录》两版本"大同"之处，其"小异"之处尤其值得注意，这就是石印本所无的位于卷首的六篇序言。前四篇序言都撰写于1881年，作者分别是四川分巡道彭名湜、湖北宜昌府知府黄培昌、四川夔州府知府黄毓恩、四川奉节县知县耿士伟，他们都提到李毓昌一

---

① 李中华编：《伸雪奇冤录》，1928年（？）石印本、跋，第5页。以下称"石印本《伸雪奇冤录》"。按：石印本此页之前为第4页，页码方面似乎遗漏了第4页左面、第5页右面，但文字内容上却没有遗漏。疑编页码时出错。另外，原文"吏馆"显然是"史馆"之误。简体本直接纠正为"史馆"而没有指出原文错误，见简体本《伸雪奇冤录》，第154页。
② 王祖源提及清廷纂修国史循吏传一事，有《清实录》之记载可资佐证。见《清实录·德宗实录》卷一三三，光绪七年闰七月十九日己西，中华书局，1985—1987年，第924a页："国史馆奏：纂办儒林、文苑、循吏、孝友列传。请饬各省确查举报。从之。""中央研究院"历史语言研究所、韩国国史编纂委员会制作，"明实录、朝鲜王朝实录、清实录资料库"http://hanchi.ihp.sinica.edu.tw/mql/login.html。
③ 石印本《伸雪奇冤录》跋，第9页。

位后人把此案相关公牍编纂成《悯忠录》一书，此人或称李毓昌"族裔秀峰观察"，或称"即墨李秀峰"。结合此四篇序言与王祖源跋语，可知李秀峰于1881年把李毓昌案之公牍编成一书，名为《悯忠录》。第五篇序言撰写于1894年，作者是自称族侄、称李毓昌为族大伯的李希嶧，他说："癸巳秋，吾从堂侄中华虑之，汇集成帙，一一核对无讹。"①癸巳当即1893年，换言之，李中华是在1893年把本案公牍汇集成书的，与前四篇序言及王祖源跋语所谓李毓昌后人李秀峰1881年把本案公牍编纂成《悯忠录》看似矛盾，其实不然，详见下文解释。第六篇序言由李毓昌同乡、前历城县教谕黄兆颐撰写于1895年，他说："公之族侄孙蓴卿观察贰尹，翻阅按院案牍，得其事之有关公者数十篇，录而存之，并合当时之钦谕挽章，汇为一编"。②虽然黄兆颐没有提及李毓昌"族侄孙蓴卿观察贰尹"编纂成书的年份与书名，但结合前五篇序言及各跋语，可知李毓昌的这位"族侄孙蓴卿观察贰尹"就是"秀峰观察"，也就是李希嶧的"从堂侄中华"。若再根据简体本目录前"原校　族侄希嶧，原订　族侄孙中华"的署名③，可知此书的真正编纂者就是李中华，"蓴卿""秀峰"是他的字号。但李希嶧作为"原校"排在李中华之前，大概是论资排辈之故，盖李希嶧是李毓昌"族侄"，而李中华再低一辈，是李毓昌"族侄孙"、李希嶧"从堂侄"。若仍嫌以上考证证据不足，则又有光绪《山东通志》可资佐证，该书《艺文志》谓："《悯忠录》四卷，李中华撰。中华，字鄂卿，即墨人。採访册载是编，云辑其族祖李毓昌冤死一案之一切文件也。"④

---

① 简体本《伸雪奇冤录》序，第9页。
② 简体本《伸雪奇冤录》序，第10页。
③ 简体本《伸雪奇冤录》目录，第1页。
④ 孙葆田等纂，杨士骧等修：《山东通志》卷一百三十二《艺文志十·史部》，商务印书馆，1934年，第3669页。"鄂""採"，原文如此，当为"蓴""采"之误。

光绪《山东通志·艺文志》的记载虽彻底解决了《悯忠录》的编纂者问题，却又产生另一问题，盖此记载谓《悯忠录》四卷，但今天所见石印本及简体本均二卷。这如何解释？周煐业的序言提供了线索，该序言谓："吾婿李生品三，携其三从伯萼卿亲家所辑卷宗，俾余删繁就简，补掇成文。"[1]周煐业此序虽无日期，但从这一句来看，显然在李中华编纂《悯忠录》之后，则《悯忠录》四卷变成今天所见《伸雪奇冤录》二卷，很可能就是周煐业"删繁就简，补掇成文"所致。

综合以上史料，可知《伸雪奇冤录》的编纂过程如下。李毓昌"从堂侄"李中华，字号"萼卿"及"秀峰"，光绪初年任职"观察"或"贰尹"，有可能是在四川、湖北一带的道员、府同知。[2]李毓昌因正直廉明而惨遭谋杀，幸得朝廷查明真相、惩处凶手、抚恤有加，李毓昌后人当然感到自豪，而1881年清廷下旨编纂国史，要求各省提供循吏事迹，应该是促使李中华把李毓昌事迹编纂成《悯忠录》一书的特殊原因。[3]李中华邀请到四川分巡道彭名湜、湖北宜昌府知府黄培昌、四川

----

[1] 石印本《伸雪奇冤录》跋，第7页；简体本，第157页。

[2] 分明有"国朝"的官衔地名而不用，偏偏代之以古代官名地名，这是明清时期的习惯。又由于各人理解不尽相同，往往造成混淆。李中华所谓"观察""贰尹"究竟是什么官职，笔者尚未能查出，但从1881年的几篇序言及跋语各作者对李中华的称谓来看，"观察"应该是道员之类的官职，"贰尹"可能是府同知一类的官职：四川分巡道彭名湜序言称"先生族裔秀峰观察"，湖北宜昌府知府黄培昌序言称"即墨李秀峰"，四川夔州府知府黄毓恩序言称"皋言先生族裔秀峰观察"，四川盐茶道崧蕃跋语称"李秀峰观察"，四川龙安府知府王祖源跋语称"先生族裔秀峰观察"。

[3]《清实录·德宗实录》卷一三三，光绪七年闰七月十九日己酉，第924a页："国史馆奏：纂办儒林、文苑、循吏、孝友列传。请饬各省确查举报。从之。"另外，四川分巡道彭名湜序言日期为"光绪七年，重光大荒落，元月既望"。"元月"一般指农历一月，但彭名湜序言又说"今秋杪，先生族裔秀峰观察来渝"。这两处文字看似矛盾，其实不然，"元月"本应是"玄月"即农历九月，因避清圣祖名讳玄烨而改作"元月"。至于黄毓恩序言撰写于"光绪七年仲秋月"，即农历八月。崧蕃、王祖源二跋都撰写于光绪七年十二月。可见都是撰写于清廷下旨命令各省提供循吏等传记资料之后。见简体《伸雪奇冤录》，第3、4、8页。

夔州府知府黄毓恩（曾于光绪元年担任山东乡试考官）、四川奉节县知县耿士伟（本身是山东人）写序，四川盐茶道崧蕃、四川龙安府知府王祖源（本身是山东福山县人，算是李毓昌同乡，也是王懿荣父亲、张之洞岳父）写跋，看来已经竭尽其官场人脉及乡谊网络之所能。

李中华虽于1881年编成《悯忠录》，但应该没有付梓刊行，而在"癸巳秋"即1893年秋进行第二度编纂，还把他的从堂叔李希嶂也拉入编纂者名单："李希嶂校，李中华订。"①《悯忠录》虽经二度编纂，仍未刊行，但在即墨县已为人所熟知，因此1915年完成纂修的光绪《山东通志》，已有李中华编纂《悯忠录》四卷的记载。②

至1928年或1929年，李毓昌"族侄曾孙"李肇节，透过友人蓝玉山而结识李宣三及孙原南、孙深皆兄弟，把珍藏多年的《悯忠录》手稿交给他们石印。③同时，周煐业应女婿李品三（也是李中华从侄）请求，将《悯忠录》"删繁就简，补掇成文"，很可能因此把四卷本简化为二卷本，最后，《悯忠录》就更名为《伸雪奇冤录》，以石印二卷本行世。1928年适值李毓昌遇害两甲子，1929年则适值谋杀李毓昌凶手伏法、李毓昌获抚恤褒奖两甲子。

至2000年，此《伸雪奇冤录》又以简体横排标点本行世。简体本还加入了李毓昌六代孙女李鹏绘画的李毓昌图、李视远序、重修李毓昌墓捐资名录、李毓昌墓重修后之照片、清仁宗为李毓昌作《悯忠诗》的

---

① 李希嶂序称李中华为"吾从堂侄中华"，见简体本《伸雪奇冤录》序，第9页；李肇节跋则提及"先大父与先从伯"，见简体本《伸雪奇冤录》，第158页。由此推之，李希嶂当是李中华的从叔辈。二人分别作为原校者和原订者出现在目录之前，见简体本《伸雪奇冤录》目录，第1页。
② 光绪《山东通志》卷一百三十二《艺文志十·史部》，第3669页。
③ 有关孙深皆1929年设立石印公司出版乡邦文献一事，可参考搜狐网站之"即墨陈海波"文章：《即墨历史文化研究：印刷家收藏家孙深皆》，https://m.sohu.com/a/190101836_757762，发表于2017年9月6日。

御笔局部拓片等。遗憾的是，作为此书主要编纂者的李中华，却始终没有留下任何序跋文字。

二、李毓昌案之案情重组

目前所见之二卷本《伸雪奇冤录》，是1928年或1929年之石印本，是对1881年初编、1895年再编之四卷本《悯忠录》之简化及石印。而2000年之简体本，则以石印本为主而稍作增补。对此，本文第一节已考证之。但《伸雪奇冤录》与《悯忠录》异同何在，则不得而知。《伸雪奇冤录》第一卷第一篇文章，其实并非李毓昌案之公牍，而是李元度《国朝先正事略》的《李皋言明府事略》。《国朝先正事略》刊行于1869年[①]，正好是李毓昌案审判结束一甲子，又早于《悯忠录》初度编成之1881年，单就出版先后而论，有可能1881年《悯忠录》初度编成时已收录此书《李皋言明府事略》一文。但是《悯忠录》1881年四序二跋的作者却完全不提该文[②]，会不会是他们认为该文部分内容涉及神怪果报、荒诞不经而有意忽略？这虽也未尝不可，但果报信仰深入人心，当时还得到清仁宗朱批之鼓励。李毓昌同乡黄兆颐作为历城县教谕，教育程度和社会地位也足够高了，却也在其1895年的序言中大谈此案之果报情节，而且，黄兆颐不仅完全不提李元度该文，还添加了李元度

---

① 李元度《国朝先正事略》有同治八年循陔草堂刻本，收入《续修四库全书》史部第538—539册，上海古籍出版社，1995年。此书有李元度同治五年序、曾国藩同治八年序。

② 四篇序言中，彭名浞、黄毓恩、耿士伟三序皆写明光绪七年字样，黄培昌序虽无日期，但排在彭名浞序之后，黄毓恩、耿士伟三序之前，推想也撰写于光绪七年。光绪七年二跋作者分别是崧蕃、王祖源。见简体本《伸雪奇冤录》序，第3—8页；正文，第152—155页。

文所没有的情节。^①因此笔者推测，1881年《悯忠录》初度编成、1895年《悯忠录》再度编成时，尚未收录李元度文，直至1928年或1929年此书付诸石印时，才把李元度文加入，还排在第一卷第一篇的显赫位置。而且这个安排破坏了第一卷按照时间顺序收录李毓昌案相关公牍的严格秩序，更像是20世纪人由于对清朝公牍体系陌生、对历史文本秩序疏忽而导致的结果，而不像出自清朝光绪初年中级官员李中华的手笔。

因此，本文会把《伸雪奇冤录》卷一第一篇即李元度《国朝先正事略·李皋言明府事略》放进本文第三节处理，而以卷一直接关于本案之状、禀、札、咨、奏折、圣谕等当时官方公牍104篇为主，重组李毓昌案情及破案经过，有必要时，则征引其他相关史料以资佐证。又为叙述及阅读方便，以下纪元年份及农历日期，悉以阿拉伯数字显示。

1808年，淮安府山阳县水灾，江苏布政司命候补知县李毓昌等调查赈灾情况。李毓昌带同李祥、顾祥、马连升等三名仆人，于是年九月二十八日抵达淮安府城，寓居城内"漕院东首善缘庵"。十月三日，会晤山阳知县王伸汉，然后前往"西乡两坊查赈"，于本月二十八日返回府城。^②王伸汉直接向李毓昌说自己"意欲捏报户口，多领赈银"，邀请李毓昌同谋，李毓昌拒绝。王伸汉命自己"管门家人"包祥，经李毓昌仆人李祥，再度邀请李毓昌同谋。李毓昌"仍不允从，并称欲禀藩司"。王伸汉畏惧阴谋败露，遂听从包祥建议，买通李祥，先毒杀李毓昌，再"妆做自缢情形"。李祥同意，且策动顾祥、马连升同谋。十一

---

① 简体本《伸雪奇冤录》序，第10—11页。
② 1808年十一月七日《家人禀帖》，石印本《伸雪奇冤录》卷一，第2页；简体本《伸雪奇冤录》，第2—3页。按：这是李祥、顾祥、马连升向官府报告李祥死亡之供词，又石印本卷一无目录，以下公牍标题，除特别说明外，俱抄录自简体本。

月六日夜，李毓昌"自县署饮酒回寓"，李祥把包祥预先提供的毒药"信末"混入茶内，请李毓昌喝。李毓昌"毒发，声嚷腹痛，经李祥用手巾扪住其口，包祥、顾祥、马连升一同将李毓昌悬挂梁上殒命"①。时间当在十一月六日深夜或七日凌晨。七日当天，李祥等向官府报案谓主人李毓昌轻生自缢，淮安府知府王毂得王伸汉贿赂，不予深究，径以李毓昌轻生自缢上报。

李毓昌"被自缢"后十一天，十一月十八日，叔父李泰清到淮安府城探望李毓昌，惊闻侄儿死讯，悲痛之余，不虞有诈，将李毓昌灵柩运回即墨县家乡，预备安葬。次年二月，李泰清发现李毓昌"生前所穿皮袄、马褂，胸前两袖，俱有血迹。当时生疑，开棺看验。……当用银簪入口探视，银簪青黑。……明有毒药将死，复行吊挂，假作自缢情形"。于是，李泰清于是年五月二日向京师都察院呈递禀状和"血衣二件、银簪一枝"等证物，要求调查。②都察院左都御史特克慎受理此状，并作三点建议：一，不可轻信李泰清自行验尸的结果，须由山东巡抚衙门再度为李毓昌验尸，"以辨虚实"；二，调查江苏省有关李毓昌死亡的"原报案卷"；三，"关提"李毓昌三名仆人到案，协助调查。③

---

① 《大学士庆桂奏审王伸汉先行定拟一折》，石印本《伸雪奇冤录》卷一，第36页；简体本《伸雪奇冤录》，第41页。石印本"包祥遂与李祥密商，谋害后吊后，妆做自缢情形"，似有字误，简体本则作"包祥遂与李祥密商，谋害后妆做自缢情形"，但简体本此折开首云"士庆桂等谨奏"，似为"大学士庆桂"之误。另外，《伸雪奇冤录》没有提供此折日期，据《清实录·仁宗实录》，1809年六月二十九日，仁宗"又谕：昨江南省将王伸汉等解到，当令军机大臣会同刑部连日熬讯，据王伸汉供认……"；七月十一日，仁宗"谕内阁：李毓昌秉公查赈不肯扶同捏报致被王伸汉毒毙一案，现经军机大臣会同刑部，详细审明具奏，按律办理"，见《清实录·仁宗实录》卷二一四，第876b页；卷二一五，第891b页。由此可见，庆桂此折当上奏于1809年六月二十九日前或七月十一日前。
② 1809年五月二日李毓昌叔父李泰清京控禀状，石印本《伸雪奇冤录》卷一，第5—6页，简体本有关该公文之标题曰"都察院呈"，似嫌不够清晰准确。
③ 《都察院奏折》，石印本《伸雪奇冤录》卷一，第8页；简体本，第8页。

清仁宗高度重视此案，于李泰清京控十天后即五月十二日下旨，确立调查方向：李毓昌之死，"其中难保无知情同谋情弊"，清仁宗在圣旨这一句上特别朱批"贿属灭口"四字，也就是说把"其中难保无知情同谋情弊"增为"其中难保无知情同谋、贿属灭口情弊"。分明要求往谋杀案方向调查。清仁宗还斥责两江总督铁保："实属不以人命为重，草率因循之至！"要求铁保认真调查，否则"断不容汝辈无能之督抚"。①

五月二十三日，本案嫌疑人之一马连升首先落网。马原本是住在京城内的内阁中书姚递的仆人，姚递是李毓昌一年前会试房师，姚递似乎很欣赏李毓昌，把马连升荐给李毓昌。李毓昌死后，马连升又回到京城，投靠姚递，正值本案展开调查，姚递就命人将马连升解送京城内的南城兵马司。马连升无意中自投罗网，但没有供吐实情，被即日移交刑部。②

其后，顾祥被捕于苏州府吴县，李祥被捕于安庆府怀宁县，二人和马连升一样，在初期审讯期间没有透露实情，坚称李毓昌自缢身亡。两江总督铁保派人于六月十日把二人从南京押送北京刑部③；淮安府知府王毂亦于同日被押往北京；包祥被捕日期和地点不详，但也于六月

---

① 《都察院奏折》，石印本《伸雪奇冤录》卷一，第10页；简体本，第10页。按，石印本《伸雪奇冤录》行文如此，意味着是清仁宗在军机大臣拟旨上用朱笔增添"贿属灭口"四字。据《清实录》，该四字当作"贿嘱灭口"，见《清实录·仁宗实录》卷二一一，第837a页。又，清仁宗这道五月十二日上谕，以军机处廷寄方式，三天后，也就是五月十五日抵达山东巡抚衙门，翌日再下达山东布政司、按察司衙门。见石印本《伸雪奇冤录》卷一，第9页。足见当时清朝官方文书传递效率之高。
② 《给事中奏拿到马连升》，石印本《伸雪奇冤录》卷一，第15、17页；简体本，第16—17页。
③ 《两江奏解李祥等送部》，石印本《伸雪奇冤录》卷一，第26、27页；简体本，第30页。饶有意味的是，奉铁保之命押解李、顾二犯的，是候补州同谢为林、把总李得禄，而事后查出，谢为林竟然有份收受王伸汉贿赂750两，参与冒赈阴谋，见《仪亲王奏审讯查赈各员计赃科罪》，石印本《伸雪奇冤录》卷一，第66页；简体本，正文第76页。

十六日从山东被押往北京①；王伸汉则于六月二十八日前被押送到北京
刑部。②至此，李毓昌案主要嫌疑人都已经落网，而王伸汉也于七月三
日前"供认谋毒情节"。③对于朝廷来说，真相已经大白，以至于六月
十二日至十四日一连三天由署理山东布政使朱锡爵主持，在山东省城济
南"南门外校场"对李毓昌尸体进行检验，得出李"先受毒后悬吊"的
结论④，也显得无关宏旨，清仁宗甚至下令停止验尸。⑤

　　朝廷为山阳县水灾拨出的赈济款项达"九万九千有余"两，王伸汉
从中贪污多少？贿赂何人？王伸汉最初供认"侵冒银六千余两，伊曾
送本府王毂银二千两，各委员银一千六百余两"。⑥但清仁宗不相信赃
款如此之少，要求继续审讯调查。八月二十九日，仪亲王永璇等上奏，
综合各犯口供，发现原来"王伸汉侵冒赈银共二万三千两，分给各委
员林永升等及王毂、薛元等计银九千八百五十两，该犯入己银数，至
一万三千之多"，细目如下：

---

① 《奉上谕李祥等着山东直隶饬知沿途迅速解京》，石印本《伸雪奇冤录》卷一，第31
　页；简体本，第34—35页。
② 《大学士奏王伸汉家人胡太等解到》，石印本《伸雪奇冤录》卷一，第31页；简体
　本，第33页。按，简体本该文件标题容易引起混淆，细读内容及连接上下文理，显
　然是王伸汉、其家人胡太、仵作李标、书办朱学礼四人被押抵刑部。
③ 《奉上谕将李毓昌尸棺加榇妥协送回即墨》，石印本《伸雪奇冤录》卷一，第30页；
　简体本，第34页。
④ 即墨县知县谭文谟，与李毓昌家属李毓憼、李毓庄，于六月十一日把李毓昌灵柩运
　抵济南城。翌日起一连三天，朱锡爵主持验尸，目击者还包括署理山东按察使张彤、
　济南府知府徐日簪、武定府知府金国宝、登州府知府石俊、历城县知县王嵩、德州
　知州周履端、阳谷县知县王吉、嘉祥县知县周以勋、李毓昌叔父李泰清，负责验尸
　的是历城县仵作孙鹤鸣、寿光县仵作牟瑄，见《又奏检验情形》，石印本《伸雪奇冤
　录》卷一，第23、24页；简体本，第26、27页。
⑤ 1809年七月三日上谕"今王伸汉等既已供吐实情，则李毓昌尸首万无再验之理"云
　云，玩其语气，似乎尚未得知六月十二日至十四日验尸一事。见《奉上谕将李毓昌
　尸棺加榇妥协送回即墨》，石印本《伸雪奇冤录》卷一，第30页；简体本，第34页。
⑥ 《刑部咨江省查办赈务户口银数》，石印本《伸雪奇冤录》卷一，第59页；简体本，
　第67页。

	王伸汉行贿名单	贿款（两）
1	淮安府知府王毂	2 000
	以修理衙署名义支付王毂	1 000
2	王毂家人曹德（开销工料银）	1 000
3	同知林永升	1 000
4	典史吕时雨（查赈委员）	900
5	试用从九品温南峰（查赈委员）	800
6	试用州同龚国烜（查赈委员）	750
7	试用州同谢为林（查赈委员）	750
8	试用从九品黄由贤（查赈委员）	750
9	训导言廷鐄（查赈委员）	300
10	县丞张为栋（查赈委员）	300
11	府知事余清扬（查赈委员）	200
12	同知林永升家人薛元	100
总计		9 850[1]

可见，王伸汉以虚报受灾户数方式，从朝廷赈济山阳县水灾的99 000
两中，贪污23 000两，又把其中的9 850两贿赂12人，自己实得赃银
13 150两。受贿人士中，淮安府知府王毂所得贿款最多，王伸汉除直接
送王毂2 000两外，又以修理衙署名义支付王毂1 000两，再以开销工
料银名义支付王毂家人曹德1 000两，前后共向王毂行贿4 000两，占
贿款总数四成多。这很有理由，因为王毂是王伸汉顶头上司，王伸汉必
须买通王毂，才有望谎报李毓昌死因，层层上达。[2]另外，朝廷委派调

---

[1]《仪亲王奏审讯查赈各员计赃科罪》，石印本《伸雪奇冤录》卷一，第65、68、69页；
简体本，第76—78页。又，石印本把"永璇"误为"永旋"，简体本也延续此错误。

[2] 王毂被关押刑部监狱后，于七月十四日夜自杀不遂，见《刑部奏王毂划伤颈项》，石
印本《伸雪奇冤录》卷一，第58页；简体本，第66页。

查山阳县赈灾情形的"查赈委员"凡十人，除李毓昌及山阳县教谕章家璘外，其余八人都跻身王伸汉行贿名单，这也很有理由，因为王伸汉如果没有大部分"查赈委员"的合作，是无法虚报受灾户数的。①

早于七月十一日，即王伸汉供认谋害李毓昌约八天之后，清仁宗已经下旨："李祥、顾祥、马连升均凌迟处死，包祥着即处斩。"但又添加刑罚：把李祥"押至李毓昌坟前，先行刑夹一次，再行处死，仍着摘心致祭"；把包祥也"刑夹一次，再行处斩"；把顾祥、马连升二人"重责四十板，再行处死"；王伸汉本应斩决，但因为尚须与其他犯人对质，暂不行刑。②八月二十九日，仪亲王永璇等对于本案各犯拟定刑罚，九月二日，清仁宗下旨，"王伸汉着即处斩"，"王毅着改为绞立决"，"林永升着改发乌鲁木齐效力赎罪"，其余均按永璇建议行事。③至于两江总督铁保，因未能及时查明真相，清仁宗怒斥为"无用废物"，"着革职，发往乌鲁木齐效力赎罪"。④

---

① 章家璘作为十名"查赈委员"中唯一生存而又被证实正直廉明、没有受贿的官员，得到清仁宗赏识，"着送部引见，以知县即用"，见《奉上谕章家璘不肯得银以知县即用》，石印本《伸雪奇冤录》卷一，第85页；简体本，第98页。

② 《奉旨李祥解赴即墨在李毓昌坟前摘心致祭》，石印本《伸雪奇冤录》卷一，第38—39页；简体本，第43页。按，清仁宗命将王伸汉家产抄没外，更要把王伸汉儿子发配新疆，后来发现王四名儿子皆年幼，改变主意，只把"长子恩官收禁，俟及岁时发往乌鲁木齐，其余三人加恩释回"，见《刑部咨王伸汉长子收禁及岁时发往乌鲁木齐》，石印本《伸雪奇冤录》卷一，第60页；简体本，第68页。又按，标题"坟前摘心致祭"云云，明显不符事实，因为李毓昌叔父李泰龄表示，尚未安葬李毓昌，暂将其骸骨"三十一包"停放即墨县城西关马王庙内，请求把李祥押至此处行刑。朝廷同意，李祥遂于八月二日被押至此处行刑，见《领状》《未便择日安葬呈》《奏立继嗣并李祥业已办理折》，石印本《伸雪奇冤录》卷一，第45、79页；简体本，第52、92页。可见，李祥事实上并非按照清仁宗原意在李毓昌坟前被凌迟处死，而是在即墨县城西关马王庙停放的李毓昌灵柩前被行刑，而且是在处死之后才挖心致祭。

③ 《奉上谕章家璘不肯得银以知县即用》，石印本《伸雪奇冤录》卷一，第85页；简体本，第98页。

④ 《奉上谕江苏各官处分》，石印本《伸雪奇冤录》卷一，第47页；简体本，第54页。顺带补充三点。第一，铁保著作甚丰，但可能因为本案连累他左迁，因此他在年谱中对本案着墨不多，只说："（1809年）七月，以失察山阳谋毒冒赈案，谪戍（转下页）

另一方面，清廷对李毓昌及其家属则大力褒奖抚恤，李毓昌获追赠为知府，其十四岁侄儿李希佐过继为李毓昌子嗣，且获赐举人，山东巡抚衙门还赠送李毓昌遗孀林氏一千两，作为其女儿的未来嫁妆及其继子李希佐的助学金。此外，清仁宗还"亲制《悯忠诗》五言排律三十韵"，立碑于李毓昌祖坟前，以资褒扬。[①]

李毓昌被谋杀及获抚恤褒扬一案，颇能反映19世纪初清朝的司法制度、政治气氛、社会文化。该案侦破过程甚为平淡简单，无甚玄机可言。但是，该案作为一桩案件虽已审结，作为一个文本的生命才刚刚开始，而且更加曲折离奇。

三、李毓昌案之灵异果报情节

"善有善报，恶有恶报"的果报信仰，深入中国人心。中国人无论

（接上页）乌鲁木齐，于十九日去任。"见铁保：《年谱》卷二，第20页，载氏著《惟清斋全集》，《续修四库全书》集部第1476册，第176页。第二，据铁保年谱及《清实录》，铁保虽以"无用废物"的御赐恶名发配新疆，但日子过得并不坏。他充当喀什噶尔参赞大臣，职位甚高，且于1811年十一月奉诏回京，任吏部左侍郎；1813年正月，更上层楼，升为礼部尚书；1814年二月，铁保被人揭发任职喀什噶尔参赞大臣期间判错案件，枉杀四人，又被清仁宗辱骂为"无能废物"，勒令革职，发配吉林；但1818年又奉诏回京供职。见铁保：《年谱》卷二，第29页，《续修四库全书》集部第1476册，第180页；《清实录·仁宗实录》卷二八五，嘉庆十九年二月廿四日丙辰，第897b页。第三，据台湾"国立故宫博物院"之清代宫中档及军机处档折件资料库http://npmhost.npm.gov.tw/tts/npmmeta/GC/indexcg.html，清仁宗似乎特别喜欢在朱批内以"废物"一词辱骂办事不力的大臣。笔者以"废物"一词检索该资料库，发现清世宗、清文宗各以"废物"辱骂文武官员一次，而清仁宗则有四次，连同辱骂铁保这两次，则至少六次矣。

① 《奉上谕李泰清赏给武举》《札奉上谕李希佐赏给举人》《奏恤李毓昌家属并缴〈悯忠诗〉》，石印本《伸雪奇冤录》卷一，第50、77、83页；简体本，第57—58、89、96页。山东巡抚衙门为此准备了"坚细石料"，又在李毓昌坟前"建设御碑亭一座"，耗资一千多两，见《奏开明碑石丈尺》，石印本《伸雪奇冤录》卷一，第80页；简体本，第92页。

性别、尊卑、教育程度高低，都普遍相信之。果报信仰如何影响其言行，虽难一概而论，但作为明清时期的"普世价值"之一，应为不争的事实。李毓昌案就是一个好例子。本节将详细展现李毓昌案演变为果报故事的过程。《悯忠录》之编纂，有家属怀念追思的普遍原因，也有清廷下旨编纂循吏列传的特殊机遇。同样，李毓昌案演变为果报故事，有果报信仰作为明清时期"普世价值"的普遍原因，也有清仁宗授意的特殊机遇。

假设《伸雪奇冤录》卷一所载李泰清1809年五月二日京控禀状未经删削，则其中并无任何果报内容。清仁宗对此案高度重视，十天之后，在五月十二日的上谕中，确立"贿嘱灭口"的调查方向，且严厉斥责两江总督铁保无能。对此，本文第二节已有所介绍。读者或认为理应如此，不足为奇。但是，清仁宗接着两道朱批却奇特得很。他对山东巡抚吉纶五月十九日奏折的朱批曰："细心检验，若有风闻，一并密奏。此案甚大，不可忽略，慎之！"[1]如果要求报告"风闻"也很寻常的话，十天之后，五月二十九日，山东按察使、署布政使朱锡爵就该案进呈奏折，清仁宗朱批回复，我们这才意识到清仁宗所谓"风闻"的不寻常的意思："细心验看，务得确情，若系被毒，连风闻神鬼之言夹片入奏。若果无弊窦，不必提及。"[2]清仁宗的意思很明确：如果验尸结果显示李毓昌确实是被毒死的，则要把"风闻神鬼之言"也报告上来，但不可直接写进奏折，而要以"夹片"即附录形式包括在奏折之内。但是，如果验尸结果显示李毓昌并非被毒死，则此案并无疑窦，也就不必提任

---

[1] 载清代宫中档及军机处档折件资料库http://easyaccess1.lib.cuhk.edu.hk/limited/npmhostcg_pwd.htm，文献编号：404014241。

[2] 载清代宫中档及军机处档折件资料库http://easyaccess1.lib.cuhk.edu.hk/limited/npmhostcg_pwd.htm，文献编号：404014392。

何"风闻神鬼之言"。

圣意如此,山东巡抚衙门大小臣工又怎会让皇上失望?于是,套用现代电影业术语,清仁宗监制、吉纶等大小官员及李毓昌家属等制作并倾情演出的、作为果报故事的李毓昌案,就开始公演。首先,六月二十一日,军机大臣字寄两江总督铁保的上谕中,就有了以下的"风闻神鬼之言":

> 李毓昌身死不明一案,已据东省派委多员开棺检验。李毓昌尸身上下骨节多系青黯黑色,实属受毒后缢死。据实覆奏。并访闻有李毓昌故友荆崇发,于本年正月二十二日□发狂言,昏迷倒地,自称:"我系李毓昌,自山阳回来。我死得好苦。"哭泣不止,荆崇发旋即气绝等情语。①

这道上谕里的这番"风闻神鬼之言",是"访闻"所得。"并访闻有……"这一句的主语不详,但考察原文,应该是"东省"即山东巡抚衙门,换言之是山东巡抚衙门官员提供的,看来是山东巡抚吉纶积极响应清仁宗最高指示的结果。不过,有可能早在吉纶之前,李毓昌叔父李泰清,就已把类似的"风闻神鬼之言"呈现在清仁宗"睿鉴"之中。七月十日,军机大臣等入奏,表示会"再提王伸汉,复加严讯",同时把现有的各人口供"缮录供单呈览",其中有李泰清的两份"供单",排在后面者,曰《李泰清供》,排在前面者,曰《李泰清又供》。望文生义,应该是

---

① 《嘉庆朝上谕档》,原藏中国第一历史档案馆,转引自"清朝公案:十八世纪刑科题本、军机处录副奏折与宫中档选"(*True Crimes: Late Imperial Chinese Crime Reports*)网页 http://lib-lslv119.wulib.wustl.edu/cgi/t/text/text-idx?c=tru;cc=tru;rgn=main;view=text;idno=tru0020.1809.026。

《李泰清供》在先,《李泰清又供》在后,而两份供单内容也符合笔者这种推测,《李泰清供》不涉任何怪异果报情节,只说李泰清自己到山阳县探望李毓昌,知李毓昌自缢,将其灵柩搬回即墨,发现其蟒袍、马褂有血迹,心生疑惑,开棺验尸,并"照着《洗冤录》,用银针探……才知道是受毒死的"。① 但是,《李泰清又供》却完全是个果报灵异故事:

> 本年二月,不记日子,有与侄子向日同窗的荆仲法,在本县豆腐店地方骑着驴走。见有人夫轿马从对面西大路来了,是一个官长,随即下驴。那官长下了轿,他认得是我侄子。向□我侄子说他做了栖霞县城隍,去上任的。荆仲法当时害怕,走回向他女人告知,并说他头痛得利害,叫他女人扶上炕去偻(躺)下后,就要茶吃。拿得茶来,就大哭说:"是我见了茶,想起我从前吃茶时服毒后死得好苦。"荆仲法的女人听得不像他男人声音,问他是谁。他说我是李毓昌,我到栖霞上任,遇着同窗荆仲法,请他去帮我办事的。荆仲法旋即死了。这话是荆仲法女人说出来的,是实。②

《李泰清又供》的内容并非完全新颖,与六月二十一日上谕中所引述的"访闻"内容雷同。这两个版本中,被李毓昌附身并随即死亡的是"故友荆崇发"或"向日同窗的荆仲法",并不重要,无非是对同一名字发

---

① 《李泰清供》,载《嘉庆朝上谕档》,原藏中国第一历史档案馆,转引自"清朝公案:十八世纪刑科题本、军机处录副奏折与宫中档选"(True Crimes: Late Imperial Chinese Crime Reports)网页 http://lib-lslv119.wulib.wustl.edu/cgi/t/text/text-idx?c=tru;cc=tru;rgn=main;view=text;idno=tru0020.1809.026。
② 《李泰清又供》,载《嘉庆朝上谕档》,原藏中国第一历史档案馆,转引自"清朝公案:十八世纪刑科题本、军机处录副奏折与宫中档选"(True Crimes: Late Imperial Chinese Crime Reports)网页 http://lib-lslv119.wulib.wustl.edu/cgi/t/text/text-idx?c=tru;cc=tru;rgn=main;view=text;idno=tru0020.1809.026。

音的不同笔录而已；具体附身显灵日期是一月末还是二月，也不重要，总之是在李泰清开棺检验李毓昌尸体、发现李毓昌中毒迹象之前。更重要的分别是，上谕版本中，李毓昌附身荆姓友人的过程不详，只说荆某忽自称李毓昌，说自己"死得好苦"，没有透露死因及死后的去向；《李泰清又供》中，李毓昌则以官员出巡的方式与荆某相遇，说自己"做了栖霞县城隍，去上任的"，然后再附身荆某，向荆某妻子说自己是李毓昌，被人在茶内下毒致死，请荆某帮忙。

以上李泰清供出的果报故事，完全不见于他五月二日的京控禀状，受理禀状并建议立案调查的都察院左都御史特克慎，在其奏折内也完全不提任何类似故事。然而，有没有可能《李泰清又供》的日期其实就是五月二日，但特克慎认为荒诞不经，因而另纸书写，"夹片入奏"，或以口头报告方式上达？若然，则李泰清实为整个果报故事的编剧，清仁宗也为之倾倒，因此在五月二十九日的吉纶奏折上写朱批要求搜集"风闻神鬼之言"。不过，若此推测属实，则六月二十一日上谕版本内的"荆崇发"，为何在《李泰清又供》版本内却作"荆仲法"？笔者相信，清仁宗在五月二十九日的吉纶奏折上写朱批，要求一旦验尸证实李毓昌被下毒致死就要搜集"风闻神鬼之言"，而李泰清参与的六月十二日—十四日在济南城举行的李毓昌尸体检验，证实李毓昌先中毒，后被缢死。[1] 山东官员随即把验尸结果和"风闻神鬼之言"一并入奏，因此，在六月二十一日上谕中就已出现了李毓昌附身荆某的情节。李泰清早前被删削的口供，也因此进入军机大臣奏折的附录之中。

读者也许质疑，五月二日李泰清京控之际，其禀状获受理与否，受理后调查是否属实，都是未知之数，李泰清有必要在指控各嫌疑人、提

---

① 石印本《伸雪奇冤录》卷一，第23页；简体本，第26页。

交各证物之外，再加上一派"风闻神鬼之言"吗？现代人也许自觉能够和应该区分"真实"与"迷信"，尤其是涉及司法运作之时。但是，我们不能蔽于今而不知古。对于19世纪的许多中国人而言，城隍传说、果报情节，并不是荒诞不经，而是现实的一部分。李泰清深信侄儿李毓昌被毒死，因此冒险京控，则在禀状内写下或在告状过程中讲述此果报情节，绝不奇怪。卫周安研究李毓昌案时，已经指出这一点。[①]笔者拟作进一步之研究，利用中国基本古籍库等电子史料库，将李毓昌案作为果报故事的文本嬗变过程，尽量按照历史时序，展现如下，起马毓林《记李皋言事》，迄1927《清史稿》之编成，也算是一种知识考古学之研究云。

1. 1809—1840年（嘉庆十四年—道光二十年）间马毓林《记李皋言事》

该文收入《伸雪奇冤录》卷二，马毓林是李毓昌同年进士和山东同乡[②]，因此对本案甚为关注，审讯期间，马毓林正好任职刑部，因利乘便，得以阅读各犯口供。鉴于作者身份特殊，该文又是比较早期的文

[①] Joanna Waley-Cohen, "Politics and the Supernatural in Mid-Qing Legal Culture", *Modern China* 19.3 (1993): 330-353.

[②] 马毓林，山东武定府商河县人，字雪渔，嘉庆十三年进士，二甲六十二名，授职刑部主事。嘉庆二十三年以刑部员外郎身份兼湖南乡试考官，道光四年获授云南丽江府知府，道光七年至九年任云南府知府，之后不知何时辞职还乡，著作有《鸿泥杂志》《万里吟》等，也不详卒年。以上生平资料，散见于：1. 王家相、钱维福：《清秘述闻续》卷二《乡会考官类二·嘉庆二十三年戊寅恩科乡试》，载法式善等：《清秘述闻三种》，中华书局，1982年，第576页；2. 云贵总督阮元于1827年三月二十二日奏请以丽江府知府马毓林调补云南府知府之军机处档折件，载"中央研究院"暨"国立故宫博物院"联合制作之"明清与民国档案跨资料库检索平台"http://archive.ihp.sinica.edu.tw/mctkm2c/archive/archivekm之"清代宫中档奏折及军机处档折件〔'国立故宫博物院'〕资料库"，文献编号：055471，统一编号：故机055872；3. 道光《遵义府志》卷四一《年纪三》，《续修四库全书》史部716册，第358页；4. 民国《商河县志》卷八，《中国方志丛书》华北地方第354号，成文出版社有限公司，1976年，第322页。

本，撰写过程也颇有趣而复杂，兹不避烦冗，将其中关键的八百多字抄录如下，一来方便分析其增生情节及果报内容，二来为分析后出文本节省篇幅：

……明年三月，公夫人林孺人检公旧衣，见皮衣二袭血迹模糊，襟袖皆满，心大疑，欲开棺视之而未决。然孺人固未尝一日忘，亦无一日不与公叔谋也。适邑中有荆某，少与公同笔砚，后以读书无成，习吏，充刑房。一日，自县中归，见有羽葆旌旗，拥舆马飞驰而至……一人自舆中出，视之，则公也。惶忽间忘其已死，执手相讯。忽忽风暴起，迷目不可开，风过启视，车马已杳。心顿悟，大骇，疾奔至家，语其妻曰："怪事！怪事！适见李皋言……"言未毕，遽仆地。妻扶之起，忽瞠目向其妻曰："嫂氏，我李皋言也。去岁淮安查赈，山阳王令串通逆奴李祥辈，将我毒死，假捏投缳。上帝以我忠直，俾为栖霞县城隍，今将赴任。荆兄阳寿已终，欲使随我作伴，故邀同行。寄语我家：奇冤须早为昭雪也。"言讫，仆地死。刘氏往告林孺人，而开棺之谋遂决。开棺日，亲族咸集，棺既启，香气盈室。……公胞叔武生李泰清、堂伯附贡生李士璜将赴京申诉，临行至棺前祭祝。林孺人哭祝曰："今二叔为子伸雪，子有灵，当随二叔往，暗中佑护，使子冤早白，妾妇人又何依乎？"祝毕，痛哭。哭未竟，忽棺中响声，厉如爆竹者三。……

山阳王令使人星夜赴山东，纳贿于吏仵，令暗以盐水检骨，启视其骨，骨尽白。公叔尝其水，味咸，哭求再检。上宪遂会齐府县各员，集城隍庙复检之。庙外搭席棚，棚内设长几，几上排列其骨。是日，天气清朗，赤日无云，吏仵复捧盐水以进。方欲蒸检，忽头上黑云一片，风雨暴作，霹雳交加。席棚飘至半空不能下，而几上之骨绝未动摇。上宪皆大惊，悟其冤，臬台朱公亲尝其水，则仍咸也，大怒，立毙吏仵，另取清洁之水，祷毕而后检之。蒸毕启视，其骨尽黑，于是以状闻。……

公与余为戊辰同年，初闻其在山阳自缢，心甚疑之。及世伯来京控诉，各犯解刑部会讯。余适备员西曹，日取各犯口供阅之，篇中所叙，皆供内情节也，毫无附会于其间。至公凭荆某显灵，及棺中震响，检骨致风云等事，皆世伯士璜及东抚各员向余言者，断无有妄。久欲为文记之，而以办公不暇。庚子夏，连宵阴雨，旅馆无聊，因取旧事，编次成篇，所以恐吾友之幽光久而弗著，初不计文之工拙也。故记之。①

其实该文尚有丰富的增生情节，但以上果报内容已达八百多字，不宜再尘读者之清听，兹简单分析之。首先，王伸汉在已被立案调查期间，还能行贿邻省吏仵，两度干扰验尸程序，何其犯罪执行力之强也？显然这是"剧情需要"，不必深究。其次，马毓林在该文后记所谓"余适备员西曹，日取各犯口供阅之，篇中所叙，皆供内情节也，毫无附会于其间"云云，不无疑问，因为该文提及"供内情节"之中，至少有四处不见于《伸雪奇冤录》卷一的官方记载，包括：第一，王伸汉仆人包祥出身"巨盗"，犯案被捕后"抗刑不招"，王伸汉甚为赏识，收为仆人，包祥感恩戴德，效忠王伸汉；第二，包祥以五百两白银收买李祥，请他毒杀李毓昌；第三，李毓昌死后，包祥向王伸汉建议把李祥、顾祥、马连升三人"问以图财谋毙主命"，屈打成招，以便灭口，但王伸汉认为"既毙其主，复害其仆，惨毒太甚，且安保其必诬服乎"，拒绝

---

① 石印本《伸雪奇冤录》卷二，第36—37、38页；简体本《伸雪奇冤录》，第141—143页。

包祥的建议；第四，李祥事后向包祥索要酬金，包祥峻拒，还威吓李祥，说你谋害自己主人，没被揭发，就算走运，当心我家主人治你的罪，"李祥惧不敢言"。[①]以下，继续分析该文之果报内容。

马毓林在该文后记说"至公凭荆某显灵，及棺中震响，检骨致风云等事，皆世伯士璜及东抚各员向余言者，断无有妄"云云，显然属于果报内容，兹撮要为五点：

第一，李毓昌正直廉明，惨遭谋害，得上帝抚恤褒奖，获授栖霞县城隍。

第二，李毓昌透过同乡同学荆某显灵，附身于荆某，借荆某之口，向荆某妻子刘氏说出自己被人谋杀，被封城隍，并邀请"阳寿已尽"的荆某随自己到栖霞县城隍衙门供职的原委，又请刘氏通知自己家属为自己伸冤，言毕身亡。下文将显示，这段显灵内容还衍生出各种版本。

第三，对李毓昌死因产生怀疑，但对是否开棺验尸犹豫不决的李毓昌家属，得到刘氏转告的消息后，决定开棺验尸，开启棺材时，"香气盈室"。

第四，李毓昌叔父李泰清、堂伯父李士璜出发京控前，家属拜祭李毓昌尸棺，遗孀林氏泣求李毓昌庇佑二位叔伯，李毓昌棺材内传出类似爆竹声三响。

第五，清仁宗下令验尸后，王伸汉收买山东巡抚衙门吏作，用盐水蒸检李毓昌骨殖，以致骨殖呈白色，看不出中毒迹象。李泰清尝了一口，发现是盐水，要求再度检验，但吏作依然暗中准备了盐水。这时，原本"赤日无云"的天空忽然满布黑云，风雷暴雨交加，为验尸而临时

---

① 石印本《伸雪奇冤录》卷二，第33、34、35页；简体本《伸雪奇冤录》，第139、140、141页。

搭盖的席棚飞上半天，但席棚下的李毓昌骨殖却"绝未动摇"。山东按察使朱锡爵意识到这是天意示警，亲尝蒸检骨殖所用之水，发现仍然是盐水，立刻处决吏件，换来净水，祈祷完毕，再行蒸检，终于发现"其骨尽黑"的明显中毒证据。

正如前述四点增生情节一样，以上五点果报内容，都不见于《伸雪奇冤录》卷一的官方记载，但重要的是马毓林说这些果报内容"皆世伯士璜及东抚各员向余言者"，可见，李毓昌案演变为果报故事，首批创作人，竟然就是李毓昌家属和负责验尸的山东巡抚衙门官员，他们都是与本案密切相关之人，分量十足。然而，马毓林撰写该文的时间是"庚子夏"即1840年，距离审讯李毓昌案的1809年已有31年之久，马毓林会否记错？更令人担忧的不是记忆遗漏，而是无意中把后出文本的内容情节掺入早前的文本，还自以为"皆世伯士璜及东抚各员向余言者"。这种情况，既是人类记忆常见的情形，也是文本层累制造过程中常见的情形。不过，笔者迄今为止找不到任何史料来证明或否证自己的疑虑，因此只好信以传信，疑以传疑，把马毓林该文的时间定于1809—1840年间。[①]

2. 1811—1830年（嘉庆十六年—道光十年）陶炳南弹词《三祥报》

该弹词本由陶炳南编撰，编成于1811年，补足于1830年，凡六集24回，201页。作者陶炳南生平不详，只知他本名陶镕，字锦峰，号指樵，常熟人。[②]《三祥报》内容丰富，与真实案情相比，其主要之差异

---

① 另外，本案审结之年为1809年即嘉庆十四年己巳，翌年即为庚午，有没有可能石印本把"庚午"误为"庚子"？若然，则马毓林该文的疑团尽消，价值陡增。惜乎目前尚无相关史料可资考证。

② 陶炳南：《三祥报》，嘉庆十六年稿本，藏日本京都大学图书馆，收入刘世德、陈庆浩、石昌渝主编：《古本小说丛刊》第29辑第1册，中华书局，1991年。据编者前言，该稿本末页曰"嘉庆十六年辛未岁编成，锦峰陶炳南著"，目录第六回上方原有"缺半段"三字，后被涂去，并在其上写"缺六回已补全，庚寅八月初十日记"，庚寅即道光十年。见该书总第401页及第5页。

和果报情节有四点。第一，李毓昌夫人为林氏，生有一女，《三祥报》则作"许氏"，且谓李氏伉俪尚无儿女；叔父李泰清，《三祥报》时作"李泰清"，时作"李太清"。[①]第二，李毓昌被毒杀后，获冥王上报玉皇大帝，授职栖霞县城隍，向即墨同学谢登（号子秀）显灵，说"上帝怜弟忠诚，特授栖霞县，今日走马到任，待三日后要回家一走"，请谢登先行通知自己家属。谢登将信将疑照办之后，李毓昌果然在第三天向许氏托梦，披露自己遇害并得上帝授职城隍的原委。而在大多数文本中，李毓昌显灵的对象是荆姓友人而非谢登。[②]第三，济南城检验李毓昌尸体时："各官挨次齐齐坐，吩咐开棺动手行。尸身已腐全不臭，人人尽说有神明。"[③]第四，审讯各犯时，马连升已经招供，但包祥、李祥拒绝招供，李祥再度受审，继续抵赖，忽然"只见李毓昌站在跟前，两边立两个狰狞鬼卒，喝骂道：'我在只里，你还敢赖么！'"李祥吓得立刻招认罪行。[④]这一段果报情节与黄钧宰《金壶浪墨》类似，详见下文。

3. 1821年（道光元年）或之前陈用光《李毓昌传》

该文收入陈用光后人1843年刊行之《太乙舟文集》[⑤]，但陈用光本人逝世于1835年，可知此传必然写于1835年之前。陈用光学生管同，曾撰《书李毓昌传后》一文，谈自己对陈用光此传的感想，管同逝世于1831年，管同此文收入其后人1833年刊行的《因寄轩文二集》，里面有陈兆麒1821年的序言。[⑥]可见，管同《书李毓昌传后》一文的撰写时

① 《三祥报》第1、2、8回，《古本小说丛刊》第29辑第1册，第15、16、33、130页。
② 《三祥报》第7、8回，《古本小说丛刊》第29辑第1册，第127、133—134页。
③ 《三祥报》第12回，《古本小说丛刊》第29辑第1册，第186页。
④ 《三祥报》第18回，《古本小说丛刊》第29辑第1册，第293页。"只里"，原文如此。
⑤ 《太乙舟文集》卷三，《续修四库全书》集部第1493册，第299—300页。陈用光该文也被李桓收入其《国朝耆献类征初编》卷二四七，华文书局，1966年，第8453—8454页。
⑥ 管同：《因寄轩文二集》卷三，《清代诗文集汇编》第532册，上海古籍出版社，2010年，第342页；陈兆麒序言见第328页。

间有可能在1821年之前，因此陈用光《李毓昌传》一文也有可能写于1821年或之前。

陈用光《李毓昌传》一文，其增生情节及果报内容大抵四点。第一，"沈某检视其书籍，有残稿半纸，曰：'山阳冒赈，以利啗毓昌，毓昌不敢受，恐负天子。'盖复总督书稿，诸仆所未知毁去者也。"这第一点最为奇特，是马毓林《记李皋言事》一文所无者。姑勿论为何凶手们有心毁灭证据却偏偏留下这要命的18字，若此事属实，则冒赈谋杀案之绝佳证据及破案关键也，但李泰清京控状纸及各篇奏折、上谕都完全没有提及，足见必为增生情节。第二，李毓昌遗孀"某氏有噩梦，其家屡有怪异也"，验尸时，见李毓昌"面如生"，这与上述马毓林文章果报内容第三点所谓验尸时"香气盈室"类似。第三，济南城检验李毓昌尸体期间，王伸汉仆人"包祥自山阳来，谋为之地也，天忽大风雨，棚尽撤，不能验"，直至山东按察使朱锡爵亲临，才能验尸，发现"受毒未至死，先以缢死也"。这与上述马毓林文章果报内容第五点类似，但相对简单，没有偷换盐水的情节。第四，李毓昌向荆某显灵一事，与上述马毓林文章果报内容第二点颇为不同。①马毓林谓李毓昌附身荆某，借荆某之口，向荆某妻子刘氏诉说原委，请刘氏转告自己家属，言毕荆某死去。陈用光则谓李毓昌向荆某诉说原委，荆某到李毓昌家查询，数日后死去。

---

① "又闻：君棺之归也，有即墨人荆某者，少与君同学，长而为吏于县中。暮出门，见舆马仆从甚盛，有伟丈夫坐轿中，则君也。下而与执手甚欢。某讶曰：'吾闻君死矣，今胡为者？'君曰：'吾固死也，死而为城隍于栖霞。某月日，吾家当开棺，则得吾死状矣。君为吏甚苦，盍从我行？'遂不见。某趋至君家问之，君妇方恸哭，欲开棺视君也。荆某后数日果卒。"陈用光最后说："传君之事者不一。余所闻沈某事，乃得之于吾从子希祖闻于吏部杨君者。"见《太乙舟文集》卷三，《续修四库全书》集部第1493册，第299—300页。

4. 1826年（道光六年）或以前盛大士《蕴愫阁文集》

盛大士此书刊刻于1826年，卷四《书赠知府试用知县李君毓昌事》一文有两点值得注意之处：第一，李毓昌遇害一事，此版本谓是包祥、李祥、顾祥、马连升四人突入李毓昌房间，"缚其手，灌以酖酒而缢之"，这显然不符合案情；第二，李毓昌叔父李泰清发现李毓昌衣服有血迹，正在怀疑之际，"又有荆崇发者，亦即墨人，忽瞑目大呼曰：'我李某也，为山阳赈事被害，今□奉上帝命，司曲阜城隍。吾友荆崇发佐之。'言已，荆亦死"。李泰清因此决定开棺验尸。① 在大多数版本中，李毓昌获上帝授职栖霞县城隍，此则谓是曲阜。又"荆崇发"，在个别版本作"荆从发""荆翁"，或只提及姓氏，曰"荆某"。

5. 1828年（道光八年）刊行之华广生编琵琶曲《白雪遗音》

此案轰动一时，成为流行文化题材，绝不奇怪。该书有高文德1799年序、华广生1804年序，但刊刻于1828年，则其内容可断为创作于1828年或以前。其中有马头调《李毓昌案》，短短157字，提及"上天念忠义，敕封城隍在栖霞县，显圣到家园，路遇旧友叙苦情，因此破案"云云。② 与马毓林、陈用光的相关内容比较，更接近陈，而不同于马。

6. 1829年（道光九年）之前昭梿《啸亭杂录》

昭梿《啸亭杂录》最早刻本面世于1875年，但昭梿逝世于1829年③，因此本文将《啸亭杂录》以下记载界定为1829年之前："或云公柩归时，其家已释然，公托梦于其叔，言其屈枉，已授江都城隍神位，箧中有血衣可证。其叔如其言，启箧视之果然，因而成讼。其语近诞，不

① 盛大士：《蕴愫阁文集》卷四，《续修四库全书》集部第1494册，第57页。
② 华广生：《白雪遗音》卷一，《续修四库全书》集部第1745册，第51页；高文德、华广生序言见该书第1、5页。
③ 昭梿：《啸亭杂录》，中华书局，1980年，点校说明第3页。

足信也。"① 显然，《啸亭杂录》连开棺验尸这一事实也没有提及。在果报内容方面，《啸亭杂录》把李毓昌托梦对象说成是其叔父而非荆某；把李毓昌获授栖霞县城隍说成是江都县城隍；还把李毓昌家属自行发现李毓昌衣服有血迹因而对李毓昌死因产生怀疑这一事实，说成是李毓昌托梦提示。

7. 1834年—1853年（道光十四年—咸丰三年）刊刻之黄钧宰《金壶浪墨》

该书卷五《山阳赈狱》一文值得注意者两处。第一，王伸汉上司王毂扮演了更积极和主动的歹角，在其他版本中，李毓昌死后，王毂收受王伸汉贿赂，掩饰李之死因。而在该文，王毂应王伸汉请求，设宴招待李，半劝诱、半警告李说："……好官不过多得钱耳，不然，是毁王令之家而蹙其命也，彼岂能甘心于君者？"李依然峻拒。第二，该文没有直接描述李遇害情形，只说"未几，公暴卒，胸腹青肿，舌出，目不瞑"，而果报情节发生在王伸汉被审讯过程中："伸汉初不承，一日熬跪倦极，忽乞茶饮，瞪目久之，遂吐实。"②

8. 1845年（道光二十五年）刊行之王培荀《乡园忆旧录》

王培荀生于1783年，山东济南府人。此书专记录其乡邦人物事情，其有关毓昌案之记载，添加情节值得注意者有三点。第一，山东巡抚衙门奉旨验尸，李毓昌家属奉命把李毓昌尸棺运往济南，其间，王伸汉派人到山东，企图焚烧李毓昌尸棺，但不成功。第二，验尸时，发现棺材被王伸汉派人用钉子、绌布以碎磁粉与麻布合成的粘合剂、油漆等重重密封加固，目的是防止开启，但最终还是成功开棺。这第二点均不见于

---

① 《啸亭杂录》卷八，第245页。
② 黄钧宰：《金壶浪墨》卷五《山阳赈狱》，载氏著《金壶七墨》，《续修四库全书》子部第1183册，第65—66页。

马毓林、陈用光文章。第三，即使到了这一地步，王伸汉还神通广大到派人在验尸所用之水中下药，破坏验尸过程，以至于第一轮验尸验不出尸体中毒迹象，于是山东巡抚衙门加强保安，进行第二轮验尸，终于发现了中毒但尚未致命的现象。[①]第三点与马毓林文章有同有异：同样是两轮验尸，但马毓林文章的盐水，此处成了"药水"，又马毓林文章提及李毓昌显灵、揭露受贿吏仵用盐水蒸检李毓昌骨殖的阴谋，导致第二轮验尸，此处则无类似情节。另外，王培荀完全没有提李毓昌透过荆某显灵的情节。

9. 1869年（同治八年）刊行之李元度《国朝先正事略》

被《伸雪奇冤录》转载于第一卷第一篇的《李皋言明府事略》，原本来自刊行于1869年的李元度《国朝先正事略》卷五十四。该文值得注意之处有三点。第一，李泰清与沈某整理李毓昌遗物，发现"残稿半纸，曰'山阳冒赈，以利啖毓昌，毓昌不敢受，恐上负天子'，盖复总督书稿，诸仆毁而未尽者也"。姑勿论为何凶手们有心毁灭证据却偏偏留下这要命的19字，若此事属实，则冒赈谋杀案之绝佳证据及破案关键也，但李泰清京控状纸及各篇奏折、上谕，都完全没有提及此事，足见必为增生情节。第二，李毓昌妻子"感异梦"，虽"异梦"内容不详，但显然属果报内容。第三，李泰清将李毓昌灵柩运回即墨时，有"县吏荆某，少习君"，黄昏出门，见官员出巡，仪仗雍容，那位官员就是李

---

① 王培荀：《乡园忆旧录》卷二，《续修四库全书》子部第1180册，第602—603页："毓昌叔太清搬柩还，妻检皮衣，见袖有血，怀疑有别故。太清赴京控诉，山东抚院奉旨检验。柩宿旅店。伸汉潜使人来东焚之，欲灭迹，以救得免，自是野宿。及验棺，坚不可开，斧之，坚如石盖。以碎磁极细，合胶，以麻蘸入，披棺遍满，复裹以绸，漆之，坚不可动，恐回家启棺也。乃以火盆四面烘焙，漆松软，启之，钉甚长，直贯至底。尸未坏，蒸检无迹，有潜以药水入者。复检，防察极严。验骨黑，惟近心返白，盖毒未及攻心也。"王培荀还说自己年幼时见过王伸汉，当时王伸汉任职淄川县典史，见第603页。

毓昌，李毓昌对荆某说："吾死而为城隍神于栖霞，某月日吾家当开棺，则得吾死状矣。君为吏良苦，盍从我行。"然后消失。荆某遂赴李毓昌家，告知异象，李家决定开棺验尸。"后数日，荆某卒。"①这段文字把李泰清开棺验尸一事，归功于李毓昌透过昔日下属荆某的显灵；又说李毓昌得到好报，成为栖霞县城隍，还邀请荆某充当自己栖霞县城隍的下属，也显然是果报内容。

10.1873年（同治十二年）刊行之《山阳县志》

该志刊行于1873年，以犹豫的态度记载了本案的果报情节："（李毓昌）叔父太清来淮，徙柩归葬，检其箧中故衣有血迹，疑不以良死，开棺检视，得服毒状，并诸压胜物。时毓昌又从其友荆从发号叫称冤。语卒，从发立死。明年，太清赴都察院陈诉。"②该志谓荆某全名是"荆从发"，叫喊冤枉之后立即死亡，也没说李毓昌成为栖霞城隍一事，而且这一幕发生于李毓昌家属开棺验尸之后而非之前。又所谓"诸压胜物"，应该是指《伸雪奇冤录》所载李泰清京控禀状的"开棺看验，内有黄纸包一个，小镜一面，俱画符咒"云云，但李泰清并没有说这些东西有"压胜"目的。③为何笔者说该志态度犹豫？因为该志把以上内容收录于卷二十一《杂记二》，下文将详细讨论之，此处暂时打住，请读者鉴谅。

11.1878年（光绪四年）史梦兰《止园笔谈》

该书卷二谈及李毓昌案："……后数月，有李君同学荆翁，诸生也，于郊外见李君仪从甚盛，遂凭附至家，呼家人，具言受害状，且云上帝怜其死于民事，授栖霞县城隍神，今赴任矣。家人泣，议启棺，视其衣，尽血。于是李君叔士璜赴控京师。……兹复于屠琴坞《病榻琐谭》

---

① 李元度：《国朝先正事略》卷五四，《续修四库全书》史部第539册，第224—225页。
②《重修山阳县志》卷二十一《杂记二》，《中国方志丛书》华南地方第414号，成文出版社有限公司，1983年，第302页。
③ 石印本《伸雪奇冤录》卷一，第6页；简体本《伸雪奇冤录》，第6页。

录出。"^①这段果报内容有五点新颖之处：第一，荆某有了全名：荆翁^②；第二，李毓昌不是向荆翁讲述自己被谋杀然后被上帝敕封为栖霞县城隍的原委，而是上了荆翁之身，回到自己家（"凭附至家"），向自己家人讲述原委；第三，由于这一番显灵，李毓昌家人才开棺验尸，发现衣服上的血迹，而不是李毓昌家人整理李毓昌遗物时发现衣服血迹而产生怀疑；第四，赴京告状的李毓昌叔父是李士璜而非李泰清；第五，李毓昌并没有邀请荆翁跟随自己到栖霞县城隍衙门工作，荆翁也并没有像其他版本那样完成显灵任务后死亡。史梦兰指以上内容摘录自屠琴坞《病榻琐谭》，但遍查屠倬现存文集，既无《病榻琐谭》之名，其他作品内也没有相关记载。史梦兰生刊行《止园笔谈》于1878年，则以上果报内容之出现，必然不晚于1878年。

12.1884年（光绪十年）以前澄道人曲本《旌忠传》

谢章铤《赌棋山庄词话》一书刊行于1884年，其《续编》卷四提及一位嫁入冯门、晚年自号"澄道人"的女词人"江宁戴氏"，她儿子为她刊行《澄道人词集》，在序言中提及"即墨李毓昌，不肯冒赈，山阳令王伸汉潜毒杀之，太恭人为作《旌忠传》曲本"。惜谢章铤没有进一步介绍《旌忠传》曲本的内容与撰写年份，只能说《旌忠传》曲本撰写于1884年以前。但更有趣的是下文，谢章铤接着说："余前在都下，得《千古奇冤传奇》一册，未刻本也，专为淮安府王毂出脱，谓王毂为王伸汉诬蔑，检验时并未得赃。"^③虽然谢章铤也没有进一步介绍此《千古奇冤传奇》内容，此书现已不存，但王毂在李毓昌案中只是收受

---

① 史梦兰：《止园笔谈》卷二，《续修四库全书》子部第1141册，第135页。
② 李毓昌生于1772年，见石印本《伸雪奇冤录》卷二《事实册》，第42页；简体本《伸雪奇冤录》，第147页。考虑到李毓昌1808年遇害时不过36岁，则作为李毓昌同学的"荆翁"，应该就是姓"荆"名"翁"，而非"姓荆的老人"之谓。
③ 谢章铤：《赌棋山庄词话续编》卷四，《续修四库全书》集部第1735册，第178页。

贿赂，并没有主动谋杀，《千古奇冤传奇》说王毅并未收受王伸汉之贿赂，而是被王伸汉蒙蔽，未能检验出李毓昌中毒的真相。无论如何，从中都可见历史话语权之争夺情形：涉案者都有动机，且有能力制作文本，为自己树立正面形象，或力图反抗宏大话语的既定角色。

13. 1895年（光绪十一年）黄兆颐为《悯忠录》所写之序言

李毓昌族侄李希嵕校、族侄孙李中华订之《悯忠录》序于1895年，本文第一节及第二节开头已有所交代。黄兆颐是前历城县教谕，算是李毓昌的同乡兼后辈。这篇序言内有添加情节及果报内容两点。第一，谋害李毓昌的凶手，两次尝试阻挠验尸工作，第一次是派人焚毁李毓昌尸棺，但因为防守严密而不得逞，此人为了交差，竟"窃公门前旗竿首去，以为凭"；第二次是在济南城首次蒸检骨殖时，收买"供役人夫"，以至于"初蒸骨，骨无毒"，李毓昌叔父亲自"汲水更蒸"，"毒乃见"。第二，"公之同砚友荆某，春日郊游，猝遇公，言公赴任栖霞县城隍，约使相助，而荆某果殁。"①这段情节比较简单，也与上述各种记载雷同，且没有说李毓昌向荆某显灵一事与李家开棺验尸的关系。

其实，即使到了20世纪，李毓昌案作为文学作品题材，仍未被遗忘，但灵异果报情节已被界定为"迷信"，因此，该案的果报情节也就全被删掉。②

---

① 简体本《伸雪奇冤录》序，第10—11页。
② 笔者找到至少两篇根据李毓昌案改编的20世纪文学作品。1. 骆宏彦、赵宏改编：《李毓昌放粮》（淮剧），宝文堂书店，1959年。此书已经无任何果报情节，而把破案之关键，归功于善缘庵僧人源福之举报、官员张纯之审断。2. 肖冰：《镇淮楼钟声——李毓昌之死》，新华出版社，1993年。从该书封底文字可知，此书是李毓昌第六代孙李度赞助，封面的李毓昌画像，是李毓昌第六代孙女李鹏所绘。肖冰是作家，生于山东即墨，是李毓昌同乡。在肖冰这个版本内，破案的关键是李毓昌遗孀林氏发现李毓昌生前所写"山阳冒赈，以利陷毓昌，毓昌不敢受"的片纸。"陷"，原文如此，应是"啗"之误，见该书第186页。

总　　结

　　以上，笔者扼要介绍了有关李毓昌案的十三个文本的增生、灵异、果报情节。论时段，始于1809年马毓林的笔记，终于1895年黄兆颐为《悯忠录》所写之序言；论体裁，有文人笔记、曲本弹词、方志、私史；论情节，则破案关键，或李毓昌附身同学，或李毓昌家属感受异梦，或李毓昌遗物有检举王伸汉冒赈的残稿，或李毓昌附身王伸汉促使王认罪；论结局，则李毓昌死后获上帝擢升为城隍。百年间这一片文海波澜和怪力乱神，看来都是清仁宗"若系被毒，连风闻神鬼之言夹片入奏"这句最高指示引发出来的，反映出果报信仰确实是明清时期深入人心的普世价值。同时，清仁宗主动询问"风闻神鬼之言"，也反映出他作为统治者"以神道设教"的意识和策略。在中国历史上，"神道设教"当然不是清仁宗的独创，而毋宁说是自有典型，而大小臣工对于最高指示之心领神会、热烈附和，也同样是自有典型的。公元11世纪的天书封禅运动、20世纪"大跃进"运动期间的虚报亩产现象，可谓后先辉映。①

　　但是，李毓昌案作为文本，除了清仁宗鼓励果报情节这一点之外，还有不容忽视的一点：官僚理性话语始终占据主导地位，抵制怪力乱神。可以说，以官僚科层为组织原则、以律例条文为审案根据的"朝纲"，抵制了"以神道设教"的"圣意"。要证明这一点，十分容易，兹分四方面交代之。

　　第一，清仁宗朱批"若系被毒，连风闻神鬼之言夹片入奏"，可见

---

① 参见葛剑雄：《十一世纪初的天书封禅运动》，《读书》1995年第11期。

清仁宗虽鼓励报告"风闻神鬼之言",但又要求将这些内容"夹片入奏",也就是说,清仁宗虽然计划"以神道设教",但他自己也明白"风闻神鬼之言"与李毓昌案情之区别,"风闻神鬼之言"只能写进夹片,不能写进奏折。

第二,《清实录》记载此案甚详,但不仅完全没有收录任何果报情节,连清仁宗要求搜罗"风闻神鬼之言"的朱批也没有收录,可谓为尊者讳。如果只看《清实录》,则完全不知道清仁宗神功默运、以神道设教的苦心及因此掀起之文海波澜矣。

第三,大致完稿于1927年之《清史稿》开始编纂于1914年,将李毓昌传记收入《循吏列传》。[①]但正如本文第一节所指出,清廷早于1881年批准国史馆请求,命各省提交正面人物传记资料,《清史稿》李毓昌传记也确实沿袭李元度《国朝先正事略》的大部分内容,两传记可谓大同小异。不过,这两篇传记小异之处值得深究。《清史稿》的李毓昌传记,删去了李元度《国朝先正事略》李毓昌传记最后有关李毓昌死后向荆某显灵的情节,破案的关键,就是沈某在李毓昌遗物中发现李毓昌揭露山阳冒赈的文书残稿,怪力乱神的味道大减矣。也正如本文第二节指出,李毓昌写下"山阳冒赈,以利啖毓昌,毓昌不敢受,恐上负天子"这19字的文书残稿,如果属实,本为破案之最佳证据,何以凶手们竟然没有毁灭之?又何以李泰清京控状纸及各篇奏折、上谕都完全没有提及此事?足见必为增生情节。但《清史稿》编纂者可能资源、时间有限,不及深究,只能在李元度《国朝先正事略》的李毓昌传记文本下手,于是删去李毓昌死后向荆某显灵的情节,而保留李毓昌文书残稿透露王伸汉冒赈的情节。虽然这残存19字作为破案关键同样经不起推敲,

---

① 赵尔巽等:《清史稿》卷四百七十八《循吏列传三》,中华书局,1977年,第13039—13040页。李毓昌叔父李泰清,在此处误作"李太清"。

但至少是沈某自己发现，没有李毓昌死后显灵那么荒诞，套用韦伯的术语，可说是理性除魅的粗糙简易外科手术吧。

第四，李毓昌家乡即墨，于1872年刊行县志，记载李毓昌事迹，毫无增生情节与果报内容，只收录李毓昌即墨老家仆人李瞻的事迹，说李瞻"随从扶（李毓昌）柩回里，心疑之，屡以言激聒。及开棺验视，亲舐其衣血，得毒状。又相从劳苦跋涉，以终伸其冤"。① 这段文字的最初文本，似是《伸雪奇冤录》卷二最迟完成于1812年末的《事实册》，并无任何神秘之处，只是把李沾之忠义，归功于李毓昌之"敦尚质行"。② 而同治《即墨县志》却把李沾写成"李瞻"，还增加了"舐其衣血"的情节。有趣的是，《伸雪奇冤录》的后期编者似乎担心读者忽略《事实册》这一段，又在卷二之后、跋语之前增一附录《附李沾》，且说"事载县志"。③ 李沾事迹，未见于李泰清京控禀状，也算是增生情节，但显然没有任何灵异果报内容。同治《即墨县志》的纂修者不可能不知道李毓昌案的灵异果报情节，但提及李毓昌时，却只字不提任何灵异果报情节，这难道不也是有意识的笔削去取？在同治《即墨县志》刊行后一年，同治《山阳县志》也刊行，正如本文第二节交代，该志虽

① 同治《即墨县志》卷九《人物·懿行》，《中国方志丛书》华北地方第347号，成文出版社有限公司，1976年，第641页。该志有关李毓昌事迹之记载，见同卷，第549—550页。

② "本宦（李毓昌）敦尚质行，不言而人信之。下逮臧获，无不悦且服者。客作李沾，佣公家久，既闻丧，往逆公柩，道雪深数尺，陷沟中几死，卒以擘返。抵舍后，闻公旧衣渍血痕，心疑公冤，则每夕宿棺下，泫然曰：'事不白，奴不去也。'既数月，奉公尸棺，就检济南。盛夏酷暑，往返千余里，未尝暂去棺侧。闻者多其义，即公（李毓昌）之致此可知矣。"这篇《事实册》描述李毓昌生平事迹，虽无日期，但从同卷的《礼部咨准入乡贤祠》可知，嘉庆十七年十二月三日，礼部入奏，据山东巡抚同兴奏疏及"事实册、结"等相关资料，请求清仁宗批准李毓昌入祀乡贤祠，清仁宗于同月五日准奏。由此可见，这篇《事实册》应该在嘉庆十七年末就已经撰写完毕。见石印本《伸雪奇冤录》卷二，第43b、45a—46b页；简体本《伸雪奇冤录》，第150—151页。

③ 石印本《伸雪奇冤录》卷二，第46页；简体本《伸雪奇冤录》，第151页。

收录李毓昌案的灵异果报情节，但却将之放进卷二十一《杂记二》，杂者，不正也，编纂者显然是从编纂体例上宣告自己的立场。

由此可见，清仁宗虽借李毓昌案的灵异果报情节来反腐倡廉，"以神道设教"，毕竟也还守住底线，一开始就要求臣工把"风闻神鬼之言"写进夹片而非奏折。而从实录到正史到方志这套正统史学体系中，记载李毓昌案时，都严守理性原则，对于灵异果报情节，或完全不予收录，即或收录，也置诸杂记，显示编纂者与之保持距离。《清实录》甚至连清仁宗鼓励臣工报告"风闻神鬼之言"的朱批也不予收录，显然不是无心遗漏，而是有意隐瞒。设非清朝奏折及朱批档案制度之周密，设非清朝密迩现代因而存留史料丰富，学者很不容易知道李毓昌案灵异果报情节的特殊源头。那么，明清时期的果报信仰与司法体系的理性原则存在矛盾与张力否？就本案看来，两者并不存在矛盾和张力，而毋宁说两者各得其所：从朝廷的角度看，守住实录、正史、方志这套正统史学体系，至关紧要，甚至皇帝的朱批，也要经历外科手术式切除；而弹词、曲本、笔记等，则是另一体系，其中的怪力乱神、灵异果报情节，被认为有益于世道人心，也就不妨听之任之了。

附记：本文是2017年9月—12月间笔者执教"HIST1000A通古今之变"课程的成果之一，教学相长，信哉。

马戛尔尼使团绘制图像中
所见清朝对其外交策略*

陈妤姝

（华东师范大学美术学院）

摘要： 本文以马戛尔尼使团所绘制的中国图像为基础材料，从图像中考察清廷对第一支英国官方访华使团的态度以及对其所采取的种种外交策略。同时运用中英双方对此次会晤的记载来佐证图像解读的合理性。本文亦讨论马戛尔尼使团对清廷军事及对外策略方面的观察和态度。

关键词： 马戛尔尼　朝贡体系　外交策略　军事威慑

　　18世纪的英国对华贸易一直处于大幅逆差状态，于是英政府想通过与清王朝最高当局谈判，开拓乃至独占中国市场。1793年（乾隆五十八年），英国国王乔治三世派出马戛尔尼使团访华，以恭贺乾隆皇帝八十三岁大寿为名，实则想要在经济贸易和政治外交上争取更多在华利益。特使马戛尔尼（George Macartney, 1737—1806）是一位有经验的外交官，使团其他成员也都是各领域专家。然而，由于中英两国政治、经济结构

---

* ［基金项目］2020年度上海市社科规划一般课题"上海所藏西方人绘制的中国图像研究"（2020BLS003）。

截然不同，乾隆拒绝了所有的英方要求，此次外交谈判以失败告终。

　　马戛尔尼使团的来访一直被视为18—19世纪中英关系中的一桩关键事件。作为清廷和英国政府的第一次正式外交接触，学界重点关注这次接触中造成中英冲突的根本原因以及对之后中英关系的深刻影响。若按史学观念来划分，学者们的观点大致可分为两派。其中一派较传统的观点受西方现代史学思潮影响，认为清朝作为一个对外封闭的内向型传统王朝，拒绝与外界的平等商贸和外交对话，因此这种传统东方文明与正在经历欧洲现代化进程的社会之间存在着无法避免的矛盾。费正清（John King Fairbank）在《中国的世界秩序：中国传统的对外关系》中将使团访华的障碍定义为建立在中国传统文化之上的朝贡体系。①阿兰·佩雷菲特（Alain Peyrefitte）在其著作《停滞的帝国：两个世界的撞击》中突出强调了西方的"进步性"和中国的"停滞性"相对立且不可调和的观点。②

　　与之相对，受20世纪后现代史观洗礼的新一代学者倾向于将中英之间的冲突阐释为英国资本主义对外扩张和清政府的对此顽抗之间不可调和的矛盾。在这种观点中，清廷的拒绝被赋予了更正当的理由。何伟亚（James L. Hevia）显然受到萨义德（Edward Wadie Said）东方学和柯文（Paul A. Cohen）"中国中心观"的影响，在《怀柔远人：马戛尔尼使华的中英礼仪冲突》一书中提出朝贡体系及其礼仪是清廷维护其帝国统治的有效手段，而使团对其的挑战必然不会被接受。③作为何伟

①［美］费正清编，杜继东译：《中国的世界秩序：中国传统的对外关系》，中国社会科学出版社，2010年。费正清在书中指出清廷强制性地用朝贡体系的逻辑来解释一切外交关系，甚至马戛尔尼只对乾隆行了屈膝礼，但仍被记载为磕头跪拜。这种立场与欧洲主权平等的外交逻辑大相径庭，因此马戛尔尼使团会与清廷产生各种冲突。

②［法］阿兰·佩雷菲特著，王国卿等译：《停滞的帝国：两个世界的撞击》，生活·读书·新知三联书店，2007年。

③［美］何伟亚著，邓常春译：《怀柔远人：马嘎尔尼使华的中英礼仪冲突》，社会科学文献出版社，2002年。何伟亚在书中利用后现代主义的写法对之前关于（转下页）

亚观点的拥护者，社会经济学家罗威廉（William Rowe）1993年在中英通使二百周年学术讨论会上也发表了一篇名为《驳"禁止论"》的论文，反驳佩雷菲特的"中国停滞论"。①

无论学者们持哪一种观点，他们所引用的材料多为清廷内部的奏折和圣训，使团的私人日记和信件，以及英方的公开报道。在这些传统的文字资料之外，图像材料并没有得到充分的使用，也未引起学者们的足够重视。因此本文将以使团成员的绘画作品作为主要研究对象，并佐以中英双方对这次接触的文献记载，借此探究清政府对于首次中英官方接触的外交态度。

由于启蒙运动的影响，使团成员们都受到科学和实证主义观念的熏陶，他们对中国的图像记录是建立在科学认知和最直接的实地视觉经验之上的。因此既有别于同时期欧洲新古典主义那些东方情调的绘画，也不同于曾经风靡欧洲的洛可可中国风（chinoiserie）作品中对中国不切实际的臆想。使团成员的绘画是对他们中国视觉经验的直接记录，具有较高的真实性。另一方面，使团在中国的行走路线和活动范围是受清政府严格控制的，成员们在旅途中目所能及的中国社会万象也正是清政府允许他们看到的。所以他们的图像创作也直接反映了清政府的真实外交态度以及对首次与英国官方接触所作出的反应。

使团中有两位正式的专业画家——托马斯·希奇（Thomas Hickey,

（接上页）马戛尔尼使团的论述提出挑战，也因此引来一些批评意见。周锡瑞（Joseph W. Esherick）撰长文批评何伟亚对于中国文献的一系列解读错误，同时质疑书中后现代主义史观的有效性。详见"Cherishing Sources from Afar", *Modern China* vol.24, no.2 (April 1998), pp.135-161。随后两人以1998年 *Modern China* 的7月刊为阵地展开了一系列的讨论。详见 James L. Hevia, "Postpolemical Historiography: A Response to Joseph W. Esherick", *Modern China* vol. 24, no.3 (July 1998), pp.319-327; Joseph W. Esherick, "Traditore, Traditore: A Reply to James Hevia", *Modern China*, vol. 24, no.3 (July 1998), pp.328-332.

① 张芝联、成崇德主编：《中英通使二百周年学术讨论会论文集》，中国社会科学出版社，1996年，第46—52页。

1741—1824）和威廉·亚历山大（William Alexander, 1767—1816）。希奇是使团正式的官方画家，但他在此次中国之旅中所留下的作品却不多，如今可见的仅有三幅。[①]亚历山大虽然只是希奇的副手，但这次出行中使团的绝大多数中国图像都出自他的笔下。[②]使团秘书约翰·巴罗（John Barrow, 1764—1848）评价道："亚历山大先生的水彩作品可信而优美。他对于中国的描绘详细生动，无论是人物的面部和形体，还是一株不起眼的植物。他的描绘真实可信，在他之前或之后都无人可比拟。"[③]

此外，在18世纪英国的绅士教育中，绘画被视为一种必需的训练，因此使团中其他成员也具备一定的绘画能力。有少数几幅作品来自使团中其他成员的业余创作，如乔治·马戛尔尼、副使乔治·斯当东（George Staunton, 1737—1801）、秘书约翰·巴罗和亨利·威廉·帕里希（Henry William Parish, 1765—1800）。

马戛尔尼使团之所以会被后人铭记，部分原因在于使团成员们归国后出版了大量游记和回忆录，为当时的西方世界提供了第一手了解中国的资料。[④]有部分出版物内含插画，为欧洲观众提供了更直观的

[①] 大英图书馆所藏的亚历山大手稿WD959在目录中写道："希奇在出使中完成的图画至今下落不明。"大英图书馆和大英博物馆分别藏有一幅希奇的作品。亚历山大的收藏拍卖目录中也有一幅作品题为"托马斯·希奇所绘中国景观，画家曾在1793—1794年随使团前往中国"（"View of China by Tho. Hickey, Painter to the Embassy to China 1793 and 4"）。

[②] 亚历山大的原始手稿现在主要藏于大英图书馆各部门，总数在一千幅上下。但多数手稿为现场写生草稿，完成度并不高。此外，世界各地的图书馆和博物馆也都有所收藏，如大英博物馆、梅德斯通博物馆、维多利亚与阿尔伯特博物馆、汉廷顿博物馆、伯明翰博物馆、曼彻斯特博物馆、耶鲁英国艺术中心、香港美术馆等。由于亚历山大的画作曾进行过多次拍卖，因此还有一部分流入私人藏家手中。

[③] John Barrow, *An Autobiographical Memoir of Sir John Barrow, Bart.*, London: J. Murray, 1847, p.49.

[④] 据克莱姆·拜恩（J. L. Cranmer-Byng）统计，使团成员的出版物共有13种，详见 J. L. Cranmer-Byng, *An Embassy to China: Being the Journal Kept by Lord Macartney during his Embassy to the Emperor Ch'ien-lung, 1793-1794*, London:Longmans, 1962。据黄一农统计共有14种，见黄一农：《龙与狮对望的世界——以马戛尔尼使团访华后的出版物为例》，《故宫学术季刊》2003年第2期。

中国图像信息。斯当东1797年出版了《大英帝国使团前往中国纪实》（*An Authentic Account of an Embassy from the King of Great Britain to the Emperor of China*, 1797）[①]，整套书包括两本游记和一本画册附录。第一本游记中有6幅插图，第二本游记中有20幅图，画册中共有44幅图。巴罗于1804年出版了《我看乾隆盛世》（*Travel in China*, 1804）[②]，书中共有8页插图。此书一经推出便受到市场欢迎，因此巴罗翌年又出版了《越南之旅》（*Voyage to Cochin China*, 1806），其中共有21幅插图。1798年亚历山大出版了自己的画册《1792至1793年中国东南海岸沿途海岬及岛屿景观》（*Views of Headlands, Islands, etc. taken during a voyage to, and along the eastern coast of China, in the years 1792 & 1793, etc*, 1798）。画册中共有46幅铜版画地图，但因缺乏趣味性，市场反应不佳。不过亚氏于1805年又出版了《中国服饰》（*The Costume of China: Illustrated and Contains Forty-Eight Coloured Engravings*, 1805），

---

① 此书全名为 *An Authentic Account of an Embassy from the King of Great Britain to the Emperor of China: including cursory observations made, and information obtained, in travelling through that ancient empire, and a small part ofChinese Tartary*。此书收获多方好评，因此在之后的两年内不同的西语版本接踵出版。据统计，1797年至1832年间此书共有15种版本在英美上市。1963年，叶笃义根据美国Compbell公司版本将此书翻译成中文，由商务印书馆出版，命名为《英使谒见乾隆纪实》。1966年香港大华出版社也出版了秦仲龢（高伯雨）译制的同名书籍，但其底本并非斯当东的著作，而是节选克莱姆·拜恩（J. L. Cranmer-Byng）的 *An Embassy to China* 翻译而成。详见 J. L. Cranmer-Byng, *An Embassy to China: Being the Journal Kept by Lord Macartney during his Embassy to the Emperor Ch'ien-lung, 1793–1794*, London: Longmans, 1962。关于《英使谒见乾隆纪实》的西语版本信息，详见John Lust,*Western Books on China Published up to 1850 in the Library of the School of Oriental and African Studies, University of London: a Descriptive Catalogue*, London: Bamboo Publication, 1987, p.131。

② 此书全名为 *Travel in China:Containing Descriptions, Observations, and Comparisons, Made and Collected in the Course of a Short Residence at the Imperial Palace of Yuen-Min-Yuen, and on a Subsequent Journey through the Country from Pekin to Canton.* 此书中译本为2007年北京图书馆出版社出版的李国庆和欧阳少春合作翻译的《我看乾隆盛世》。

用48幅彩图向欧洲观众介绍中国。1814年，亚氏又出版了《中国服饰与民俗图示》（*Picturesque Representations of the Dress and Manners of China*, 1814），其中囊括50幅彩图。但这本画册在绘画和雕板质量上都远远不如《中国服饰》。

一、英使是朝贡体系的例外

乾隆对马戛尔尼使团的接见仪式在热河避暑山庄内举行。首次中英官方接触的场景必然是引起欧洲人诸多好奇的，因此多有描绘这场接见仪式的作品流传后世。如1795年出版的《马戛尔尼勋爵中国之旅纪实》（*An Accurate Account of Lord Macartney's Embassy to China*, 1795）中由理查德·科伯德（Richard Corbould, 1757—1831）绘制的卷首画，还有约翰·维克斯（John Wilkes, 1750—1810）1801年的蚀刻画以及詹姆士·吉尔瑞（James Gillray, 1756—1815）1792年创作的讽刺漫画，这些作品表现的都是马戛尔尼使团受到乾隆接见的场景，但都是作者的想象之作，与现实相距甚远。① 而亚历山大作为使团成员也贡献了几幅描绘相关场景的作品，其中最原始的图稿有二："中国皇帝在鞑靼热河接见使团"（现藏大英图书馆 WD961 f.57 155）②（图一）和"皇帝接见使团，并赐一柄如意"（现藏大英图书馆 WD961 f.57 154）（图二）。这两幅图描绘了接见场面中最重要的两个瞬间：乾隆皇帝驾到和马戛尔

---

① 详见黄一农：《印象与真相：英使马戛尔尼觐见礼之争新探》，《"中央研究院"历史语言研究所集刊》第78卷，2007年，第45—46页。

② 大英博物馆藏的亚氏水彩画稿1872，0210.4以此图为蓝本，但在画面右下方加入了八位英国使者形象。此图同时可见使团副使斯当东所著的官方游记《英使谒见乾隆纪实》中第25幅插图。

图一　威廉·亚历山大"中国皇帝在鞑靼热河接见使团"（铅笔水彩），大英图书馆藏 WD961 f.57 155

图二　威廉·亚历山大"皇帝接见使团，并赐一柄如意"（铅笔水彩），大英图书馆藏 WD961 f.57 154

尼大使上呈英王乔治三世的亲笔国书。值得注意的是，画中的马戛尔尼呈单膝下跪状，而并非如清廷所记载的双膝下跪。[①] 亚历山大还根据他人的描述绘制了三张乾隆的肖像（WD 959 f.19 93，这幅图也被用作官方游记的第一张插图；WD 959 f.19 94[②]；WD961 f.56 152）。亚历山大的身份只是一名绘图员，他并没有机会真的亲临此次热河的接见活动，更无法亲眼得见乾隆的身材长相究竟如何。他对于此次接见场面的描绘是建立在其他使团成员的记忆和口述基础之上的。由于绘制者本人对于所绘场景的缺席，这些图像不能被作为绝对真实的历史记载来看待[③]，但所有这些描绘觐见场景的作品会被创作出来并得以润色出版，这本身就体现出英方对此次会晤的重视程度。与此形成鲜明对比的是，清廷对于此次重要历史会晤却没有留下任何图像记录。

无论在欧洲还是中国，在照相术发明之前，绘画一直担任着视觉记

---

① 起初，清廷坚持要使团成员行双膝下跪三拜九叩的中国礼节，但英方并不愿意，双方因此展开了"礼仪之争"。根据斯当东在《英使谒见乾隆纪实》中记载，觐见当日马戛尔尼并未双膝下跪行礼，但当时参与接待英使的清官员管世铭在诗注中称："西洋英吉利国贡使不习跪拜，强之，止屈一膝；及至引对，不觉双踪俯伏。"双方各执一词，英使在乾隆面前是否双膝跪地也因此成为历史谜团。普里查德（Earl H. Pritchard）1943年（马戛尔尼使团访华150周年）发表了论文"The Kotow in the Macartney Embassy to China in 1793"讨论这场中英"礼仪之争"，他得出的结论是英使并未叩头。详见Earl H. Pritchard, "The Kotow in the Macartney Embassy to China in 1793", *The Far Eastern Quarterly*, vol.2, no.2 (Feb. 1943), pp.163-203。之后多位学者参与了这场历史追踪。详见［法］阿兰・佩雷菲特著，王国卿等译：《停滞的帝国——两个世界的撞击》；James L. Hevia, *Cherishing Men From Afar*；黄一农：《印象与真相：英使马戛尔尼觐见礼之争新探》，第35—106页。
② 意大利雕版师马利亚诺・布维（Mariano Bovi, 1757—1813）在1795年1月15日出版了一幅彩色雕版的乾隆画像，这幅作品可见于布维1802年的出版目录。图中对于乾隆脸部的描绘与WD 959 f.19 94十分相似，其中的中英文注解也可能出自亚历山大之手，但其他图像细节都无法在亚历山大的手稿中找到。
③ 黄一农曾重点对照分析过这两幅图像与使团成员对于当日觐见场面的文字描写，其结论是亚历山大在画面中为了突出主角或是维护使团的尊严，在WD961 f.57 155中将跪姿改绘为站姿，WD961 f.57 154中人物的站次也并不准确。详见黄一农：《印象与真相：英使马戛尔尼觐见礼之争新探》，第42—44页。

录工具的角色。在中国，历史题材的绘画一直与政治紧密相关，皇帝常常会命宫廷画师绘制自己接待外番使者的场景作为自己功绩的体现，南朝萧绎的《职贡图》和唐代阎立本的《步辇图》都属此例。作为这种朝贡图像传统的延续，乾隆也曾命宫廷画师创作过几幅描绘元旦朝贺庆典的《万国来朝图》，画中各国度和民族的外藩使者带着各色贡礼在太和门外等候乾隆接见。乾隆对于"万国来朝"的向往和重视由此可见一斑。此次英使者的来访，乾隆为何偏偏既没有记录下这历史性的时刻，也没有允许英使团的官方画师随行呢？

费正清用"朝贡体系"来表述古代中国在绵长的朝代更替中所持续的外交方式。在这个框架下，中国皇帝自视为世界所有政治权力的核心并居于统领位置。[1]这种理论将"朝贡体系"视为19世纪之前中国文明的主要外交逻辑。然而，根据不同朝代的具体特征，皇帝们对于"朝贡体系"的实际行使方式多具灵活性。受费正清影响，何伟亚用"多主制"（interdomainal relations）来描述清政府与外国的关系，但实际上这种关系往往更适用于清政府与东亚及内亚国家。

乾隆在为绘制《皇清职贡图》而颁降的谕旨中说："我朝统一区宇，内外苗夷，输诚向化，其衣冠状貌，各有不同。着沿边各督抚于所属苗瑶黎獞，以及外夷番众，仿其服侍，绘图送军机处，汇齐呈览，以昭王会之盛。"[2]在清前期的满文档案中，"外"主要指边外的地域或外藩蒙古王公领下的扎萨克旗，而"夷"极少被用于形容被清直接或间接统治的"苗瑶黎獞"。乾隆的汉语谕旨中"外夷"一词主要是指清朝实际控

---

① 详见［美］费正清编，杜继东译：《中国的世界秩序：中国传统的对外关系》。亦见 John K. Fairbank，"Tributary Trade and China's Relations with the West"，*The Far Eastern Quarterly vol. 1, no. 2* (Feb. 1942), pp. 129–149。
② 见北京故宫博物院所藏《皇清职贡图》。

制版图以外的其他地区民族，如比邻的俄国和遥远的西洋诸国。^①这说明清政府对自己的实际势力范围是有足够清醒的意识的。何伟亚曾指出："清与西洋诸国的关系是模糊不清的。"^②虽然清政府将所有的国家都纳入其朝贡体系内，但在具体操作过程中又充满了务实和灵活性。例如，沙俄被作为一个朝贡国对待，但其实1689年两国签订的《尼布楚条约》早已体现出现代平等外交和近代国家主权思想的特征。^③美国历史学家卫思韩（John Wills）也注意到18世纪广东一带的欧洲商人和一些访华使团并不符合朝贡体系的种种设定。^④

在召见马戛尔尼使团之前，乾隆已经阅读过乔治三世的信件，他非常清楚使团到来的本意并非在于进入朝贡体系，而是在贸易和外交上有所诉求。清宫档案显示了清廷对此次接见持高度重视的态度。从1792年英国计划派使团赴京到1794年使团从澳门返程归国，乾隆始终亲自参与整个觐见安排。从英使在中国的行走路线、在各地逗留时间、沿途与中国居民的交往、各地官员的接待等等，乾隆几乎事无巨细地训示各级官员妥善办理迎接英"贡使"事宜。^⑤相较于后世对于清朝"天朝上国"的说法，乾隆的外交态度似乎在一个巨大的朝贡体系框架内体现出更多的务实性。在阅览了乔治三世的信件后，乾隆非常清楚这次英使来访并非真正朝贡体系下的万国来朝，这或许可以解释为什么清廷没有留下关于此次重要历史会晤的图像资料。

---

① 齐光：《解析〈皇清职贡图〉绘卷及其满汉文图说》，《清史研究》2014年第4期。
② ［美］何伟亚著，邓常春译：《怀柔远人：马嘎尔尼使华的中英礼仪冲突》，第54页。
③ 刘德喜：《论尼布楚条约的历史意义》，《新远见》2008年第9期。
④ 详见 Wills John, *China and Maritime Europe, 1500–1800: Trade, Settlement, Diplomacy, and Missions*, Cambridge: Cambridge University Press, 2011, pp.183–254。
⑤ 详见中国第一历史档案馆编：《英使马戛尔尼访华档案史料汇编》，国际文化出版公司，1996年。

二、监视与隔离政策

在18世纪的域外绘画作品中，为了显示印度及太平洋国家的殖民地氛围以及当地民众对于英国统治的接纳，英国画家往往将英国人与当地土著安排在同一画面中，表现出双方和谐的相处氛围。相反，虽然马戛尔尼使团的绘画作品中有大量对中国人形象的描绘，也有一些使团成员自身的肖像，但在笔者所见过的一千多幅作品中，中国人和英国人从未出现在同一幅完整构图中。

究其原因，是清廷对使团实行了严密的监视政策，有时甚至是禁闭。使团的这种窘境也被成员们以文字和图像的形式记录下来。亚历山大在他的日记中写道："每艘船的甲板上都驻守着一个士兵，说是协助我们上岸。这一安排看似为了照顾我们的方便，防止我们被底层百姓骚扰，但我们怀疑这是出于清政府的不信任和监视。"[1] 在9月13日的日记中，亚历山大再次写道："英使所居住的府邸在一个花园中。在房屋前面，精美的假山被搭成楼梯状倚在墙边，我和斯科特博士（Dr. William Scott）会因好奇而爬上假山，试试在这块高地上能看到什么园外风光。这可恶的围墙被一些卫兵监视着，他们就在墙外站岗。接下来的几天，诺维神父（译注：应为André Rodrigues神父）试图告诉我们使团成员的行为已经引起了清官员的强烈不满。"[2]

而这一不愉快的记忆同样也被亚历山大用图像记录了下来。他的一幅手稿（WD 959 f.66 189）揭示了自己时刻处于清廷监视之下的日常生活（图三）。在画面中，一个戴着高礼帽的英国人正趴在墙上往外

---

[1] William Alexander, *Diary*, The British Library, Add MS 35174 f.27.

[2] 同上书，Add MS 35174 f.25。

图三　威廉·亚历山大《写生草稿》(炭笔)，大英图书馆藏 WD 959 f.66 189

眺望。与之相对，左下角有一个正使用望远镜凝视前方的中国人。这两个人物形象与亚历山大的日记记载是吻合的。显然，使团的成员们十分清楚自己时刻处于清廷的监视之下，而这种监禁也造成了使团观察中国时的视野受阻。使团成员安纽斯·安德逊（Aeneas Anderson）曾这样总结清廷这种高度戒备和不信任的态度："我们像乞丐一样进入北京，像犯人一样住在那里，又像流浪汉一样离开。"①

在17世纪晚期和18世纪早期，清廷为了逼迫据守台湾的郑成功就范，又为办铜需要，曾断断续续禁海又开放海禁。清朝收复台湾后，康熙在1685年曾一度开放海禁，并设立江、浙、闽、粤四处海关，作为对外贸易的窗口，这就增加了外国商人与沿海百姓接触的机会。但是各种摩擦和冲突事件不断被报到朝廷，于是在1757年乾隆断然发布圣旨，规定只能由"广州十三行"办理一切有关外商的交涉事宜，1759年又颁布了五条《防范外夷规条》，以限制外商在广东的活动。

马戛尔尼使团在华期间，乾隆一直很忧虑使团成员的不良动机。他不断指示并督促各级尤其是南方省份官员警惕并限制使团与当地人民的接触。例如，1793年10月1日，军机处提醒要接待使团的沿途官员：

① Aeneas Anderson, *A Narrative of the British Embassy to China in the Years 1792, 1793, and 1794*, Burlington House, London, 1795, pp. 271–272.

"嘆咭唎贡使即由两江取道赴广，沿途毋任逗留，并于澳门留心勿使夷商勾串。"① 而另一条于10月5日给广东官员的圣旨很大程度上反映了乾隆的焦虑及其理由："前因嘆咭唎表文内恳求留人在京居住，未准所请。恐其有勾结煽惑之事。且虑及该使臣等回抵澳门捏辞煽惑别图，夷商垄断谋利。谕令粤省督抚等禁止勾串严密稽查……外夷贪诈好利，心性无常。嘆咭唎在西洋诸国中较为强悍。今既未遂所欲，或致稍滋事端……不可不留心筹计，豫为之防。因思各省海疆最关紧要。"② 但严密的监禁并没有减少使团观察中国的欲望，在上图中英国人企图越过高墙眺望外面世界的举动就已暗示了使团对于中国观察的浓厚兴趣。事实上通过使团绘画作品可知：亚历山大用数以千计的画稿描绘了中国各地的风土人情，英国人对于中国的观察从未停止。

使团在中国有各种外交和日常事宜需要处理，并没有充足的绘画创作时间，因此亚历山大的在华写生图稿中虽有不少肖像画，但多是图三那样的速写稿，缺乏对于人物脸部细节和神态的勾勒。一张肖像画的完成要耗费相当大的时间和精力，它不仅需要画家的精湛技艺，还需要模特的十足耐心，以及双方之间的信任感。"画家绘制肖像画的重要成功因素便是对友谊的培养。"③ 通常而言，如果亚历山大要完成一个中国人的肖像，那么这个中国模特会被要求以固定的姿势长时间站或坐在一个外国画家面前。限于清廷的监禁，亚历山大并没有足够的时间和自由去同一个普通的中国人建立起友谊和信任，因此其写生画稿中的中国人多

---

① 中国第一历史档案馆编：《军机处档案随手档》，《英使马戛尔尼访华档案史料汇编》，第263页。

② 中国第一历史档案馆编：《内阁档案实录》，《英使马戛尔尼访华档案史料汇编》，第62页。

③ Smith Bernard, *Imagining the pacific: In the Wake of the Cook Voyages*, Hong Kong: Melbourne University Press, 1992, p.83.

图四　威廉·亚历山大《王大人像》（铅笔水彩），大英图书馆藏 WD 959 f.19 96

是面目概括，缺乏个人面貌特征。

清廷对使团的监禁政策虽然限制了使团成员们与中国普通百姓的接触，却在另一方面加强了他们与陪行官员之间的友谊。亚历山大笔下的中国官员肖像呈现出精细的特征，绘者对于人物的神态和面部细节的掌控更加到位（图四）。图中亚历山大所描绘的官员是王文雄[①]，曾陪同使团从北京至热河觐见。现存亚历山大所绘的王文雄肖像不少于八幅。亚历山大很细致地刻画了他的脸部特征和表情，使得王大人在这些画面中显得和蔼而高贵。这说明亚历山大是有充分的时间去观察和刻画王文雄的。使团希望和陪同的清方官员保持良好的关系，而且从马戛尔尼的日记中可以看到他对于王文雄人品和才能的赞赏。1月8日，马戛尔尼邀请了清方官员、将领和一些英国大班共进早餐并道别。据他的日记记载，王文雄和乔人杰都频频拭泪，并显示出"只有真诚和未被污染的心才会产生的敏感和关心之情"。[②]这些清廷官员时常因接待任务而与使团成员往来，有时会因好奇而索要一些西式趣味的自身画像。由于这些作品是为自身服务的，他们往往愿意与画家积极合作，进行面对面的观察和记录。

---

① 王文雄（？—1800）字叔师，贵州玉屏人，清朝将领。由行伍从征缅甸、金川，擢至游击，洊升直隶通州协副将。

② Cranmer-Byng, *An Embassy to China*, p. 216.

三、对英使的军事威慑政策

事实上，清廷对使团野心的怀疑并非无中生有。马戛尔尼在出发前除了商业和外交目标之外，还曾接受了一项秘密情报任务："你在中国期间要以自然的姿态尽可能全面地观察周遭情况，例如现在的国力、政策，以及那个帝国的政府机构。同时也要小心避免对方的警惕怀疑。"[①]在使团的手稿和出版物中有许多可信度极高的对清军事设施的图像记载，其中包括军舰、武器、士兵制服和装备以及演习操练场景（图五）。

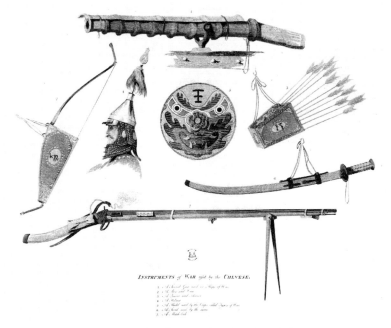

图五　威廉·亚历山大《中国武器》（铜版印刷），图版采自 *An Authentic Account of Embassy from the King of Great Britain to the Emperor of China*

---

① H. B. Morse, *Britain and the China Trade 1635–1842: The Chronicles of the East India Company Trading to China,* Vol. II, London: Routledge, 2000, p. 240.

一些武器和工事也都配有非常详细的细节刻画和文字解说，这说明清廷是持欢迎开放的态度允许使团成员近距离观察这些军事设施。

使团还成功地测绘了中国沿海以及城市防卫情况。无论是英国官方的游记还是成员们私自出版的个人游记，都包含很多中国的地图信息。1798年，亚历山大出版了纯粹由九幅地图组成的《1792至1793年中国东南海岸沿途海岬及岛屿景观》，其中就包括英国人一直垂涎的舟山（图六）和澳门（图七）的详细地形图。这本地图集由于观赏性不高，并没有在社会上引起热烈的反响，但从中可见英方对于中国地理情报的搜集工作是相当重视的。此外，在官方游记中，还附有由帕里希绘制的长城探勘图（图八）。马戛尔尼十分看重帕里希的军事背景，启程前就有意训练其勘探和绘图能力。因此帕里希并非只是一个简单的副官，他还背负着搜集军事情报的重任。使团前往长城时，马戛尔尼并没有带上官方的画师亚历山大，而是选择了有军事背景的帕里希。由此可见，长城在马戛尔尼心中是作为一座军事防御工事存在的，而非单纯的景观建筑。而帕里希也没有辜负马戛尔尼的期望，他在长城工事图中详细绘制了烽燧的横侧切面并附以细致的文字说明。他的画并非亚历山大那样充满学院派艺术家的审美训练痕迹，而是以实地勘探为基础的更为清晰严谨的工程图稿。英国使团这种对于军事情报的搜集工作仿佛已经暗示了其军事野心，直指半个世纪之后的鸦片战争。然而这里似乎产生了一个悖论：一支被清廷重点怀疑的外国使团甚至没有机会接触中国百姓，却被允许搜集这些机密的军事情报。

英国对于中国西南领土的野心一直都是清廷的心头之患。使团访华期间恰逢清反击廓尔喀之战，清军在敌营中发现了不少英式武器，更佐证了英国暗中支持廓尔喀入侵西藏的用心。但在1793年12月马戛尔尼使团抵达广东之前，并没有任何与廓尔喀之战相关的消息传达到使团耳

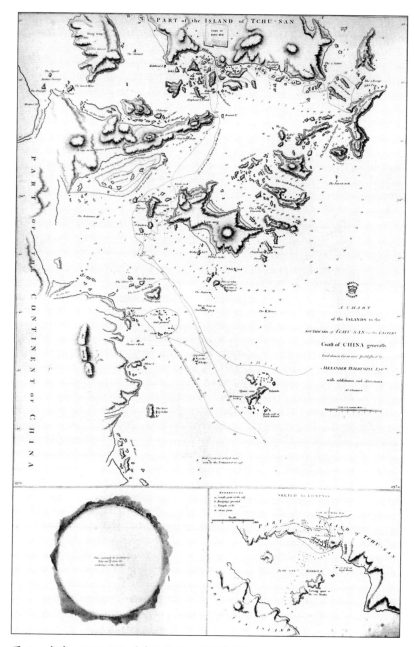

图六　威廉·亚历山大《舟山沿岸地形图》（铜版印刷），图版采自《1792至
　　　1793年中国东南海岸沿途海岬及岛屿景观》

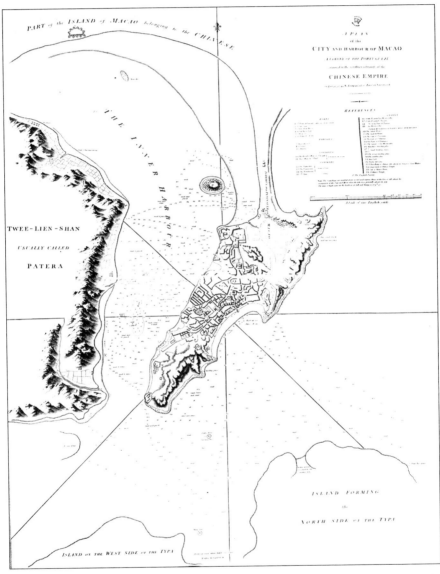

图七　威廉·亚历山大《澳门沿岸地形图》（铜版印刷），图版采自《1792 至 1793 年
中国东南海岸沿途海岬及岛屿景观》

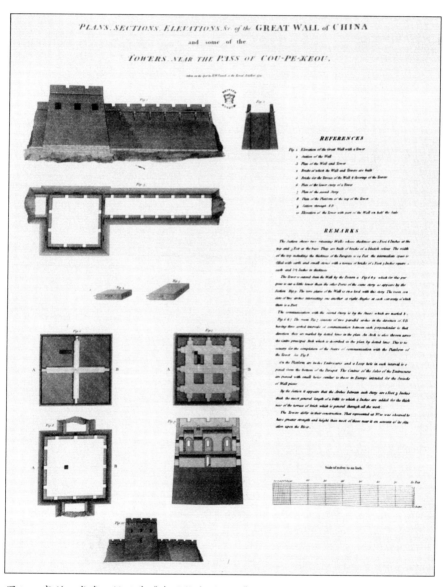

图八 亨利·威廉·帕里希《中国长城剖面图》(铜版印刷),图版采自 *An Authentic Account of Embassy from the King of Great Britain to the Emperor of China*

中。因此当清廷官员责问马戛尔尼有关英国的行径时，马戛尔尼"对这条情报非常震惊，并立即以最坚决的态度反驳，告诉他们这件事是不可能的"①，资助廓尔喀事件只是"一种错误信息，而非事实。由于内部分歧，在印度莫卧儿帝国分裂后，英国驻地附近的一些沿海省份由于内部的纠纷而要求英国的保护，但此外英国并未介入邻国之间的竞备"②。使团画作中的军事题材作品绝非清廷懒政的表现，而是英国政府对于搜集清方军事情报的需要和清廷军事威慑策略的体现。乾隆的这种策略很明显地体现在他给军机大臣和珅的指示中："前已屡次谕知该督抚等，督饬各营讯：于嗼咭唎使臣过境时，务宜铠仗鲜明，队伍整肃，使知有所畏忌……倘竟抗违不遵，不妨慑以兵威，使知畏惧。"③

为了警示英国，各级官员都按乾隆的指示在使团面前积极展示军事实力，"整肃营伍，以昭威重"④。联系1840年英国发动的鸦片战争，似乎不难看出乾隆的某种先见之明。西方的历史学者们对于清廷威慑策略的效果一直持负面评价，因为使团对于清廷军事实力的记载充满了不屑的态度："这些军队懒散而无军纪，他们的棉靴和长褂使他们看上去臃肿疲软，甚至有些女性化。"⑤"几艘英国护卫舰就可以与整个中华帝国的海军匹敌，可以在半个夏日里完全摧毁他们海岸的海防并让沿海省份那些以捕鱼维生的人口因缺乏生计而锐减。"⑥

---

① Helen Henrietta Macartney Robbins, *Our First Ambassador to China*, New York: E. P. Dutton and Company, 1908, p.268.

② George Staunton, *An Authentic Account of an Embassy From the King of Great Britain to the Emperor of China*, vol.3, London: G. Nicol, 1798, pp.25.

③ 中国第一历史档案馆编：《内阁档案实录》，《英使马戛尔尼访华档案史料汇编》，第63页。

④ 同上书，第73页。

⑤ Cranmer-Byng, *An Embassy to China*, p.174.

⑥ 同上书，p.170。

在使团归去之后，清廷又颁布了一些命令来加强东南沿海地区和港口的军事防守能力以防止英国的入侵。乾隆拒绝向英方提供舟山和广东的岛屿以供居住和存放货品，他提醒澳门和舟山的官员们一定要做好军事准备，防止英国的攻占企图："嘆咭唎在西洋诸国中较为强悍。今既未遂所欲，或致稍滋事端……但观该国如此非分干求，究恐其心怀叵测，不可不留心筹计，豫为之防。因思各省海疆最关紧要，近来巡哨疏疏懈，营伍废弛，必须振作改观，方可有备无患。"[1]使团的图像作品充盈着清廷的焦虑和英国的野心。作为第一支出使中国的英国使团，马戛尔尼使团使清廷感受到了潜在的军事压力，因此对英方展示军事实力以示震吓。在这场博弈中，乾隆并非盲目夜郎自大，相反，清廷在军事震慑中所表现出的对自身实力的盲目自信背后，实际上是深深的忧虑。

附记：本文在撰写过程中，承蒙大英图书馆和大英博物馆大力支持，提供珍贵图像资料，特致谢忱。

---

[1] 中国第一历史档案馆编：《军机处档案》，《英使马戛尔尼访华档案史料汇编》，第176页。

清水江文书所见"信票"性质考释

——兼论清代长官司的职权及其剥离*

吴才茂

（凯里学院人文学院）

摘要：清水江文书中遗存有种类不一的官文书，信票即是其中之一。土司衙门开具信票，史无明载，实物遗存亦极为罕见，颇具研究价值，借此不仅可以对明清时期的牌、票制度进行深入探讨，尚可为了解土司制度中长官司这一层级的职能提供细节。具体而论，明中期出现的信票，虽然是信牌的纸质化形式和补充内容，但从一开始，它就显示出与信牌分离的属性，并非仅限于因"催办公务"而存在，因其便捷之属性，遂成为不同类型的凭证在清代被广泛应用。而长官司开出的信票，体现了长官司的职权与州县相差无几，在其所辖村寨之内，可谓事无巨细，均由长官司衙门管理。当然，这件信票还显示，从康熙朝以降，黎平府属长官司的职权随着西南局势的稳定以及改土归流的推进，清王朝对其控制力度空前加强，即使没有被彻底改流的长官司，其职权也逐渐被层层剥离，最终消解于历史长河之中。

---

* ［基金项目］国家社会科学基金一般项目"明清清水江官文书整理与研究"
（19BZS010）。

关键词：清代　信票　土司制度　长官司　清水江文书

何谓"信票"？就是官员准状立案后，传集原告、被告及证人到堂接受审讯的文书，这种文书一般被称为"正堂票""正堂牌""信牌""信票"，亦即《大明律》和《大清律》中的"信牌"。①有关明清"信票"的专门研究，多系发现一些遗存实物而展开的分析，如陈学文就把它与信牌、路引放在一起加以考释，认为明代实施信牌（信票）和路引是很重要的行政和社会管理制度。②至于把它置于清代司法程序中的差票制度研究，则出现较早，如《清代文书纲要》就利用巴县档案对牌、票公文格式进行了研究。③又如日本学者滋贺秀三利用淡新档案对差票的运用程序及诉讼中差票类型等问题展开了研究。④新近对信牌（信票）、差票研究有重大推进者，是阿风和吴铮强两位学者，前者不仅考辨了牌的历史及其演变，而且对信牌的各类形态如木牌、白牌、纸牌等都进行了深入考察，指出"信票"是信牌的纸质化形式。⑤后者考察了信牌自宋代以来的演化过程，指出"差票"或"信票"是从信牌中分化出来的一种专门用于基层官府发签差役的下行公文，借此进一步指出差票制度是对元代信牌制度的一种背离，也是制度设计向实际运作机制的回归。⑥但"信票"与"信牌"的性质是否完全一致，信票是否就

① 阿风：《明清徽州诉讼文书研究》，上海古籍出版社，2016年，第70页。
② 陈学文：《明代信牌、信票和路引的考释》，《中国典籍与文化》2014年第2期。
③ 参见雷荣广、姚乐野：《清代文书纲要》，四川大学出版社，1990年，第33—39页。
④ 参见［日］滋贺秀三：《清代州县衙门诉讼的若干研究心得——以淡新档案为史料》，刘俊文主编，姚荣涛、徐世虹译：《日本学者研究中国史论著选译》第八卷，中华书局，1992年，第528—533页。
⑤ 参见阿风：《明清徽州诉讼文书研究》，第70—98页；《明代的"白牌"》，《安徽史学》2018年第4期。
⑥ 参见吴铮强：《信牌、差票制度研究》，《文史》2014年第2辑。

是信牌的纸质形式，是否就是从信牌分离出来的差票，其性质究竟如何，特别是在西南少数民族地区土司衙门里，信票又是作为什么样的行政工具在使用，这些问题，仍值得根据文献记载及遗存的信票实物进行深入剖析。本文首先以古文书学的方法对清水江文书中新发现的信票形制及其内容进行描绘，并指出其"无印"之因及形成过程。然后结合历史文献的记载对清代信票的性质进行再探讨，指出其在执行公务的功能上与信牌相同，但因其属性轻便而不断在其他领域也作为凭证的功能，应予以充分重视，这样才能理解明代中期以降牌、票并行的现象。最后借之论述黎平府属长官司在其辖区内的职权与州县一样，具备了所有的统辖权力，但自清康熙朝开始，其权力被黎平府层层剥离，最终消解于历史长河之中。

一、信票的形制、内容与"无印"之因

贵州省黎平县档案馆藏有清水江文书6万余件，笔者作为《贵州清水江文书·黎平文书》整理与出版团队中的一员，多次前往黎平县档案馆参与文书的编号与扫描工作。在此过程中，发现当中有坝寨乡高场村一组吴昌发家藏"信票"[①]一纸，颇为精致，在清水江文书中尚属首次发现，值得仔细研读。这件信票外观为状式[②]，票内框高49.5厘米，宽27厘米，单幅丝绵纸印制，四框双边版刻火焰花纹，上框作梯形，

---

① 康熙二十八年信票，黎平县档案馆藏，档案编号：qsjws-LP-683-125。
② 有清一代，各级官署制发公文所用纸张，就其外观形式而言，无非状式与折式两种。状式即单张，纸幅多呈长方形，如牌、票、诏书、敕书，清初的一些咨文及"示"一类公布性文种。除状式外，清代文种多数为折式。所谓折式，就是用横幅形纸张折叠而成的折子。参见雷荣广、姚乐野：《清代文书纲要》，第21—22页。

框内横栏刻印"信票"两个大字，极为醒目，件内"黎平府八舟长官司
正堂吴 为""司""定限本月 日缴"等字为蓝色版刻印刷，其余为墨迹
手写与朱笔批"行"，字迹清楚。正文包括前衔，共8行，足行15—26
字不等。另有醒目的标朱（如圈、点、勾、线等），这是八舟司长官用
朱笔在上面做的标记，其目的是使票文要点突出，引起受文者注意，同
时也是为了防止他人作弊，对文字内容有所添改。为方便说明，兹迻录
其全文与图版于下：

信　票

1 **黎平府八舟长官司正堂吴**　为招抚事。照得成仓、龙万父子，
在于本

2 家山内砍放堆柴，竟被上高场不法众苗，将柴尽行搬去，而
反矛众

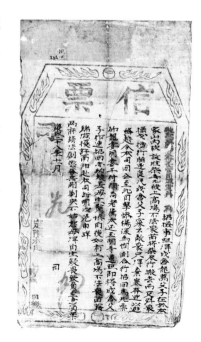

3 操戈，擅行驱逐良民，成仓父
子寡不敌众，只淂弃寨奔逃，
以避

4 蜂越。今本司因公至此，目
击惨伤，深为悯恻，合行招
回。为此，票

5 仰龙娄明、娄千、付补苟、
老属、太还、玉明等遵照，
即将成仓父

6 子作速招回，办纳粮差，毋
生惊惧。自后如有上高场不
法众苗，藉

7 端滋扰，许尔即赴本司诉明，以凭申详

8 两府，请法创惩，发兵剿剿，绝不姑恕，毋淂自生疑畏，致
　负至意，须票。

9 康熙二十八年十一月二十九日

10 **司**行

11 **定限本月**初一**日缴**

综合而言，这件"信票"的内容分为三部分：首先描述了事件的起因。八舟司下辖下高场民众成仓、龙万父子在自家柴山砍伐的柴火被上高场的苗民搬去，并且还纠众来驱赶其父子，由于寡不敌众，只能弃寨奔逃。其次讲述了八舟司长官因公至下高场寨，知晓此事之后，令龙娄明、娄千、付补苟、老属、太还、玉明等人迅速召回成仓、龙万父子，还特别强调"纳粮当差"一事。最后警告上高场的"众苗"，若再行不法，则允许成仓、龙万父子到土司衙门诉明，并上报官府，"请法创惩"或"发兵剿剿"，绝不姑恕。

值得一提的是，有关成仓此人的信息，尚出现在一份永历九年（1655年）签署的合同之中，迻文如下：

1 立合同民人成仓、石希还，今〔因〕

2 在路口头言语冲状，希〔还〕□

3 上、下二寨中人处明，笑□□

4 日后相遇，仍旧相□□□

5 计让，自处明之后，不□□□

6 言忘，如有不□之事，语中人告官究〔罚〕，〔恐〕

7 后无凭，立此为照。

8　永历九年七月初七日立

9　　　　　　　　　□合明

10　　　　凭中人　张纯修

11　　　　　　　　刘美所

12　　　　　　　　答　才

13　　　　　　　　三　胜

14　　　　　　　合　海①

　　从这件残缺的合同中可知成仓在该地的身份系"民人",与所谓"苗众"有别,亦可知他曾与一个叫石希还的民人发生过口角,经上高场寨和下高场寨的中人调和,化解了这场纠纷,并书立有一份合同。而合同中,尚有日后若再出现类似事件,有"告官"之类的警告,说明官方的影子一直存在于民众的日常生活中。

　　回到这件信票,因其涉及清代信票制度、长官司制度及其职权等问题,具有较高的史料价值。从形制上看,这件文书有一个很大的问题,就是无印。一般而言,信票应有官印钤盖其上,这件信票由黎平府八舟长官司签发,按制应有八舟长官司之官印,但是,票面并无官钤,仅有朱笔司行,何以如此? 此与元明清时期的土司制度有关。元朝设置土司,朝廷一般会"降金符、铜印"②。明初这些土官归附之时,也会"纳元所授金牌、银印、铜章"③,若无特殊处置,则"仍用故元印章"④。至清代,《大清会典》则规定:"凡土官之职,皆给以号纸;土府、

---

① 永历九年成仓、石希还合同,黎平县档案馆藏,档案编号:qsjws-LP-683-151。

② 宋濂等:《元史》卷三十《泰定帝二》,中华书局,1976年,第673页。

③ 张廷玉等:《明史》卷三百十二《四川土司二》,中华书局,1974年,第8039页。

④ 张廷玉等:《明史》卷三百十八《广西土司二》,第8239页。

厅、州、县，则加以印。"①也就是说，所有土司都要颁发号纸（任命文书），分管地方者则发给官印，官印中的长官司印信，是用"清、汉文悬针篆，并方二寸二分，厚四分五厘⋯⋯铜质直钮"②。当然，这只是一般性的规定，具体到地方则要复杂许多，并非所有的土司均颁发印信、号纸，有的只有号纸而无印信，有的只授印信而无号纸③，还有的号纸、印信皆无，仅颁给"委牌"④。黎平府属八舟长官司就是属于无印信者⑤。因此，这件由八舟长官司发出的信票，自然无印可钤。

虽然印信是土司的权威象征，借此以号令其民⑥，但无印长官司开出的信票，并不影响其使用效果，因为一件信票之形成，有一套严密的步骤。作为在黎平府隶属的土司辖区内通行的格式化下行公文，其形成至少有以下几个环节：

首先，信票刷印（蓝色）。信票作为格式文本与手写文本的结合体，首先是对格式化的内容进行制度性规范，举凡刻板、用纸、印刷（包括边栏花纹和刻印文字）、墨色、标识（票头刻印"信票"）以及票面结构，均有统一的标准和规定。譬如蓝色字体刷印在框头的"信票"、开头首行的"黎平府八舟蛮夷长官司正堂吴为"以及结尾的"司 定限本月日缴"等字样，均为信票制式，无可变更。

其次，事由填写（黑色）。印制好的信票，在遇到公务发生之时，

① 《钦定大清会典》（嘉庆朝）卷九《吏部》，《近代中国史料丛刊三编》第64辑，文海出版社，1997年，第404页。
② 赵尔巽等：《清史稿》卷一百十四《职官一》，中华书局，1977年，第3281—3282页。
③ 雍正《四川通志》卷十九《土司》，《钦定四库全书》第560册，台湾商务印书馆，1986年，第90页。
④ 李世愉：《清代土司制度论考》，中国社会科学出版社，1998年，第119页。
⑤ 乾隆《贵州通志》卷二十一《土司》，《中国地方志集成·贵州府县志辑》第4册，巴蜀书社，2006年，第408页上栏。
⑥ 龚荫：《中国土司制度史》，四川人民出版社，2012年，第117页。

土司衙门则根据事由，进行墨书文字的填写。其内容结构包括：为何事签发公文（如招抚事），接着详述事由经过及所办理之公务，再"票仰"给执行对象，须票候用，最后以具体的年月结尾。事由的执笔者，应系八舟长官司掌文书的吏目。①

再次，长官批行（红色）。八舟长官司长官的朱书文字和朱点、红圈的标画。朱点标红圈的标画位置初看起来颇为随意，但仔细辨看，朱点主要在为何事旁、叙述完事由旁、执行者旁及人名或人群旁标加；而红圈则多画在执行、惩戒等方面的动词旁。朱书的填写有三个位置：一是具体日期（二十九），表示批准执行的日期；二是在蓝色的司的后面批一个大大的"行"字，表示执行生效；三是在最后一行"定限本月"与"日缴"之间的空格中写上具体的日期"初一"，表示在初一日应该完成公务，并回缴信票。

最后，上述"三色"信票的完成，标志着一件完整的信票形成。至此，信票完成了自发出方到接收方的运作环节，信票指令内容开始进入具体的实施阶段。

因此，这件文书即便无印，因有了这些较为严密的步骤，其效用无须质疑。

二、信票性质之考辨

那么，这件由土司衙门发出的信票，究竟属于什么性质的公文呢？

---

① 八舟长官司吏目，永乐七年置，雍正十二年撤。参见《明太宗实录》卷九十六，永乐七年九月己卯条，"中央研究院"历史语言研究所校印本，1966年，第1272页；《清世宗实录》卷一百四十，雍正十二年二月乙丑条，中华书局，2008年，第6787页上栏。

这还需从明清时代的信牌、信票制度说起。

信牌比信票出现得早，那何谓信牌？明人王肯堂说得很清楚："以牌为信，故曰信牌。"①信牌至迟在宋、金时代已出现，但彼时是作为中央政府传递公文的凭证。②元代开始，"诸管民官以公事摄所部，并用信牌"③。明朝继承了元代"管民官"公事须用"信牌"的传统，并正式载入大明律法之中，《大明律》中专辟"信牌"条："凡府州县置立信牌，量地远近，定立程限，随事销缴。"④信牌成为地方行政公务活动中的重要凭证，并有"随事销缴"的特点。不过，明代信牌还有一个特点，即理想中是以信牌取代差人，而实际运作中常常是以信牌差役，这种落差体现了信牌的制度性规定对于实际催勾事务运作的不适应，以及朝廷对基层官府信牌运用管理的弛懈。⑤因此，起辅助性质的信票应运而生。

那么，信票又是什么时候出现的呢？据阿风的研究，明代中后期开始出现被称为"票"的纸质信牌，至万历年间，徽州文书中出现了直接称为"信票"的纸质"信牌"，并从内容与形式上得出结论，《万历十九年休宁县朱进禄为立户事信票》是一件典型的"催办公务"的纸质"信牌"。⑥换言之，信票和信牌并无区别，信票只是信牌的纸质表现形式。因此，已有关于信票的研究，也都是把信牌和信票合在一起，认为它们就是政府发给隶属人员去执行公务的证明文书。⑦然而值得注意的

---

① 王肯堂原释、顾鼎重辑：《王仪部先生笺释》卷二《吏律·制职·信牌》，《四库未收书辑刊》第1辑第25册，北京出版社，2000年，第336页下栏。
② 阿风：《明清徽州诉讼文书研究》，第75页。
③ 宋濂等：《元史》卷一百二《刑法一·职制上》，第2620页。
④ 怀效锋点校：《大明律》卷三《吏律二·公式·信牌》，法律出版社，1998年，第44页。
⑤ 吴铮强：《信牌、差票制度研究》，第208页。
⑥ 阿风：《明清徽州诉讼文书研究》，第86页。
⑦ 陈学文：《明代信牌、信票和路引的考释》。

是，纸质的信牌，同时代的徽州文书中也有遗存，例如《天启二年十一月休宁县正堂信牌》《顺治二年十一月休宁县正堂信牌》即是。[①]从这些遗存的实物来看，纸质信牌和纸质信票，是同时存在于明末清初的，如果性质完全一样，甚至信票就是信牌的纸质形式的话，那为何在具体使用过程中会出现这种牌、票并行的情况？

这个问题的解决，还需重新检讨信票究竟是什么时候开始出现的？其出现可能与"印信票帖"的使用有关，这种作为凭证的"印信票帖"，弘治年间已见使用。[②]但真正的信票，管见所及，至迟嘉靖年间也已出现。据嘉靖《贵州通志》载，嘉靖三十年（1551）十月十六日：

> 予（赵之屏）复入铜仁，会一崖、南溪计议：铜仁司以指挥王世臣、土舍李承祖，平头司以指挥奚都、土舍田兴文，各将牛酒，深入苗寨招谕，旬日内潜苗出投者近百余，独唐寨惊疑。予会一崖、南溪计谓：唐寨与川苗相近，今不宜以铜、平招，即以乌罗、朗溪相近土司招。计行，果唐寨以龙得恰投朗溪，土舍杨胜源赴招，有密恳谓：唐寨自惧不宥，愿赚吴黑苗献功，人疑其诈。予决计付胜源刻木，**仍以信票手书悬赏**，用兵巡印钤，密托胜源往唐寨招黑苗，随准抚苗委官。册开：贵州原苗三十寨，贵剿十五，

---

① 阿风：《明清徽州诉讼文书研究》，第87—88、90—91页。
② 据载："今后光禄寺买办，各照时估，本寺差官领之，给与印信票帖，同该县委官率行头到市，平买随即给价，毋付行头，及通城减价收买不堪之物。"《明孝宗实录》卷五十七，弘治四年十一月庚寅条，第1103页。这种"印信票帖"，正德年间亦见使用，《明武宗实录》卷六十二，正德五年四月辛亥，第1371页。至清代，演变成"印信票纸"，一般由州县钤用，《清仁宗实录》卷一百三十五，嘉庆九年十月辛巳条，第31000页上栏。但票由牌演变而来的证据似更充分一些，如《大明会典》卷一百四十九就有这样的记载："凡火票，旧例用牌。万历三年议准，兵部照依牌式刊票。"

> 川、湖代剿十五寨，今铜仁原十四寨，叛苗七百九十八名，剿残，止存九寨二百一十四名听抚，平头原十六寨，叛苗九百八十五名，剿残，止存十一寨二百八十二名听抚，查核相同，转报剀谕，各苗始得安插。①

从前后文的意思来看，这里的信票应作凭证解，是用来取信于"唐寨黑苗"的凭证。而文中"信票手书"，则是赵之屏将事由、职掌手写填入格式化的信票之中，而文中"仍"字，似说明以前抚苗时，亦用过这样的方式。赵之屏作为嘉靖十七年（1538）进士，历任大理寺评事、岳州知府、贵州按察司副使、湖广参政等职②，特别是和石邦宪一起，处理贵州铜仁苗变事宜，用力甚勤。因此，他对地方行政事务的运行方式，应该是很熟悉的。另外，嘉靖年间参加过平倭的兵部郎中郭仁，撰有《南征实略》，徐显卿为该书写序之时，说其"功尤在出信票，以禁劫掠"③，也说明郭仁使用了信票。而嘉靖年间做过县丞的吴承恩著《西游记》时，也有"催命的判官，急急忙忙传信票，迫魂的太尉，吆吆喝喝趱公文"④之句，说明信票在当时已是较为常见之物，才反映到小说中来。最为确切的说法，是何奎在《上五事疏》中所言，从嘉靖四十二年开始，将民间额派钱粮银数，"每家给一信票，令官民各如票奉行"⑤。

---

① 嘉靖《贵州通志》卷十《经略志·副使赵之屏征苗纪略》，《中国地方志集成·贵州府县志辑》第1册，巴蜀书社，2006年，第451页上栏。
② 康熙《顺庆府志》不分卷《人物》，《中国地方志集成·四川府县志辑》第54册，巴蜀书社，1992年，第527页上栏。
③ 陈子龙：《明经世文编》卷三百九十六《天远楼集》，中华书局，1962年，第4286页下栏。
④ 吴承恩：《西游记》，人民文学出版社，1980年，第125页。
⑤ 嘉庆《南陵县志》卷十一《艺文志》，《故宫珍本丛刊》第105册，海南出版社，2001年，第80页下栏。

这些事例说明，嘉靖年间已有信票在使用。但信票何以突然在嘉靖年间出现？最重要的原因，是嘉靖年间随着地方事务愈趋繁杂，一些地方开始对信牌进行改革，这可能是信牌从原来金、木质地的牌符演变为纸牌的内在动力，最直接的例子来自嘉靖年间嘉定县都图里甲中的信牌改革之中。[①]据吴铮强的研究，在当时嘉定县《知县李资坤申议六事》之中，有关牌、票制度中的公文内容，大信牌上有两个指令：一是指令皂隶传递信票等，一是指令里长执行催勾事务，信票才是发给里长的催勾事务的直接指令。换言之，李资坤新设计的信牌制度，设计了大信牌、小信牌两个层级的信牌，以及与信牌配套使用的信票。在这种制度下，官府遇到有催勾事务，将若干事务打包成为一个大信牌交给一位皂隶，每件事务都附有一张信票说明任务，这位接受大信牌的皂隶再将各件事务分给接受小信牌的皂隶。[②]这样一来，牌和票就逐渐相互配合起来，牌、票开始并称，如在萧彦的奏疏中，就有"一牌一票之施行"[③]之说，又如唐顺之所著《荆川集》中，也有"一牌一票悉是自行起稿，吏书人等止是誊写抄录"[④]之句。万历以后，随着地方事务更加繁杂多变，作为催办公务的信票大量出现，已可见到遗存至今的实物，如徽州地区发现的《万历十九年十一月休宁县朱进禄为立户事信票》，就是一件典型的"催办公务"信票。[⑤]并且在地方行政事务中，出现了"小民

---

① 万历《嘉定县志》卷七《田赋考下》，《中国方志丛书》华中地方第421号，成文出版社有限公司，1983年，第555—556页。

② 吴铮强：《信牌、差票制度研究》，第212页。

③ 陈子龙：《明经世文编》卷四百七《萧司农奏疏》，第4420页下栏。

④ 唐顺之：《唐荆川先生文集》外集卷三《公移》，《四部丛刊初编》第1592册，商务印书馆据上海涵芬楼藏明万历刊本影印，第39a页。

⑤ 王钰欣、周绍泉主编：《徽州千年契约文书·宋元明编》，花山文艺出版社，1993年，第251页，该票栾成显、阿风等先生均有深入分析和论证。参见栾成显：《明代黄册研究》，中国社会科学出版社，1998年，第86—88页；阿风：《明清徽州诉讼文书研究》，第84—86页。

畏信票，不畏人多"①的现象，说明信票在拘拿人犯、催办公事方面的
威慑力相当大。

清承明制，顺治三年（1646）清王朝颁行《大清律》，"即《大明
律》改名……实出胥吏手"②。因此，对"信牌"之规定与《大明律》大
致相同。③但阿风已注意到其中的变化：一是把"信牌"条从《公式
门》移入《职制门》，并修改了小注的规定，明确了"信牌"的功能就
是"拘提犯人，催督公事"；二是取消了明律中"谓如官府不许入州
衙，州官不许入县衙，县官不许下乡村之类"的内容。到了康熙，又
有变化，要求道府以上的官员，除重大事情外，一般细事只使用"信
牌"。④这些制度上的规定，不仅明确了信牌的功能，而且也限制了其
使用范围。

信票则不一样，虽然要到乾隆二十八年（1763）才明确州县官可以
使用"差票"，也就是"信票"。⑤但信票可以照格式印制，空其事由、
职权，临差役时，官员手书填写，颇为方便，不少官员时常使用票代替
牌向下行文。⑥所以，早在清朝初年就已非常流行，衙门拘提人犯，基

---

① 崇祯《兴宁县志》卷二《政纪》，《广东历代方志集成·潮州府部》第37册，岭南美
术出版社，2009年，第245页上栏。
② 谈迁：《北游录·纪闻下》，中华书局，1960年，第378页。
③ 田涛、郑秦点校：《大清律例》卷六《吏律·职制·信牌》，法律出版社，1999年，
第145页。
④ 阿风：《明清徽州诉讼文书研究》，第91页。另，吴铮强也进一步解释了元明清三代
信牌制度中的细微差别，认为这是清人对《大明律》有关"信牌"含糊规定的纠正，
并根据实际的运作状态对该条内容进行了新解释。参见吴铮强：《信牌、差票制度研
究》，第206页。
⑤ 阿风：《明清徽州诉讼文书研究》，第91页。之前差人"拘提犯人"的票，也有称
"朱票"者。如雍正十三年平定苗疆变乱的李椅就"发朱票差杨老九、杨进忠，连
夜往乌包擒拿我娃"。李椅：《南征日记》，《续黔南丛书》第7辑，贵州人民出版社，
2014年，第130页。
⑥ 中国人民大学档案系文书学教研室：《清代文书》第1分册，1983年内部手刻本，第
40页。

本都是用差票了。① 也就是说，入清以后，虽然牌、票依然并称，但明显"票"的使用更加便捷和广泛。清中叶以后，随着更简便的札文流行，票行文也逐渐少了。② 不过，信票并未因此而退出历史舞台，而是在其他领域应用越来越多。

在商业领域，清代理藩院签发了一种信票，专门用来进行边地贸易，其正式确立于嘉庆四年（1799）③，这种信票也称为部票：

> 理藩院为发给信票事，查定例内，载：商人等出外贸易，由察哈尔都统、绥远城将军、多伦诺尔同知衙门领取部票。该衙门给发部票时，将该商姓名及货物数目、所往地方、起程日期，另缮清单沾贴票尾，钤印发给一面知照。④

这里的信票（部票），其实就是清王朝颁发的允许内地商人到今内蒙古等地区经商的执照。里面最为重要的内容，就是注明执信票经商者的姓名、经商地点、货物数量、来回期限等。

而作为各种凭证功能的信票则更多，从清初持续至晚清。如顺治十年（1653）在安插流民时，"愿赴河南、山东兴屯道垦田者，即给以信票、路费"⑤。康熙年间的事例更多，如赴东北采参官兵，必须持有信票：

---

① 黄六鸿：《福惠全书》卷十一《刑名部》，广陵书社，2018年，第195页。
② 中国人民大学档案系文书学教研室：《清代文书》第1分册，第40页。
③ 何秋涛：《朔方备乘》卷三十七《俄罗斯互市始末》，老古文化事业公司，1981年，第790页。
④ 佟靖仁校注：《绥远志书》，内蒙古大学出版社，1991年，第85页。
⑤ 魏裔介：《兼济堂文集》卷一《奏疏》，中华书局，2007年，第20页。

……其打蜂蜜水獭人等，执信票在分内地界行走。……或无信票，或有信票而不在分内地界行走，往别地界行走，或于信票内人数之外，多带偷刨人参等行走者，仍照常缉拿。①

又如，康熙四十四年（1705），覆准张家口外牛羊群解送乳酥等物来京，前来和回程的路费，"均由户部给发信票，按站支取"②。除此之外，信票还可作为国与国之间民人往来的凭证，如康熙六十一年，山东采渔人杨三等十四人被风飘至朝鲜，因"审无信票"，被遣送回国。③

晚清以后，作为凭证的信票在东北地区的开发中也大量使用。如《东北农业史料蒙荒案卷办理札萨克图蒙荒案卷》收入光绪二十八年（1902）至三十年的档案，当中有一则最能反映：

为札发信票盖印执照八百八十张由

军督部堂增　为札发事　照得前据该局呈拟报领生、熟荒地以及街基各信票样式，等情前来。当经批示，信票由省刊刻填写字号，盖用将军印信，以昭慎重在案。兹刊刷头等生荒信票一百张，二、三等生荒信票各二百张，头、二、三等熟荒信票各一百张。又街基信票二百张，分别编号钤印。除将头等生荒信票存留二十张，二、三等生荒信票存留各五十张，发交驻省总局备用外，合行粘单，并将信票札发该局，遵即查收备用，报查。特札。

计　粘单一件、发信票一包。

---

① 《清圣祖实录》卷一百二，康熙二十一年四月二日己卯条，第3887页上栏。
② 《大清会典则例》卷一百六十五《内务府营造司》，《钦定四库全书》第625册，台湾商务印书馆，1986年，第340页下栏。
③ 《清世宗实录》卷二，康熙六十一年十二月辛西条，第5907页上栏。

计开：生荒乐字头等信票一百张内留省局二十张，御字二等信票二百张，内留省局五十张，数字三等信票二百张，内留省局五十张。熟荒礼字头等信票一百张，射字二等信票一百张，书字三等信票一百张，兴字街基信票二百张。①

一般而言，在清代的牌、票制度中，信票作为州县的下行文书，不似信牌那样有编号之规定，但到了晚清，特别是在特定的领域，也出现如上的编号使用了。

另值一提者，由于信票系单幅纸张所印，便于携带，又作为拘拿人犯、沟通往来的重要凭证，在日常生活中显得极为重要，因此，民间社会里也多有伪造信票的事例出现，如乾隆六十年（1795），冯廷召因"家计消落，无聊失志"，遂"捏造委缉邪教信票"，冒充兵部差官钱治平，并于文书内填写与他有仇的高天寿等人，希图借端拖累。②又如大宁县有巨猾杜文秀，从来镂刻印篆、信票，诈害多人③，等等，针对信票功能所带来的社会危害，其实明清两代都有防范对策，最主要的就是在"拘提人犯，催督公事"领域，制定了"量地远近，定立程限，随事销缴"④的制度，在地方社会的具体实践中，虽然也偶有"信票姑存"⑤的情况，但并不符合制度，因此遗存至今的信票极少。至于其他领域特别是作为凭证的信票，则可存留，遗存至今者并不少见。

综上可知，信票与信牌，既有相同的一面，也有不同的一面。信票

① 李澍田主编、张文喜等整理：《东北农业史料·蒙荒案卷·办理札萨克图蒙荒案卷》，吉林文史出版社，第100—101页。
② 《清高宗实录》卷一千四百九十二，乾隆六十年十二月乙卯条，第28982页上栏。
③ 光绪《大宁县志》卷八《告文类》，光绪九年刻本，第13b页。
④ 田涛、郑秦点校：《大清律例》卷六《吏律·职制·信牌》，第145页。
⑤ 刘汝骥：《陶甓公牍》卷七《批判刑科》，《官箴书集成》第10册，黄山书社，1997年，第528页上栏。

的出现，似与弘治以降的"印信票贴"中的"票"有关，至嘉靖年间始称信票，随着地方行政事务逐渐繁芜，信牌差役的方式，已难适应地方实际公务的执行，于是一些地方开始对信牌进行改革，使信票成为与信牌配套使用的重要工具，又因信票系单幅纸质刊刷，不仅有复刷、填写等方面的便捷，而且轻巧便于携带，特别适合执行公务。于是，在地方行政事务中，逐渐出现了牌、票并行的现象。由此可知，信票并非信牌的简单纸质化形式，而是随着地方行政事务繁杂而出现的一种新的执行公务凭证。另外，因其便捷之属性，在清代成为不同类型的凭证被广泛应用。

三、清代长官司的职权及其剥离

土司开具信票，史无明载，但亦有例证，如万历三十年（1602），播州土司杨应龙变乱被平定后，有吴洪者，扶持杨应龙之弟杨从龙子嗣杨三老为宣慰，"遍书伪书""又刻信票，上写宣慰司骠骑将军杨署司总理吴卢，分发各处招兵……"。[1]这或是受播州土司之影响，方知有信票，便照样画葫芦而行之。又如湖北利川县"龙孔夷姓藏有雍正六年七月二十六日施南宣抚司覃信票，票尾满汉印文日，施南宣抚司之印"[2]。再如嘉庆十八年（1813）勒石的《烂土司信照条约碑》，也有"出票提人，只烦一目一差，坐守寨头家传唤。如有抗唤不前，寨头禀到后，加差拿究"[3]

---

① 道光《遵义府志》卷三十一《土官》，《中国地方志集成·贵州府县志辑》第33册，巴蜀书社，2006年，第81页上栏。
② 光绪《利川县志》卷十四《列传三》，《中国方志丛书》华中地方第327号，成文出版社有限公司，1976年，第475页。
③ 陈贤波：《土司政治与族群历史：明代以后贵州都柳江上游地区研究》，生活·读书·新知三联书店，2011年，第126页。

的说法。这些事例表明，土司与州县一样，具有开出信票的权力。而本文所论黎平府八舟长官司开出的这件信票，通过前文对明清信票性质的辨析，可知其为典型的"催办公务"信票，文中"票仰龙娄明、娄千、付补苟、老属、太还、玉明等遵照，即将成仓父子作速招回，办纳粮差"一句即是体现。但又兼有给予成仓、龙万父子为凭证的性质，文中"许尔即赴本司诉明，以凭申详两府"字样可证。换言之，这件信票说清楚了成仓、龙万父子被苗人赶走的事实，若日后再有类似事情发生，则可至"本司诉明"。

而票中"自后如有上高场不法众苗，藉端滋扰，许尔即赴本司诉明，以凭申详两府，请法创惩，发兵剿剿，绝不姑恕"等句，则是在说明土司管理地方的职权范围，这里面牵涉到长官司究竟在地方管理事务中有多少权力的问题。

于此，学界直接性研究成果尚属少见。①而明清规章制度中，亦未有专条对长官司的职能进行规定，遗存下来的史料，因要为改土归流做舆论准备，多系揭发其贪赃枉法的事迹，如土司的割据性、残酷压迫百姓、野蛮掠夺土民、荒淫腐化等方面的形象被塑造得比较全面。②其

---

① 有关清代地方政府及其职能，特别是州县，已有精深的研究成果，但均未涉及长官司，参见瞿同祖著，范忠信等译：《清代地方政府》（修订译本），法律出版社，2011年；魏光奇：《有法与无法：清代的州县制度及其运作》，商务印书馆，2010年。而关于土司制度的研究，亦未有专章深论，参见李世愉：《清代土司制度论考》。最近，徐晓光从行政与司法两方面对清水江林区土司的职能进行了较为全面的研究，参见徐晓光：《明清时期清水江林区土司职能及变化研究》，《贵州民族研究》2019年第2期。
② 龚荫：《中国土司制度史》，第210—212页。按，即便在清代，亦有官员认为描述土司的种种不法行为如苛派，其实多数是地方官府贪婪"需索"而导致的。如"雍正二年十一月二十六日李绂奏"称："臣到任后，访闻土司暴敛，心窃恨之。然细求其端，半出于不得已，亦由于有所恃，非尽土司之过也。土司所亲切而敬畏者惟知府，知府廉能即土司不敢为暴。而从前调补南、太、庆、思四府者，辄费数千金，既悖而出，必悖而入。而南、太、庆、思流官州县贫苦者多，所取偿者惟在土司。知府既有需索，土司因而科敛，用一派十，土民不支，因而为盗。况自府以上犹不能无需索也，其可独罪土司乎？数十年来，土司足迹不敢至府，畏拘留而需索。"张书才主编：《雍正朝汉文大兵硃批奏折汇编》第4册，江苏古籍出版社，1989年，第97页。

实，这些形象的塑造，若要倾向性地稽考资料，放在明清王朝的一些帝王与官员身上，亦并无不可。因此，对于长官司的具体职能，尚需开掘资料，作一较为全面的论述。实际上，举凡"准养弓马球，以资弹压，外攘寇盗，内兴农桑，履行司务，征粮征款，派夫派役"[①]等，均系长官司职能，然限于资料，其具体情形尚未能深论，至于其剥离过程，更少见专论[②]，兹仅就本文讨论的"信票"所及，略作申述。

这件黎平府八舟长官司开出的信票，反映了土司最重要的两项职能：一是"催征钱粮"与夫役承担；二是"擒剿盗贼"与纠纷处理。这两项职责也是清王朝对土司的基本要求。[③]前者体现在"即将成仓父子作速招回，办纳粮差"。八舟长官司之所以要处理该事件，其中最为紧要者是须有"办纳粮差"之人。众所周知，明末清初贵州地区成为各种政治势力逐鹿的主战场，社会经济破坏极大，人口损失极多，田土荒芜的现象较为普遍。如新化长官司康熙二十八年（1689）立的一份契约就称："情因本司所辖密帮、岑孟四寨，先年被贼兵高李二家杀掳，逃窜远去，所遗粮田，蒙本司责令各寨众民招人佃种……完纳钱粮。"[④]因此，清初清水江地区的土司在"办纳粮差"过程中，常有无人承纳之感。土司须大力招纳民人耕种田地而"承顶国赋"。另一件清水江文书，亦可证此言非虚：

---

① 高聪、谭洪沛主编：《贵州清水江流域明清土司契约文书・亮寨篇》，民族出版社，2014年，第415页。

② 目前所见，仅黄忠鑫从钱粮征收的视角，对黎平府辖土司权势被剥离的过程进行了研究。参见黄忠鑫：《清代黎平府土司权势之嬗变——基于钱粮征收的视角》，《第五届锦屏文书学术研讨会论文集》，2018年11月，第217—221页。

③《钦定大清会典》（嘉庆朝）卷九《吏部》，《近代中国史料丛刊三编》第64辑，文海出版社，1997年，第406页。按，具体到贵州，则加了教化当地少数民族人群一项，即所谓"抚化苗蛮，催征钱粮，严缉盗匪为专责"。光绪《黎平府志》卷六下《土司》，第72页上栏。

④ 高聪、谭洪沛主编：《贵州清水江流域明清土司契约文书・九南篇》，民族出版社，2013年，第507页。

1 立合同平镇司土官覃，今为平镇[司]属地方，居民四散，田丘荒芜，钱粮缺漏，难以赔

2 赔，受累多年。今愿招外省各处耕民赴司，耕种田丘，承顶国赋，不拘数百，到司耕田

3 之日，照名均分钱粮，照例旧规。自立合同之后，彼此不得有悮，不得番悔。今将合同

4 一纸付与头人龙正美、吴金桂、吴恒若、吴[重]名等四人收执，永远存照（完结符）

5 承□合同□□（半书）

6 康熙五十三年正月卅日平镇司土官覃天柱（画押）

7   合同[①]

这件招种合同虽然与信票不同，但二者均道出了需民众耕种的事实，其"纳粮当差"的目的不变，这也是清水江地区土司在清初所共同面临的问题，王朝国家赋予了他们管理地方社会的权力，其承纳国课的责任与义务，自不可免。面对社会变动而出现影响国课承纳的事项，他们均会竭尽全力去维护，采取不同而目的一致的办法来应对这些变化。因此，其行使权力的细节，也就逐渐凸现出来：其管辖村寨之民众，不可轻易远逃，若民人散去，即负有招回之责，否则，不仅国课无出，夫役亦无人承担。如黎平府辖一份清初的《修葺城垣派工簿》所记，也能明显地体现出土司人力资源的重要性，在分割为"五十二段半"的黎平城墙修葺中，"每段派夫二十名不等，各司各寨俱照派定夫后修整合"。所需1 050人全部出自当时黎平府辖下的土司：古州司、潭溪司、

① 高聪、谭洪沛主编：《贵州清水江流域明清土司契约文书·九南篇》，第454页。

八舟司、洪州司、三郎司、洪州副司、中林司、欧阳司、新化司、胡耳司、永安司、亮寨司、龙里司、曹滴司。①因此，保证人口的稳定，是明末清初战乱之后土司所需要面对的重要问题。这也是本文所论信票中要把"成仓父子作速招回，办纳粮差"的核心所在。

而信票中"自后如有上高场不法众苗，藉端滋扰，许尔即赴本司诉明，以凭申详两府，请法创惩，发兵剿剿，绝不姑恕"等句，体现了八舟长官司在这起纠纷处理中的作用，即有审理纠纷的职权。这样的事例，黎平府辖下的土司普遍存在，譬如亮寨长官司在万历四十一年（1613）就处理了一件赋税纠纷，并立文书一纸如下：

1 亮寨司为栽粮贻害事，据篙寨民龙稳廷告前事，又据墩寨民潘田支诉为卸差累民事等情，据此，合行提究。审得龙稳廷吐称：篙

2 寨人氏贫难移住九南石榴山，用力开坎山冲成田，多年无异，后被潘田支、潘付忠等人势豪强，假称他界，孤贫无奈，递年认纳租禾八

3 秤。伊族潘息朝、潘贵银、潘付陆、潘文亮、潘息能、潘贵彪等，陆续将租断卖四秤十五斤，止存三秤四十五斤。至万历四十一年内，恶告

4 本府伍太爷断粮一石，当诉潘田支飞粮害蚁。自古伊原粮七石一斗，在他门首大段田丘，岂今栽贻山冲，以此不服。又据潘田支吐称：龙稳廷

5 占种地界，开坎田丘，果认租禾八秤是实，后族卖租有之，

---

① 高聪、谭洪沛主编：《贵州清水江流域明清土司契约文书·九南篇》，第472—481页。

被龙稳廷等开垦田丘，心下不忿，具告

6 伍太爷已断粮一石。今又逆断不纳，伏乞斧断等语到司。查勘得墩寨原粮七石一斗，内除一斗栽龙稳廷开坎山冲田丘，坐民不服，今剁照前

7 仍认租禾帮贴，潘田支等各民输服。为此，出单一样二纸给付二家存照，各宜遵守，不得再复混争。如有不遵，悔者许令不悔之人执单

8 赴告，重究不恕，须至单者。

9 计开

10 一剁龙稳廷照前认纳租禾八秤后，潘息朝、潘贵彪、潘付陆、潘文亮、潘贵银、潘息能等，陆续断卖租禾四秤十五斤，止存三秤四十五斤，递年

11 认纳，不许短少帮贴，潘田支潘付忠收领；

12 一剁潘田支、潘付忠等，照纳原粮七石一斗，不得栽贴龙稳廷、龙明田开坎田丘。

13 右给付龙稳廷执照

14 万历四十一年十月廿七日给（钤亮寨长官司印）

15 剁单一［纸］①

这件文书显示，亮寨司辖下之篙寨民人龙稳廷，因"贫难移住九南石榴山"②，但有分担"纳粮当差"的职责，而黎平府"伍太爷断粮一

---

① 高聪、谭洪沛主编：《贵州清水江流域明清土司契约文书·九南篇》，第452页。

② 按，九南亦属亮寨司管辖，篙寨后来属亮寨司辖之废寨。参见道光《黎平府志》卷四《地理志》，方志出版社，2014年，第284页；同治《龙氏家乘》卷二《地灵·管辖》，同治三年刊本，第9a页。

石"在前的判决①,龙稳廷不服,转而讼于亮寨长官司,经长官司衙门审理,重新厘定了龙稳廷与潘田支、潘付忠等人的赋税分担。由此可见,亮寨长官司在万历年间,尚具备审理辖区赋役纠纷的权力,且似可据事实而更改黎平府的审判结果,说明长官司拥有较大的地方司法权。

而本文所论康熙年间这件信票所展现出来的,特别是对"众苗"的警告,虽然体现了长官司所谓"擒剿盗贼"的职责,即"众苗"再行不法,则不仅"本司"可以管理,还可"申详两府,请法创惩,发兵剿剿",但是这些表述的细节,还反映了一个极为深层次的问题,即土司职权的变化。具体而论,从清康熙年间开始,土司对辖下村寨的纠纷虽具有一定的处置权,但遇重大事项,例如"请法创惩,发兵剿剿"等事,则明白无误地说明要"申详两府",换言之,这种权力已经更多地被黎平府所掌控,土司的司法权被削弱了,并未如贵州巡抚佟凤彩《请定土司考成疏》那样危言耸听:"黔省远在天末,虽有府州县卫之名,地方皆土司管辖约束。"②实际上,随着康熙王朝西南局势逐渐稳定,对土司的管控也逐渐加强,康熙中期以后,土司的职权被进一步削减,特别是雍正朝大规模改土归流之后,黎平府属之潭溪司、八舟司、龙里司、欧阳司、新化司、洪州司原设之流官吏目均改为州同。③这样,流官的地位提高了,形成了真正意义上的"流土并治"局面,其核心是流官以另一种方式取代了土司对地方的管理权。④在这样的历史背景下,一些原来属于土司管辖的村寨,不满土司管理,也开始通过诉讼的手

---

① 指黎平府知府伍惟善,江西安福人,举人,万历四十年守黎,知黎民为前守所苦,革其弊政,嘉与惟新,五年清操,咸如一日。参见道光《黎平府志》卷一八《地理志》,卷二六《典礼志》,第544、729页。
② 民国《贵州通志·前事志十八》,《中国地方志集成·贵州府县志辑》第7册,巴蜀书社,2006年,第154页下栏。
③ 《清世宗实录》卷五十四,雍正五年三月乙酉条,第6678页下栏。
④ 李世愉:《清代土司制度论考》,第147页。

段，脱离土司的统治，如《黎平府志》就载："洛乡、三爪各寨，向系
卫土司管束。土司与寨民生隙叠控，雍正、乾隆迄无定局。嘉庆十三
年，近城三爪复控，断令该寨等归厅管束，如案勒石，俾遵恪守。令将
归府管束各寨，照碑列之，九歪、观音山、俾奶、怎九岭、贾岭、国
盘、牙定、弄乌、路孖"。①

这种趋势，在最核心的钱粮征收方面表现得尤为突出。康熙五十六
年的一方《革除土司重征滥派碑》就明确表述"将新洞、同关等寨钱
粮，准其一例归府完纳……其有归府村寨，土司不得丝毫干预"②。又如
"同治十一年，黔乱平，都匀府知府罗应旒示谕都匀各属土司，只准承
袭顶戴，耕种自食，不准沾染公事，而土兵、标头田、草粮田概划入
州，土官遂仅存其名"③。黄忠鑫对此已有较为全面的论述，即从康熙朝
开始，黎平府利用土司辖下村寨与土司的矛盾，让那些想脱离土司管辖
的村寨直接"赴府完纳钱粮"，借此剥离土司的征税权，这一历史过程
至晚清完成。④当然，土司统治该地六百余年，形成的制度惯性，并非
遽然就能剥离干净，多系利用土司变乱或其内部爆发出来的矛盾才逐渐
剥离，这就是一些长官司到民国年间才向民国政府移交税粮廒册的原因
所在。⑤

在司法领域，虽然"有大狱讼，皆决于流官"⑥，但实际上，如本文
所讨论的信票那样，从康熙朝开始，土司所有司法权均被逐渐剥离。至

① 光绪《黎平府志》卷二上《地理》，第108页下栏。
② 安成祥编撰：《石上历史》，贵州民族出版社，2015年，第66页。
③ 民国《麻江县志》卷十五《土司传》，《中国地方志集成·贵州府县志辑》第18册，巴蜀书社，2006年，第481页下栏。
④ 参见黄忠鑫：《清代黎平府土司权势之嬗变——基于钱粮征收的视角》，第217—221页。
⑤ 陈贤波：《土司政治与族群历史：明代以后贵州都柳江上游地区研究》，第8页。
⑥ 罗绕典：《黔南职方纪略》卷七《土司上》，贵州人民出版社，1992年，第340页。

乾隆年间更为明显，徐晓光举乾隆二十八年（1763）《茅坪分界碑》和乾隆三十一年《岔路梧洞坳分界碑》，以之"说明土司享有与官府同堂审案的司法权"①。土司这种司法权的拥有，元明以来自不待言，但这两方碑刻所表现出来的，其核心还是清江、黎平、开泰等府县均在不断地削减土司的司法权，案件的审理权全部收归府县。具体而言，《茅坪分界碑》虽以赤溪湳洞司为开头，但内容中却明白无误地表达为"清江府兆批本司堪结"，换言之，赤溪湳洞司仅是在执行清江府判决。而《岔路梧洞坳分界碑》之开头，先有"贵州黎平府锦屏正堂"，再有"贵州黎平府湖耳正堂"，这样的开头看似是土司与府县"共同审理的案子"，但内容却是这样表述的：

> ……控经前任府主郑，蒙批前任县严三勘三详在案，而就龙正卿不服。前任府主郑当堂审讯，复委县主严登山踏勘。……又控经前任开泰县主费审讯追赔吴容华等茶子银三十六两，给执照，着形收执。于乾隆三十年九月内龙正卿盗砍黄匡冲界内杉木一株卖于邱益生，控经本县，依照前案断明，追回木价，复又勾杨老羊盗捡茶子，自取跌伤，具控府主王批发下县，本县登山勘验，细查询问，委果无异，立碑定界，详明府主王在案，吴容华等系愚民无知，是以勒石为界，永杜后患。

细绎上引内容可知，这明显是黎平府、开泰县审理的案子，从中根本没看到湖耳长官司的影子，它此时仅具备执行府县判决的职责。

至道光年间，土司这种司法权进一步被剥夺，如道光八年（1828）

---

① 徐晓光：《明清时期清水江林区土司职能及变化研究》。

黎平府刊立告示，警告土司"嗣后苗民一切词讼，悉令地方官审断，不得干预"，同时也警告府属民苗人等，"如有赴土司具告、完纳者，一经告发，无论曲直，先予重责"。①在这样的历史背景下，即便一些土司如龙里长官司以历史合法性来强调其"旧有征收之责"，同时也强调自己并"无勒折浮收之情"，借此反对黎平知府褫夺其权力，但是黎平知府斥责并威胁土司"实属饰词混渎，如再妄禀，致干详参"，即土司再申辩，本府将"详参"革除土司。②于是，龙里长官司只能面对"昔有土司之实，今存土司之名"③的局面，亮寨长官司也发出了"土司之在今日，官为冷官，署为冷署"④的感叹。在实际社会生活中，诚如竹枝词所咏唱的那样："土司也是一员官，老署萧条六月寒。案牍簿书无事做，阶前青草自雕刊。"⑤他们再也没有明代那种直接处理纠纷的权力了。至晚清咸、同，社会变乱蜂起，地方团练出现，原有的地方权力格局被打破，黎平府所属土司，再无力与新兴的地方势力相抗衡，逐渐被取而代之。与此同时，土司亦逐渐失去了世袭的权力，从此退出历史舞台，以其他身份在历史进程中继续前行。

四、结　语

明清时期信票实物遗存至今者并不多见，至于土司开具的信票，则

---

① 安成祥编撰：《石上历史》，第53—56页。
② 程泽时：《明清苗疆之"政治契约"考论》，《贵州大学学报》（社会科学版）2019年第1期。
③ 张应强、王宗勋主编：《清水江文书》第1辑第8册，广西师范大学出版社，2007年，第344页。
④ 同治《龙氏家乘》卷二《地灵·衙署》，第20b页。
⑤ 同治《龙氏家乘》卷四《遗文·黎平竹枝词五首》，第141b页

更为少见。黎平府八舟长官司开出的这件"信票",对了解明清的信票制度和土司制度有着较为重要的史料价值。就这件信票本身而言,它与一般明清时期的信票既有相同的一面,也有不同的一面,相同之处在于形制相同,都经历了"三色"的形成过程;不同之处在于它属"无印"之票,之所以如此,是因开出信票的八舟长官司本身无印所致。

就这件信票之性质而言,因学界认为信票是信牌的纸质化形式或是信牌实施过程中的重要补充手段,这涉及信票究竟是何时产生之类的问题,因此有必要对明清时期的信票性质进行再探讨。研究过程发现,信票早在嘉靖年间已经出现,它在明代中期以降与信牌并行的原因,要之是由于地方事务渐趋繁杂,特别是信牌差役与其取代差人的理想相悖,在实际催勾事务运作中渐不能面对繁杂的地方事务,于是一些地方官员开始对信牌进行改革,信票应运而生。由于信票系单幅纸质刊刷,不仅有复刷、填写等方面的便捷,而且轻巧便于携带,特别适合执行公务。于是,在地方行政事务中,明末清初逐渐和信牌并称,成为信牌执行过程中的重要补充手段。但是,它又不仅限于是信牌的纸质化或者补充内容,因其便捷之属性,在清代成为不同类型的凭证被广泛应用。因此,这件八舟长官司开具的信票,其性质既具备"催办公务"的职能,也有给予成仓父子作为凭证的功能,是一件兼具行政运作和授予受害人为凭双重功能的文书。

就这件信票所涉及的土司制度而言,从信票文书的使用,可知长官司与州县所具有的职能一样,只不过它们主要管理的是边疆少数民族地区。这些长官司所拥有的职权,包括其辖区内的所有事项,举凡钱粮征收、擒拿盗贼、纠纷处置、文教事业,等等,无不包揽。但是通过这件"信票"所呈现出来的细节可知,随着西南局势的稳定与改土归流的推进,这些长官司的职权从康熙朝开始被层层剥离,至为突出者是在赋税征收和司法权这两大领域，前者通过一村一寨"归府完纳"的方式，步步为营，至晚清剥离逐渐完成；后者从对"大讼狱"的控制到对民事审判权的全面掌控，经历也是从康熙朝开始的，至道光年间，土司司法权被剥离殆尽。从这一历史过程可知，土司制度并非改土归流就能一朝铲除殆尽，改土归流只是一个开始，其后仍须经过长时间的阵痛，才能革除完毕。

清代中期山西的土地关系与村落社会治理

——以高平榆树村地亩摊派为中心的考察*

闫爱萍

（山西大学历史文化学院）

杨　波

（河北大学宋史研究中心）

摘要：清代中期山西村庄庙宇修建所需资金的来源是多种多样的，其中地亩摊派和捐款是两种基本形式。地亩摊派反映出乡村社会土地集中的程度，结合地亩摊派和捐款的数据，可以看出村落社会治理中不同经济水平的家户所承担的责任大小。清代山西的村落社会治理大多通过村社组织来进行，村社的领导者维首的产生既受到经济地位的影响，又受到家族等社会因素和习俗等文化因素的影响。

关键词：山西高平　地亩摊派　村落社会治理　村社

---

* ［基金项目］国家社科基金项目"明清山西关帝庙碑刻资料收集整理与研究"（16BZS112）。

一、问 题 的 提 出

地亩摊派是明清时期中国乡村社会的一种集体费用的筹集方式，美国传教士明恩溥注意到这种现象："中国庙宇数量之多真是令人难以置信，所有这些庙宇的建造过程也都有着自己的旨趣。如果某些人想造一个庙宇，那么，按照惯例他们得请来村里的头面人物，只有在这些人的主管下，才能着手开始工作。通常，为了筹集资金，经理人需要征收地税。虽然每亩地的税额不是固定的，但根据土地拥有量的不同，每个人所需缴纳的地税还是有不同级别的。穷人可能免交地税，或者只交一点点，富户则交付重税。"[1]山西地区为解决村落集体费用来源也使用类似方法，依据村中每户占有土地的多少或农作物的产量来征收实物、货币或劳务，作为村落集体公共支出费用的来源之一。[2]由于并非国家收税，这里称作税赋或村庄财政显然不合适，碑文中一般称之为地亩钱。从时间上来说，这种制度起源很早，至少在晚明时期已经出现，"照地亩以捐财，量家资以施舍"[3]，但其大量出现是在清代中期（乾隆）以后。从形式上来说，既有地亩谷及其他实物，又有地亩银，还有地亩钱，更有根据地亩摊派的劳务，这些可以统称为地亩摊派。从功能上来说，既有日常性的社费来源的地亩摊派，又有为了修庙需要而临时性的地亩摊派。

地亩摊派反映了乡村土地占有的情况，由此可以了解土地所有制在乡村社会的细节情况。地亩钱数据的意义不仅在此，在没有工商业者的情

---

[1] ［美］明恩溥著，陈午晴、唐军译：《中国的乡村生活》，电子工业出版社，2016年，第108页。

[2] 一个简单的介绍参看姚春敏：《清代华北乡村庙宇与社会组织》，人民出版社，2013年，第186—188页。

[3] 万历三十三年《重修炎帝神农庙碑记》，现存山西高平市焦河村炎帝庙。

况下，占有土地数量的多少就成了衡量乡村社会人们财富多少最主要的指标。地亩钱数据结合每个人在村落社会治理过程中的身份情况，就可以考察贫富的状况对于村落社会治理有怎样的影响，富户是否更倾向于在乡村事务中占据领导地位，承担更多的社会责任。同样的，将地亩钱数据与捐款数据相结合，可以看出在乡村治理中，富户是否会倾向于捐更多的款，也就是承担更多的经济责任。总之，在缺乏详细的调查数据的情况下，地亩钱数据对于研究明清时期的乡村社会具有非常重要的参考意义。

现存碑刻上出现地亩钱记载的很多，但绝大部分都只有地亩钱的总数，而没有每一户的具体钱数。笔者在山西高平榆树坪村调查时发现了道光时期的两通碑的碑阴上有详细的地亩钱数据[1]，详细开列了每一户的地亩钱数，这使得统计分析成为可能。因此，这一材料具有特别的重要性。榆树坪是山西高平野川镇的一个很普通的小山村，地处丘陵地带。村庄人口很少，现仅有54户，210人。榆树坪在清代碑刻上称作榆树村，2002年划归北常庄村委会，现为北常庄的自然村。[2]本文以田野调查所得到的榆树坪村修庙碑刻碑阴地亩钱数据为基本资料，对清代中期榆树村的社会经济问题予以统计考察。

二、从地亩摊派看土地占有情况

地亩钱虽然是以个人名义来缴纳的，但是个人代表的是一个家庭。地亩钱缴纳的主体实际上是一户，是以户为主体进行缴纳的。地亩摊派

---

① 道光九年《榆树村南堂小叙》和道光十年《重修南堂碑记》，现存山西高平市野川镇榆树坪村南堂，实地调查发现。
② 姬积亮、文战胜主编：《高平市地名志》，中国言实出版社，2013年，第186页。

是根据每户拥有土地多少按照比例进行摊派的，因此，根据地亩钱数虽然无法知道每户土地的绝对数量，但是可以知道榆树村每户土地的相对数量，也就是每户土地占全村土地的比例。每户地亩钱数占总地亩钱数比例也就是每户占有的土地在全村土地中所占的比例。

表1　清代中期榆树村地亩钱与捐款情况统计表

序号	姓　名	地亩钱数（文）	地亩钱比例	捐施钱数（文）	捐施钱比例	备　注
1	韩德宝	0	0.00%	300	3.26%	仅有捐施
2	韩德财	220	0.96%	300	3.26%	
3	韩德国	650	2.83%	400	4.35%	
4	韩德海	1 100	4.78%	500	5.43%	
5	韩德华	2 915	12.68%	1 000	10.87%	
6	韩德金	385	1.67%	0	0.00%	
7	韩德荣	275	1.20%	0	0.00%	另捐300文
8	韩德山	2 035	8.85%	1 000	10.87%	系维首
9	韩德盛	385	1.67%	0	0.00%	
10	韩德银	0	0.00%	0	0.00%	另捐500文
11	韩子元	1 100	4.78%	700	7.61%	系维首
12	王　华	220	0.96%	300	3.26%	
13	王　聚	1 210	5.26%	600	6.52%	
14	王　璞	1 100	4.78%	0	0.00%	
15	王上进	330	1.44%	300	3.26%	
16	王上选	4 135	17.98%	2 000	21.74%	系维首
17	王上忠	990	4.31%	300	3.26%	
18	王石头	2 035	8.85%	300	3.26%	
19	王　尧	1 210	5.26%	0	0.00%	
20	王余孩	990	4.31%	300	3.26%	

（续表）

序号	姓　名	地亩钱数（文）	地亩钱比例	捐施钱数（文）	捐施钱比例	备　注
21	王振国	385	1.67%	600	6.52%	系维首
22	邢聚贵	500	2.17%	0	0.00%	
23	邢荣贵	825	3.59%	300	3.26%	
小计	23 户	21 户22 995 文		16 户9 200 文		
最大值		4 135	17.98%	2 000	21.74%	
最小值		220	0.96%	300	3.26%	
平均值		1 095		575		

说明：（1）表格根据现存榆树坪道光九年和道光十年两通碑刻整理。（2）韩德荣与韩德银在村社集中捐款之后又另外进行了捐款，具体原因碑文没有记载。碑文最后开列账目中并没有将这两笔捐款计入。这里也未计入。（3）以上人名按照姓氏笔画顺序排列。

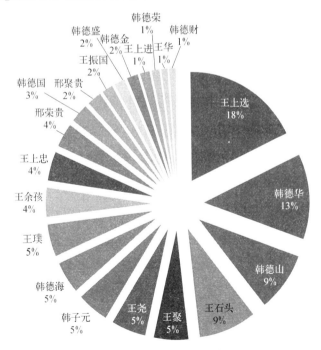

图 1　清代中期榆树村土地占有比例图

从表1和图1可以看出，榆树村全村共有23户，其中无地户2户，韩德宝和韩德银没有摊派地亩钱，当为无地的村民。^①有地户共计21户，占有土地最多的是王上选（17.98%），最少的是韩德财与王华（0.96%），两者相差约18倍。占有土地最多的4户（占总户数的13%）所占土地接近一半（48.36%），属于土地较多的家户，可以称之为富户，具体标准是占有土地比例在5%以上（不含5%）。占有土地最少的8户，共计占有土地12%，是属于土地较少的，他们与无地的2户一起可以称为穷户，具体标准是占有土地比例在2%以下（含2%）。剩余9户占有土地约40%，是中等的家户，可以称之为中等户，也就是占有土地在3%到5%的家户。

地亩钱数量不能体现每户占有土地的绝对数量，但是根据其他一些资料还是可以进行一些大致的估计。清代中期高平地区地亩钱缴纳的标准究竟怎样呢？也就是每亩地一般缴纳多少地亩钱呢？这在不同时代、不同区域和不同背景都可能会有所不同，不过大体上应该不会差异很大。缴纳过多会导致村民负担过重，缴纳过少又无法满足村社公共需要。高平石壑村道光重修碑文中有这样的记录："择日开工，花费不足，又□廿□年秋报以地亩派定，每亩八十文收起，前后二年一切收社钱。"^②这里记载的标准是"每亩八十文"。如果按照这个标准对上面榆树村的数据进行推算，就可以得到每户拥有土地的绝对数量。榆树村当时共计耕地为287亩，其中最多的王上选家50余亩，韩德财和王华最少，不到3亩，20亩以上的4户，10到20亩的8户，10亩以下的9户，绝大部分集中在5—15亩。这是对榆树村清代中期土地绝对数量的大致

① 在清代晋东南乡村社会，绝大部分村民均会为庙宇兴建捐款或以其他方式出资出力，虽然也不能完全排除无地户不捐款的情况，但这种情况应当非常罕见。
② 道光二十六年《无题名碑》，现存高平市神农镇石壑村。

推算。由于越是小的村庄可能越穷，每亩缴纳的地亩钱越少，因此，这个推算可能会偏低。从以上统计结果可以看出，清代中期榆树村的土地集中程度并不高，绝大部分村民为自耕农和半自耕农。

1934年，刘容亭对高平四个村进行了调查，调查结论可以与上述地亩钱得到的统计结果进行参照。刘容亭调查区域为高平东南部丘陵地带的石末乡，与西部丘陵地带的榆树坪地形类似，距离也不远。刘容亭调查的四个村分别是石末村、北诗午、长畛和兴洞，人口分别为220、238、55和62户，规模均应大于榆树坪村。榆树坪仅为北常庄的自然村，规模是很小的。四村自耕农和半自耕农的比例分别为74.9%、96.6%、89.1%和91.7%，其余为佃农和工农，调查没有具体说明区分自耕农和半自耕农的标准，但自耕农和半自耕农无疑占了绝大部分。根据统计，四个村庄每户平均土地数量分别为18、9、15、21亩，与上述榆树坪村户均土地数量接近，上述估计可能略低。由于上述统计中自耕农和半自耕农占了绝大部分，自耕农和半自耕农的判定标准应该也在10余亩的水平。[①]刘容亭在高平所做调查与榆树坪地亩钱统计结果基本相符，户均土地数量在10余亩，绝大部分农户为自耕农或半自耕农。

榆树坪的统计结论也基本符合目前山西土地集中程度的研究结论。刘建生等在《山西近代经济史》中得出的结论是："清朝山西地权的一个鲜明的特点是自耕农的数量较多，他们所拥有的土地从总量来看也不可小觑。"[②]赵牟云在《抗战前山西土地问题新探》一文中也认为："在抗战前的山西，大地主土地所有制绝不占统治地位，相反，大地产者在农

---

① 刘容亭：《山西高平陵川神池三县十六个乡村概况调查之比较》，李文海主编：《民国时期社会调查丛编（二编）·乡村社会卷》，福建教育出版社，2009年，第219—225页。原载《新农村》第9期，1934年2月15日。
② 刘建生、刘鹏生等：《山西近代经济史（1840—1949）》，山西经济出版社，1995年，第15页。

村中的比例极低。"①地亩钱的研究使用新类型材料从另一个角度再次证明了这一结论。

三、村落社会治理中的经济责任

从目前材料来看，榆树村没有明显的商人存在痕迹。在一个传统的山村中，在没有商人存在的情况下，土地的多少基本上能够反映一户人家的穷富情况。榆树村在修庙过程中不仅进行地亩摊派，地亩摊派不够的时候还要另外进行捐款。那么，在捐款的时候，影响捐款数量多少的因素有哪些呢？个人的经济实力应该是影响因素之一，那么是否富户一定比穷户捐得要多呢？个人的信仰以及村庄的习俗文化是否也会对捐款数量产生影响呢？以上这些问题可以通过对榆树村地亩钱和捐款的对比看出端倪。

从表1中可以看出，地亩钱以外进行捐款的有16户，也就是说在修庙的集中捐款中有7户并没有捐款，即约30%的人并没有捐款。按照前面对富户、中等户和穷户的区分，4家富户除了王石头捐款较少，其他3家（王上选、韩德华和韩德山）捐款数量较多，排前三名。捐款数量最多的前三名的排序与拥有土地最多的前三名完全一致，甚至其捐款比例与占有土地的比例都很接近。9家中等户中，2户（王璞、王尧）没有捐款，其他大概一半捐了最少的300文，剩余一半捐得略多。10家穷户中有5户没有捐款，剩下的只有王振国捐款较多（600文），其余全部都是最低数量（300文）。王振国捐款较多显然和他是维首有关系。

---

① 赵牟云：《抗战前山西土地问题新探》，收入［美］黄宗智主编：《中国乡村研究》第13辑，福建教育出版社，2016年，第16页。

由此，可以得到以下结论：

1. 总的来说，在一定程度上，捐款数量与其穷富情况正相关，富户捐款多，贫户捐款少。也就是说越是富有的人在村社中承担的经济方面的责任越大，应尽的义务越多。但是这并不绝对。

2. 对于那些村中明显的富户来说，也就是占有土地明显比别人要多的家户来说，捐款的比例与其占有土地比例非常接近。这种情况基本上是有一个大致界限的，在这个界限以上，富户就成为村中公认较为富有的人家，捐款数量就更多。

3. 在这个界限以下，捐款数量虽然仍然和富有程度有关，但是已经开始趋同，不再与穷富程度有太大关系，实际上也是因为这个群体的贫富差距已经不大。

4. 捐款数量一般存在一个基本的下限，低于下限的捐款数量很少出现。即便是再穷的人，要么不捐款，只要捐款，总要达到一定的下限。以上两个因素造成的结果是下限的捐钱数成了很多人的实际捐款数量。在榆树村的这个案例中，这个标准是300文。300文在清代中期的购买力基本上不会影响到村民家庭日常生活的质量，即便再穷的人家也可以支付得起。

5. 除了榆树村本村村民捐款之外，还有另外两人（霍天钟和邵学敏）也捐了款。霍天钟可以明确是刻碑的玉工，邵学敏应该也是工匠。工匠在修庙中捐款虽然不是必须的，但是在泽州地区还是比较普遍的现象。

以上这些特点表明村民在捐款时是有一个约定俗成的衡量标准的，这个标准可以视作一种习俗。它不可能明文规定，但是事实上存在。

捐款实际上体现了村民对于村庄公共事务所承担经济责任的大小，从以上分析可以看出，村中富户相对来说要承担更多的经济责任，捐款数额更大，但是差距并不算很大，这只适用于与其他村民相比明显富有的家户。其他人的差别则并不大，捐款数量趋于一致。

四、村落社会治理中的社会管理责任

从地亩摊派和捐款的数额不仅可以看出一些乡村经济方面的问题，也可以看出乡村社会治理中的社会管理问题。这里主要通过对村社管理者身份的讨论来说明。村社管理者是否更倾向于由富户承担呢？除了财产多少之外，村社管理者的身份是否还有其他标准？家族对于村社管理者又有怎样的影响？

1. 村社维首的财产与年龄因素

泽州村庄中社首的记载很多，但是社首究竟由何种身份、何种经济地位的人来担任，则很少相关材料能够说明。榆树村的四个社首（韩德山、韩子元、王上选和王振国）中有三个属于富户，仅有王振国属于穷户。由此可见，维首一般由村中富户担任，但是并不一定。影响维首选择的因素是多方面的，至少包括年纪和辈分，年纪大、辈分高的人更容易成为维首。四个维首中，韩子元可以确定是辈分较高的："又有韩姓子法公在世，俱不忍像庑风尘，虔梓神龛……乾隆五十七年蒲月修龛。"① 由此可知，乾隆末年组织修神龛的是韩子法，韩子元是韩子法的同辈人，韩德山应该是下一辈的人了。同样，王振国可能也是辈分较高的人。

维首除了负责修庙工程和日常事务的管理之外，在修庙中还承担更

---

① 道光九年《榆树村南堂小叙》，现存山西高平市野川镇榆树坪村南堂。

大的经济责任。韩德山、韩子元和王上选三人本来就比较富有，地亩摊派和捐款数量都较多。王振国虽然是穷户，捐款数量也是所有穷户中最多的，这显然和他的维首身份有关。

2. 村社维首的家族因素

除了穷富、年纪和辈分以外，影响维首选择的还有家族。榆树村共有王、韩和邢三个姓氏。其中王姓和韩姓是两个大家族。邢氏的两户显然是兄弟二人，人丁不旺，要么是从其他地方迁移过来不久，要么是家族大部分迁出，要么是家族早已衰落。韩姓的几户显然是两辈人，维首韩子元是长一辈，只有一户。距离榆树村很近的北常庄有道光五年韩承志的诰封碑，韩姓可能是从北常庄迁来的。这个家族显然是从一个祖先蕃衍来的，迁来榆树村时间应该也不长。王姓可能是最早在榆树村定居的家族，根据名字无法确认其辈分的情况。其中王石头的名字比较奇怪，可能身份比较特殊，这或许是其作为富户捐款数量较少的原因。

维首一般会平衡各家族力量，王姓和韩姓家族各占两个维首名额就是这种习俗的体现。辈分也是重要的影响因素。韩子元和王振国可能就是因为在家族中辈分较高而成为维首的。韩德山和王上选则是韩、王两姓中最富有的两家。

五、结　　论

清代中期的榆树村共计23户，人口100人左右，在清代中期也属于规模较小的村庄。该村地处山区，没有商人。榆树村具有一定的典型性，它能够代表晋东南地区规模较小的无商人存在的山区村庄。道光九年到十年增修南堂碑文中的地亩摊派和捐款的数据能够反映出全村人口、土地、村社治理与乡村经济等各方面的情况。现将结论概述如下：

首先，榆树村土地（耕地）存在一定的集中现象，但是并不严重。17%的人口占有近一半的土地。由土地决定的贫富分化存在，但并不严重。村中以自耕农和半自耕农为主体。

其次，在乡村治理的经济责任方面，富户除了交较多地亩钱之外，一般也会承担较多的捐款义务，但是主要体现在明显的富户阶层中。其他差别不大的家户捐款主要受到习俗的影响，按照习俗确定的捐款数额，各户之间金额趋于一致，一般不能低于习俗上最低的金额。财富与习俗共同决定了捐款的多少。

最后，在村落社会管理责任方面，富户也会承担更多村社治理方面的责任。维首既会考虑到其富有程度，也会考虑其年龄、辈分和家族地位等社会身份的因素。富户、老人和大家族因此在村中拥有更大的权力，财富、年龄和家族都会影响村庄权力的分配和平衡。

江南文化与文化江南

——江南文化史研究的若干问题

陈 江

（华东师范大学历史学系）

摘要： "江南文化"的历史演进似可分为前"江南文化"期、酝酿期、肇始成型期、鼎盛期和转型期。其中，后两个阶段尤值得关注。"文化江南"的地域范围可基于施坚雅的"大区"理论而作一个大致的划定，并就其边界作弹性化、模糊化处理，允许空间上的外延，以适应研究的需要。"江南文化"的研究，既需要传统文化史角度的精细探究和通论之作，也需要运用文化学的方法作一些宏观的理论探索。

关键词： 江南 文化 问题

就国内史学界而言，包括港台学者，真正意义上的、比较典型的中国"区域史"研究，约开始于20世纪70年代末。从理论和方法上看，大部分从事"区域史"研究的中国学者或多或少、或直接或间接地受到美国学者施坚雅（G. William Skinner）的影响。[1]也就是说，在选择或设定

---

[1] 樊树志先生曾谈到施坚雅自20世纪70年代以来对中国史学界的巨大影响，请参其《明清江南市镇探微》，复旦大学出版社，1990年，第1—13页。

一个区域作为研究对象的时候，不再囿于以往流行的省、府、县这一行政等级区划，而是倾向于采用施坚雅所说的"大经济区域"。"大经济区域"与行政区划最显著的差异是，其空间层次结构是由经济中心地及其从属地区构成的社会经济层级。[①]经过二十余年的耕耘，国内学者的区域史研究已有长足的进展，其中，研究成果尤为丰硕的是明清江南经济史的研究。以"大经济区域"作为考察范围，经济史研究一马当先是不难理解的，不过，诚如施坚雅本人所说，社会经济层级作为一种理论构架，对于分析中国的社会进程、经济交流和文化变迁都具有重要意义。因此，近二十年来，有不少学者在江南区域史的研究中，将研究范围扩展至社会文化领域。[②]文化史研究自然在对象、范围、理论、方法等方面与经济史有所不同，由此也产生不少新的问题，例如，典型意义上的"江南文化"究竟何时成型，又是如何演进的？考察江南文化是否必须划出一个明确的地域范围，如果设定一个空间，其标准是什么？江南文化研究的对象、范围究竟是什么，"文化体系""文化模式"之类的研究是否需要？凡此种种，皆令笔者颇感困惑，因此稍作罗列，以求教于诸位方家。

一、"江南文化"的历史演进

江南经济史研究的聚焦点集中于明清时段，是合理的，也是必然

---

① 有关施坚雅的"大经济区域"理论，可见［美］施坚雅主编，叶光庭等译：《中华帝国晚期的城市》，中文版前言和中文版序言，中华书局，2000年，第1—11页。下文述及施坚雅这一理论时，若不特别标明，均见该书。

② 本文在使用"文化"这一概念时采用的是比较宽泛的定义，鉴于"大文化"的概念在许多方面涵盖了社会研究的内容，不少当代学者往往将"文化系统"与"社会系统"作为一个相同或者近似的概念看待。所以本文在谈到"文化史"的研究时，可能也涵盖了一部分"社会史"的研究内容。

的。施坚雅构想的由都市、集镇、乡村组成空间层级的"大经济区域"，在中国历史上，以明清最为典型。而且，从中国经济史料的留存状况看，也唯有明清时段庶几可以采用计量方法，进行比较精细化的区域性研究。社会文化事象的研究与之不同，目前仍以定性分析的方法为主，所以受现存史料的制约相对较小，探讨中不乏一些长时段的比较宏观的问题。例如，"江南文化"[①]的起源、成熟、演进、转型，即颇受一些学者的关注。

从发生学的角度探索"江南文化"的起源，是一个热点问题。按照追根寻源的惯例，不少学者将"江南文化"的源头追溯至现今江南地域内的史前文化，如距今约四五千年的良渚文化、距今约六七千年的马家浜文化、距今七千余年的河姆渡文化，乃至旧石器时代的"三山文化"。其中，马家浜文化与良渚文化之间有比较明显的发展、继承关系，而良渚文化又贴近文献记载中的夏、商、周时代，因此，较多学者认为马家浜文化—良渚文化这一线应是"江南文化"的最早源头。然而，考古发掘在众多良渚文化末期遗址中所发现的文化断层，以及高度发达的良渚文化与夏、商时期长江下游地区原始状貌之间的巨大落差，都说明良渚文化并未在江南地区得以延续和传承。所以，我们在探索中华文明的起源时，自然可将江南地域内的史前文化作为"满天星斗"说的坚实佐证，也可据此认定其为"多元一体"过程中重要的"一元"，但从实证的角度将其与后来的"江南文化"相联系，似应持谨慎的态度。或许，将上述史前文化理解为江南境内曾经存在的古文化，而不牵强地接续"江南文化"，应该更合理，更符合事实。

先秦时期的"吴越文化"一般被认为是"江南文化"的前身。尽管

---

① 本文所指称的"江南文化"是指现今整个江南地区具有地域特色的文化体系，在这个文化大传统之下不再细分其间的小传统，如"吴文化""越文化"等。

春秋时代的吴、越两国在经济、社会、文化等方面都有一定的发展，并形成颇具特色的地方文化，但与中原地区比较，仍处于相对落后的状况。据《左传》《史记》《汉书》等史书记载，长期以来，吴越之地一直是个文身断发，好斗轻死，信巫鬼，重淫祀，多以臣妾为殉的"蛮夷之邦"，在中原人士眼中，其民风民俗是愚昧而野蛮的，故往往"闻而非之"①。可见，"吴越之风"与"江南文化"虽在地域上是重叠的，在语言以及生活习俗的某些方面也存在传承、延续的关系，但就文化系统的总体特征而言，二者相去甚远，很难划上等号。

为人交口称颂、津津乐道的典型意义上的"江南文化"究竟成型于何时？笔者认为应该是魏晋南北朝。在这战火频仍的乱世，人生悲苦，生死无常，人们从不同角度思索和追寻个体存在的意义与价值，由此促进了文化的自觉及其多元发展。有学者指出："汉末魏晋六朝是中国政治上最混乱、社会上最苦痛的时代，然而却是精神史上极自由、极解放，最富于智慧、最浓于热情的一个时代。因此也就是最富有艺术精神的一个时代。"②其实，这种文化变动是与文化中心的南移密切相关的。永嘉之难以后的东晋南朝，随着人口的大量南迁，中华文化的中心也转移并存续于江南（当时习称"江左""江东"）一带。其间，作为中华文化主干的中原文化与江南地方文化通过相互间的吸纳、交融，都得以变革更新，丰富升华。原本的"蛮夷之地"大量汲取源于中原的礼乐文明，文化风貌在保留地方特色的同时，凸显出文质彬彬、精致典雅的趋向。中原文化则为杏花春雨、烟水冥迷的江南意境所浸染和滋养，遂于"天行健，君子以自强不息"的阳刚之气中平添了几分温润蕴藉的阴柔

---

① 《尸子》卷上《广泽》，《二十二子》本，上海古籍出版社，1986年，第372页。
② 宗白华：《美学散步·论〈世说新语〉和晋人的美》，上海人民出版社，1981年，第208页。

之美。文化的更新和升华在南渡的东晋名士身上体现得尤为明显，王、谢子弟可谓其中的代表。他们虽深受传统礼教的熏陶，但山清水秀的江南又引发其无限的才思，所以多才多艺，精书善画，潇洒不羁，风流倜傥，表现出一种特殊的文化气质和群体风范，唐宋时代的文人学士称之为"江左风流"。苏轼诗句"江左风流王谢家，尽携书画到天涯"①，说的就是这种文化现象。除书法、绘画，哲学、史学、文学等都在此时走向了本体独立和本体自觉。明人黄省曾列叙江南风俗也证实了这一点，其中"佛学""词赋""清谈""经学""丹青""书法"等项，皆始兴于汉末六朝，其后蔚然成风。②所谓的"江左风流"，究竟是中原化的江南文化，还是江南化的中原文化，其实是无法也无须细辨的，但其特指六朝以来在江南这方水土上盛行的文化新风则是无疑的。尤其值得注意的是，汉魏之前，人们提及"吴越之风"，不免含有鄙视的语气，六朝以后，即便一流文士，谈到"江左风流"，也是满怀仰慕与赞叹。这也充分证明，由吴越文化脱胎换骨而来的、新颖的、具有强劲生命力的区域文化——"江南文化"，已肇始奠基，逐渐成型。

靖康之难发生后，历史重演了中原王朝退守江南的一幕，而此时的江南已今非昔比。自南朝以来，南方经济、社会、文化皆有长足发展。唐代后期，"天下大计，仰于东南"③，至北宋晚期，我国经济重心的南移已基本完成。文化事业的发展，江南也不亚于中原。中华文化的中心再次转移至江南后，江南更是全面腾飞，迅速臻于繁荣，因此，南宋时民间盛传"天上天堂，地下苏杭"④的谚语。显然，江南文化已臻于鼎盛。

---

① 苏轼：《苏轼诗集》卷四十四《跋王进叔所藏画五首·徐熙杏花》，中华书局，1982年，第2395—2396页。
② 黄省曾：《吴风录》，《吴中小志丛刊》，广陵书社，2004年，第176页。
③ 欧阳修、宋祁：《新唐书》卷一百六十五《权德舆传》，中华书局，1975年，第5076页。
④ 范成大：《吴郡志》卷五十《杂志》，江苏古籍出版社，1999年，第669页。

　　明清时期，江南不仅是全国最富庶的地区，而且也是人文荟萃之地。据现存资料统计，明代著名的儒学家、书画家，约三分之二以上居住或主要活动在江南地区。江南妇女、儿童受教育的平均水平，包括闺阁诗人的人数与知名度，皆为全国之冠。明清之际的王夫之曾以夏、夷比喻文化的盛、衰，论述了文化重心由北向南的转移："吴、楚、闽、越，汉以前夷也，而今为文教之薮；齐、晋、燕、赵，唐隋以前之中夏也，而今之椎钝駤戾者，十九而抱禽心矣。"①同时代的黄宗羲也有类似的议论："秦汉之时，关中风气会聚，田野开辟，人物殷盛；吴、楚方脱蛮夷之号，风气朴略，故金陵不能与之争胜。今关中人物不及吴、会久矣。"②王、黄二人的看法自不免当时人的地域偏见，但确实道出一个事实：南宋以来，尤其是明清时期，江南已成为全国的文化高地。因此，可以毫不夸张地说，江南文化虽属区域性文化，但在宋金对峙、中原沦陷的危急关头，再次存续了中华文化的根基和主干，汇聚了中华文化的精华，由此成为中华传统文化后期的典范代表。

　　江南文化演进中的一些特点尤值得关注。江南地处交通要冲，无论游学，还是从商，南来北往中寓居于此的不在少数，久而久之便成了五方杂处之地。唯因其"杂"，也就较别处少了一些排他性，多了几分包容性。明代黄省曾等人对江南的风俗民情作过这样的描述：好标新立异，喜交际游乐，能善待四方来客，优容异地风习。③可见，江南人的心态相对而言是比较率意而开放的。南宋以来，江南的农业代表了中华

---

① 王夫之：《思问录·外篇》，《续修四库全书》本，上海古籍出版社，2002年，第945册，第591页。
② 黄宗羲：《明夷待访录·建都》，《续修四库全书》本，上海古籍出版社，2002年，第945册，第477页。
③ 黄省曾：《吴风录》，《吴中小志丛刊》，第175—178页。

农耕文明的最高水平，传统农业生产的各个环节都臻于巅峰。明代中后期，又因地制宜，努力开拓多种经营，轻重工业迅猛发展，商品经济高度繁荣。伴随经济的发展，人们的日常生活、人际关系、社会观念、道德规范等都发生了一系列非同寻常的变化，从而闪现出文化变迁的迹象。江南文化性格中的这些特点——包容开放、勇于革新、与时俱进、顺时而变等，作为文化基因，深刻地影响了其后的海派文化，而接续了海派文化之后，具有高度开放性和前瞻性的江南文化不仅激发出新的强劲活力，而且开始了系统性的转型。

根据以上简要回顾，似可就"江南文化"的演进作一个尝试性的分期：史前至夏、商，为前江南文化期；西周至秦、汉，为其酝酿期；六朝至北宋，为其肇始成型期；南宋至清代前中期，为其鼎盛期；进入近代以后，为其转型期。其中，明清和近代尤值得关注，因为这两个时段不仅在学术上具有较大深耕易耨的空间，而且其历史经验也极富现实意义。

二、"文化江南"的地域范围

"江南"一词作为历史地理的概念，其含义繁复多变，所指称的范围自古以来大致经历了一个由大至小、逐渐明晰的过程。然而，时至今日，"江南"究竟应该包括哪些地方，无论是学术界还是普通民众，都没有一个明确的、公认的说法，今人提及"江南"，所指的往往仍是一个约定俗成、边界模糊的地区。

出于区域性研究的需要，20世纪八九十年代以来，周振鹤、李伯重等学者对"江南"一词的含义作了考述，就其地域划分的历史沿革

进行梳理，试图给出一个学术界比较能够接受的空间范围。①然而相
关的讨论分歧颇大，先后出现的说法可谓林林总总。大致有"四府说"
（苏、松、常、镇，或苏、松、嘉、湖），"五府说"（苏、松、常、嘉、
湖，或苏、松、杭、嘉、湖），"六府说"（苏、松、常、杭、嘉、湖），
"七府说"（苏、松、常、镇、杭、嘉、湖），"八府说"（苏、松、常、
镇、宁、杭、嘉、湖，因清代从苏州府中析出太仓直隶州，又有"八
府一州说"，而此说与"八府说"实为同一概念），"九府说"（苏、松、
常、镇、宁、杭、嘉、湖、徽），"十府说"（苏、松、常、镇、宁、
杭、嘉、湖、甬、绍），等等。其中，李伯重先生从地理完整性、经济
一体性等方面予以论证，认为经济史研究中的明清江南地区应确定为八
府一州之地②，该说在学术界获得较高的认同度。综观上述各说，可发
现两个特点：其一，虽然都有一定的历史地理和行政区划依据，但更
多的还是属于一种基于"大经济区域"理念，按照区域经济研究需要而
做的人为"设定"；其二，所设定的区域虽然不受省、府、县等行政区
划的限制，但仍以府作为地域空间的构成单位，各说的差别就在于府的
组合不同，或多或少，或此或彼，组合后的府界即为"大经济区域"之
江南的边界。这样的操作方式也是合理的、必然的，因为明清地方经济
史料的主要来源就是按照省、府、县乃至乡镇编写的各类地方志，而全
国性的总志也是按照地方行政区划分目编写的。

那么，"文化江南"的地域范围应该如何划定呢？一个简便的做法
是根据特定的需要，在"经济江南"各说中选择比较合适的一说作为文

---

① 参见周振鹤：《释江南》，《中华文史论丛》第49辑，上海古籍出版社，1992年；李
伯重：《简论"江南"地区的界定》，《中国社会经济史研究》1991年第1期。
② 参见李伯重：《多视角看江南经济史（1250—1850）》，生活·读书·新知三联书店，
2003年，第447—462页。

化研究的范围。这一做法的有利之处在于，近四十年来，史学界在江南区域史研究中已逐渐形成认同度较高的空间范围，尽管最初的设定以"经济江南"的考虑居多，但后起的社会史、文化史研究继续沿用这一大致的空间范围，可使目前的江南研究具有一个比较"普适"的讨论平台。鉴于明清时期江南水陆交通发达，人口流动频繁，文化事象的播散幅度较大，笔者觉得空间范围宜定得大一些，所以，"八府说""九府说""十府说"比较合适。

然而，将地域空间尽量扩大，仍可能在江南文化的研究中遇到不少问题。例如，"八府说"和"十府说"都没有纳入徽州，这在江南经济史的研究中并无大的问题，因为徽州商贾大多外出经商，他们的足迹遍布各地，上述八府、十府是徽商经营活动的重要地区，而徽州本地除向外地运销土特产，其他大规模的商业活动并不多见。但研究江南文化史，徽州则是不可或缺的，其物质文化、精神文化以及宗族制度、社会生活等内涵非常丰富，而且极具江南韵味，不能想象"文化江南"可以少了徽州这一块。若将历史上的徽州纳入，"文化江南"的西端便延伸至今安徽、江西一带。再说，文化事象的形成、流行和传承往往与生态环境、历史渊源、人文传统、生活习俗等相关，而与政区划分无涉，所以也不受府、县边界的限制。从中国的情况看，由县界、府界乃至省界划开的两个行政区域，邻近之处在文化上具有高度的共通性，并不罕见。例如，长江下游北岸的南通和扬州，"经济江南"各说都未将其纳入，但从文化上看，显然是与长江南岸地区融为一体的，无论历史上还是现实中，人们多将南通和扬州视为江南的文化名城。这样的话，"文化江南"的北端又越过了长江。

史料的处理和运用也有很多问题。经济史料尤其是各类地方志中记载的明清经济史料，其属地大多是非常明确的。文化史料不仅范围极广，举凡官、私史著、地方志、档案文书等各类文献都囊括在内，还包括日记、杂著、诗文、词曲、谣谚、小说等，而且所记载的某些社会文化事象，属地往往不如经济史料那样明确。特别是文学类作品，作者在有感而发、即兴而发时，虽有所见所闻的事实依据，但也不乏虚构、夸饰的成分，其人其事其物，究竟应该落实于何地，这一文化现象是否仅见于此府、此县，而不见于邻府、邻县，许多情况下是无法确定的。

鉴于文化事象、文化研究的特点，笔者觉得似可采用一种变通的、兼顾的方法，即设定"文化江南"的地域范围时，不必划出硬性的、明确的边界，而是作弹性化、模糊化的处理。例如，以"八府说"作为基本的空间范围时，允许其边界向文化上具有共通性的周边地区外溢、外延。这样，其北端可扩至长江北岸扬州、南通一线，西端可延至皖南、赣东一带，南端可达宁波、绍兴，乃至台州、温州部分地区。目前，"经济江南"的地域范围尚未达成共识，"文化江南"的问题更为复杂，在这种情况下，笔者觉得上述权宜之计不失为一种比较切合实际、便于操作的做法。

还值得一提的是，江南区域史的研究除了高度的学术价值，还具有丰富的现实意义，其研究成果可为当今长江三角洲经济区的建设提供历史借鉴，因此，"江南"的地域范围又与"长三角"有了一些关联。建立长三角经济区的概念是20世纪80年代初提出的，我国政府于1984年规划的范围是，以上海为中心，加上苏州、无锡、常州、南通、杭州、嘉兴、湖州、宁波、绍兴，共10市。[1]1996年，长江三角洲城市经济协调会成立，长三角经济区的范围包括上海、杭州、宁波、湖州、嘉兴、绍兴、舟山、南京、镇江、扬州、泰州、常州、无锡、苏州、南

---

① 见《中国百科年鉴（1984）》，中国大百科全书出版社，1984年，第260页。

通，后来又加入台州，共16市。这一区域框架在一段时间中是比较稳定的，就明清"经济江南"的"八府说""十府说"而言，稍作外延，地域范围大体可与之对应。2016年，国务院批准的《长江三角洲城市群发展规划》更将经济区的范围扩大为沪、苏、浙、皖境内共26市，即上海、南京、镇江、扬州、常州、苏州、无锡、南通、泰州、盐城、杭州、嘉兴、湖州、绍兴、宁波、舟山、金华、台州、合肥、芜湖、滁州、马鞍山、铜陵、池州、安庆、宣城。①上述的扩大似乎是必然的，施坚雅在分析了中国各"大经济区域"1980年和1990年的数据后已经指出："长江下游大区已朝北扩展，把淮河河谷的一部分地区包括了进去；朝南则包含了原属于东南沿海大区的瓯灵地区。长江下游大区范围的扩展反映出其经济的持续活力，以及作为其中心大都市的上海的愈趋重要的中心作用。"②以边界最具弹性的"文化江南"再作较大的空间外溢，甚至空间"漂移"，大致可与26市的区域范围相对应。在"文化江南"的区域中对颇具共通性的历史经验和教训加以总结，应该对长三角的"一体化"发展有所裨益。

三、"江南文化"的研究对象

在谈论这个话题之前，似应就几个问题作一些区分。从研究对象和范围看，大致可分两种情况：其一是对江南文化整体或某类文化事象不分时段的通论性、综述性研究；其二是对江南文化事象的断代研究，或者是对某一时段文化事象分门别类的具体研究。从理论和方法看，也

① 参见张俊：《解读〈长江三角洲城市群发展规划〉》，《地理教育》2017年第2期。
② ［美］施坚雅主编，叶光庭等译：《中华帝国晚期的城市》，中文版前言，第6页。

可分为两大类：一类是传统意义上的文化研究，即针对历史上江南境内的文化人物、文化现象、文化事件、文化器物等所作的就事论事的研究；另一类是基于"区域史"的研究理论，试图分析与揭示"江南文化"特色的研究。在对"江南文化"进行整体性的考察、分析时，理论与方法上还有两个不同的倾向：一是侧重于采用传统文化史的方法；二是侧重于引进当代"文化学"的理论。

"江南文化"自南朝、隋唐以来备受世人的赞美称颂，因此，近现代学者对江南文化的研究很早就开始了。据陈忠平、唐力行主编的《江南区域史论著目录（1900—2000）》著录，自20世纪30年代初开始，有关江南文化的通论性文章就相继出现，如郑鹤声的《江浙文化之鸟瞰》、贺昌群的《江南文化与两浙文人》、卫聚贤的《吴越文化传播于黄河流域的说明》、吕思勉的《与卫聚贤论吴越文化书》等。涉及宗教、学术、教育、文学艺术、印刷出版、图书购藏、文化交流、方言等专题性研究，以及某一时段的文化事象论著，在20世纪三四十年代具有相当数量。经过30年的沉寂，自80年代开始，史学界为改革开放所激活，"区域史"理论的引入也起了重要的推动作用，有关江南文化的论著犹如雨后春笋般不断涌现，至20世纪末，20年中的研究成果较三四十年代约多十余倍。①

从整个20世纪的研究状况看，三四十年代自然不可能有施坚雅"大区"理论的影响，即便在八九十年代，依然是以历史上某个时段文化事象的分门别类研究居多，包括大多数的通论性著述，还是采用比较传统的文化史的研究方法。不过，基于"大区"理论，探索江南文化特

---

① 以上均见陈忠平、唐力行主编：《江南区域史论著目录（1900—2000）》，北京图书馆出版社，2007年。当然，20世纪八九十年代学术论著的大量涌现，还与当时报刊、出版业的迅速发展有关。

色的论著自80年代以来也陆续出现，如陈忠平的《东南文化的历史发展及其特色》(《东南文化》1988年第2期)、樊树志的《江南市镇文化面面观》(《复旦学报》〔社会科学版〕1990年第4期)等。

进入21世纪后，"区域史"研究的影响不断扩大，以"区域史"的视野、理论、方法撰作的"江南文化"论著也更为多见。值得一提的是，近20年来，引入"大区"理论的江南社会史论著数量颇多。"社会"在当代学术界多被视为"大文化"的组成部分，尤其是关于知识阶层、士人群体、文化世家、社会观念以及社会生活中的婚丧礼仪、生活风尚、节日习俗、民间信仰、通俗文艺等内容，都属于"文化"的范畴。此类论著对扩展和深化"江南文化"研究颇有帮助。

近数十年来，一个值得关注的动向是，在"江南文化"的大传统之下，"吴文化""越文化""海派文化"等小传统的研究，推进得尤为迅捷。这一状况的背后虽有多种原因，但小传统研究原本就是大传统研究的题中应有之义，小传统研究的发展无疑对"江南文化"的整体研究具有很大促进作用。不过，当代系统论告诉我们，一个系统并不是系统内各组成部分的简单相加，一个系统在各部分相加后还应该多出一些东西。因此，系统文化学特别重视以下研究：文化系统的结构和组合方式、构成文化系统诸要素间的协同关系、文化系统开放与封闭的机制、文化系统的有序运动与无序运动、影响各文化系统之间交流与隔离的因素等。在今后的"江南文化"研究中，笔者期待学术界对诸要素相加后多出的东西予以更多的关注。

文化研究的对象在很大程度上还与文化的概念和定义相关。众所周知，现今国内学者所使用的"文化"概念并非沿用中国古代的语词，而是引入西方语汇中culture一词。在近代文化学兴起和发展的过程中，英国学者泰勒（Edward Burnett Tylor）于1871年对"文化"作了一个经典的定义："文化，或文明，就其广泛的民族学意义来说，是包括全部的知识、信仰、艺术、道德、法律、风俗以及作为社会成员的人所掌握和接受的任何其他的才能和习惯的复合体"。[①]这一列举式、描述性的定义虽未能揭示文化的本质，但容易理解，便于掌握，所以影响深远。20世纪初以来的中国近代学者多受这一定义影响，研究的对象比较具体，大致在泰勒列举、描述的范围内。20世纪80年代国内曾兴起一股"文化热"，当代文化学的理论、方法被大量引入，学术界对文化概念、定义的讨论，以及运用文化学理论对中国文化进行宏观的探索，也盛极一时。90年代以及进入21世纪后，史学界对文化问题的宏观性讨论又趋沉寂，取而代之的是对某些具体文化事象实证性、精细化的微观研究。这种比较传统的学术路向也影响了"江南文化"的研究对象与范围。然而，近年来不少研究文学史、文学理论的学者进入了"江南文化"的研究领域，他们吸收了文化学、区域史的理论和方法，从文艺学、美学等角度对"江南文化"的文化类型、文化精神、文化特质等进行了探讨，在学术界形成一定影响。例如，有学者提出，江南文化是一种以"审美"为特征的"诗性文化"，"对于像江南这样一个从头到尾都被充分诗化了的审美对象，如果没有特殊的审美感觉、审美体验乃至艺术化的人生观与世界观，可以想象，那也是根本不可能真正走近江南的内部"。[②]还有学者认为，江南文化是一种独具特色的"水文化"，其鲜明的特质为开放善纳、灵动机智、探索进取、务实笃行、义利并举、刚柔相济等，与厚重的"山地文化"形成了对照与互补。[③]暂且不论历

---

① ［英］泰勒著，连树声译：《原始文化》，上海文艺出版社，1992年，第1页。

② 刘士林、苏晓静、王晓静等著：《江南文化理论》，上海人民出版社，2019年，第11—24页。

③ 庄若江：《凸显江南文化优秀的精神特质》，《中国社会科学报》2019年2月1日第1629期。

史学者是否认同并接受这样的研究方法和研究结论，但至少应该承认，这些年史学界在上述问题的讨论中大体上是缺位的，或者说没有做得像文学研究者那样有声有色。"江南文化"的研究是否需要做一些宏观的、理论性的探索，答案似乎不应该是完全否定的，因此，笔者也期待史学界能在这方面给予应有的关注。

正确行动、正确信仰和泰山娘娘

［美］彭慕兰（Kenneth Pomeranz） 著

蔡丹妮（麦吉尔大学东亚系） 译

摘要：本文通过对泰山娘娘崇拜的研究，考察了华琛关于正确行动（orthopraxy）和晚清中国文化大一统的重要论点。在本文的个案中，国家（被华琛视为推动标准化的关键角色）内部存在分歧，地方精英抵制大众实践，仪式逐渐在不同阶级、地区和性别之间产生分化。最终，关于泰山娘娘的民间传说发生了变化。这些传说展现出精英的反对意识，并颂扬了泰山娘娘，因其追求自身目标的能力未被心怀敌意的男性权威削弱。本文所强调的"文化统一性"是相互矛盾的，而且这种统一性基于信仰而非仪式。相关的信仰涉及：泰山的神圣地位值得商榷这种共识，普通百姓意识到精英并不支持他们崇拜泰山娘娘，还有一些其他迹象，这些迹象显示出不同群体之间标榜彼此的不同观点，而非无视彼此的观念差异，或是将这些差异掩盖在共同的仪式背后。

关键词：宗教 国家 正确行动 泰山 清代

　　华琛（James L. Watson）曾提出有关正确行动（orthopraxy）的重要观点，其核心内容已广为人知，这里不再赘述。本文将通过一项正在进行的对泰山娘娘（碧霞元君）的历史研究，反思华琛模型的运用及其局限。泰山娘娘的个案之所以恰当，有如下几个方面的原因。首先是其历史轨迹。从16世纪到约18世纪初，碧霞元君似乎经历了与天后非常相似的被朝廷收编以及标准化的过程，但是这个过程最终戛然而止。结果，泰山娘娘的历史与社会史、政治史、思想史的诸多议题交织在一起，这使任何有关文化统一性在不断增强的叙述复杂化，其中有一种叙述尤其值得注意，它认为标准化的过程看似由内部观点相对一致的国家与对标准化兴趣浓厚的精英所掌控。更重要的是，关于泰山娘娘何以未能彻底标准化的细节，让我们深刻地认识到，在特定的时期，是哪些人在推动和反对标准化。此外，我们发现，泰山娘娘个案中的"国家"内部存在很大分歧，宫廷妇女、宦官、清代的内务府以及有些皇帝所支持的泰山娘娘，受到了礼部官员以及不少其他士大夫的质疑。

不过，由于围绕着泰山娘娘的政治较量及其最终结果，与华琛探讨的天后所经历的情况大相径庭，她的个案还是能够回应华琛的主张，即国家在其他地方的无论何种标准化过程中，都扮演着重要的角色，哪怕国家本身在底层民众之中只是一种有限的存在。与华琛的例子不同的是，在本文的个案中，国家既未采取步调一致的努力来推动泰山娘娘的标准化，也未让精英们意识到参与这些事务的重要性。结果，尽管仪式和信仰的某些标准化过程的确出现在泰山娘娘的信徒中，但标准化的程度有限，而且是通过其他机制出现，同时没有涵盖整个社会，并且在某些方面实际上与儒家精英制定的准则产生冲突：就所谓的标准化而言，其过程更类似于苏堂栋提出的"异端行为（heteroprax）标准化"，而非正确行动的胜利。

在碧霞元君未能成为像天后那样"标准化的"和备受礼遇的神明之后的一段时间里，她发展出了一套内在联系松散的人格，并拥有身份不同的支持者——既有地位显赫的宫廷妇女和宦官，又有包括许多村妇在内的乡民，还有一些介于两者之间其他群体（特别是在北京，她深受旗人男女的膜拜）。在天后的故事中，不同的追随者聚在一起参加共同的仪式活动（尽管有时是勉为其难的）；与此不同的是，在碧霞元君的个案中，身份不同的香客们经常在不同场地划分地盘，即使迫不得已使用同一场地，他们也经常会公开标榜彼此的区别。值得注意的是，在晚清民国时期，文人（在华琛描述的"标准化"过程中，他们经常扮演了居中斡旋的关键角色）要么在泰山娘娘仪式举办的公共地点或场合（比如在妙峰山，据载那里是大多数其他群体现身的地方）从不高调现身，要么在其他的名义下出场，但是对泰山娘娘的信徒批评颇多（正如在泰山那样）。①

其次，碧霞元君的形象也不尽相同。在一些寺庙雕塑和有关其事迹的壁画中，她以少妇的形象示人，其性别特征明显，服饰艳丽，甚至被许多观察者斥为相当庸俗；20世纪流传甚广的传说也经常强调这一方

---

① 关于妙峰山，见 Susan Naquin（韩书瑞），"The Peking pilgrimage to Miao-feng Shan: Religious Organizations and Sacred Site," in Susan Naquin and Chun-fang Yu eds., *Pilgrims and Sacred Sites in China,* Berkeley: University of California Press, 1992, p.355；中译文见［美］韩书瑞著，周福岩、吴效群译：《北京妙峰山的进香之旅：宗教组织与圣地》，《民俗研究》2003年第1期。关于北京地区碧霞元君崇拜的更一般性介绍，见 Susan Naquin, *Peking: Temples and City Life, 1400—1900*, Berkeley: University of California Press, 2000, pp.507–547。后文将对泰山作进一步讨论。此处值得一提的是，"文人"与华琛讨论的那些通过资助特定神灵来效忠国家的地方精英并不完全相同。参见 James L. Watson（华琛），"Standardizing the Gods: The Promotion of T'ien-hou（'Empress of Heaven'）along the South China Coast, 960–1960," in David Johnson, Andrew J. Nathan, and Evelyn S. Rawski eds., *Popular Culture in Late Imperial China*, Berkeley: University of California Press, 1985, pp.304–13, 318–20；中译文见［美］华琛著，陈仲丹、刘永华译：《神明的标准化：华南沿海天后的推广，960—1960年》，刘永华编：《中国社会文化史读本》，北京大学出版社，2011年，第122—149页。在华琛的讨论中，地方精英可以是目不识丁的地主。不过，文人或自诩为文人的群体一旦存在，将成为精英的重要组成部分，特别是在需要界定恰当的仪式活动的时候。

面。^①她的另一些为人熟知的形象则年长得多，仪态端庄，但同样身着华服。^②这类年长的形象常见于不同的宗教情境，却不太可能与她的故事同时出现，尤其是在近现代，因为有关她的故事常常着重于刻画其青年时代的传奇经历。最后，由清代宫廷妇女资助的一所道教寺观里，有一系列以碧霞元君为题材的壁画，呈现了一种截然不同的形象：衣着朴素，不戴珠宝，目不视人，既乏性感之姿，亦无慈母之态。^③这些多样的形象引发了关于正确行动模型的第二个方面的议题，即涉及图像的寓意。形象本身并不是论点所在，却能够以一种显而易见的方式反映出信仰的分歧，因此通过公开的呈现，还原了在正确行动的模型下被抹去的私下的差异。

在这个故事里，第三个反复出现的主题是空间政治的重要性。对国家、文人以及其他群体而言，泰山是特别重要的圣地（对清朝之后的历任国民政府，泰山也有着不同形式的重要性，本文不作详述）。然而，由于没有僧侣或是其他居民大规模地常年居住在泰山上，任何置身其中的角逐者都无法牢牢掌控泰山。这一事实对理解泰山上发生过的和未发生的标准化过程以及置身于该空间的不同群体之间的持续冲突非常重要。

① 我关注过这些议题，发现泰山娘娘的三寸金莲尤其令人津津乐道，见 Kenneth Pomeranz（彭慕兰），"Power, Gender, and Pluralism in the Cult of the Goddess of Taishan," in Theodore Huters，R. Bin Wong, and Pauline Yu eds., *Culture and State in Chinese History*, Stanford: Stanford University Press, 1997，pp.195-97；中译文见［美］彭慕兰著，陈仲丹译：《泰山女神信仰中的权力、性别与多元文化》，韦思谛编：《中国大众宗教》，江苏人民出版社，2006 年；Edouard Chavannes, *Le T'ai Chan: essai de monographie d'un culte chinois*，Paris: Ernest Leroux, 1910, p.69。

② 相关例子，见刘迅的描述及文中的图像，参见 Xun Liu（刘迅），"Visualizing Perfection: Daoist Paintings of Our Lady, Court Patronage, and Elite Female Piety in the Late Qing," *Harvard Journal of Asiatic Studies*, Vol. 64, No. 1, Jun 2004, pp.57-115; Hedda Morrison, Hua Shan, *The Taoist Sacred Mountain in West China*, Hong Kong: Vetch & Lee, pl.58。

③ 见中国道教协会编：《道教神仙画集》，华夏出版社，1995 年，第 108—121 页。感谢刘迅先生提醒我注意这则资料。

第四点是围绕着碧霞元君的争议，使通常出现在家庭内部的性别和世代议题凸显出来。这些议题经常需要重新考虑利益与身份，而非仅仅看作是不同家族之间就土地以及其他经济资源而产生的此消彼长的零和冲突（zero-sum conflicts），这一新的思考方式能够解释大部分有关"神明标准化"的信仰差异。

最后，运用比较法来理解碧霞元君的故事看起来最行之有效，它凸显了同一时期内碧霞元君信仰与其他信仰的相似与差异，下文将对此作进一步说明。这与华琛所运用的研究方法完全不同，他关注单一神灵（天后）或是某个时期的仪式场合（葬礼），因此这更可能造成故事中所涉及的对象受限、集中在他们共同开展的公共实践（即使是勉为其难的），以及视实践的稳定性为某一位或某一群特定对象的胜利。对随着时间推移不断变化的不同崇拜进行比较，我们得以寻求另一种层面上的文化统一性——在这一层面上，支撑正确行动模型的方法论假设将难以为继。本文的结论将回到这些议题上。

不同的地点和不同的女神

对泰山娘娘的研究非常清楚地指出，特定的场所对于限制正确信仰和正确行动至关重要。19世纪末，泰山以及华北农村（大部分是农民，而且可能主要是妇女，当然也不排除其他人群）的碧霞元君祭拜与京津一带的祭拜（以宫廷妇女及宦官为主）有相同的特征，足以证实两者有共同的起源。不过两者在其他方面有很大的分歧，而且不一定承载相同的观念并具有相同的功能。

碧霞元君有着相当复杂的历史，简而言之，在16世纪到18世纪之

间，深受欢迎的碧霞元君是一位与年轻妇女（特别是年轻的媳妇）紧密
相连的女神，当然，她庇佑的人群不限于此。她还与一些非正统的能力
来源（包括常以危险著称的狐狸精）有关，但是她将能力用在实现以家
族和世系为出发点的可敬目标上：生养后代，照顾年迈的公婆，以及
承担其他属于年轻媳妇对于新家庭的分内职责。[1]在其"职业生涯"的
早期阶段，她因一系列更广泛且更具公共性的功能而受人膜拜，包括保
护社区免于洪水侵袭，以及保护国家。[2]非常有趣的是，像天后这样被
国家收编并资助的神灵，功能范围有增无减，而碧霞元君的功能范围却
随着时间的推移，收缩到一些与信徒个人更息息相关的问题上，不过，
基于她始终未能在官方的万神殿中占据一席之地的事实，这种收缩也并
不让人意外。

到了20世纪，我们发现不同版本的"碧霞元君"。她们都拥有一个
惊人的特征：比起明末清初的版本，她们变得更注重一己之利，而且
皆因关照家庭以内的事务而受到膜拜。在某些方面，这种更明显的对个
体的关照——我之后还会继续讨论——标志了以国家为出发点的功能
渐次式微，而且，可能也标志着一种在清末的中国文化中更普遍的趋
势。但更重要的是，泰山娘娘的多种现代版本彼此迥异。举个可能比较
极端的例子，在白云寺内由宫廷妇女赞助的一位泰山娘娘，变成高雅
脱俗的道教内丹术大师，用刘迅的话说，她让能量在体内运行，以达

---

① Kenneth Pomeranz, "Power, Gender, and Pluralism in the Cult of the Goddess of
　Taishan," pp.193, 195-199.
② 相关例子，见查志隆编：《岱史》，万历十四年刊本，上海古籍出版社影印，1989年，
　第58、63—64、107、116页；嘉庆《泰山志》卷十，金棨辑，嘉庆七年刊本，1892
　年影印本，未出版，第21a页；卷十一，第8b—18b页；《道藏》卷一〇六三，艺文
　印书馆据万历三十五年本影印，1962年，第3a—4a、7b页；Edouard Chavannes, Le
　T'ai Chan: essai de monographie d'un culte chinois, pp.300-301；康熙《泰安州志》
　卷四，成文出版社据康熙五十九年本影印，1968年，第21a页。

到长生不老以及美貌永驻的目的，而非满足世俗的需求（如传宗接代等，见刘文，第59—61页）。山东农村的泰山娘娘也有美丽的容颜，但是类型不同。她更接地气，而且相当顽皮，喜欢捉弄有权势的男子——有时是为其他年轻妇女出气，有时仅仅是为了自己。[①]而且，泰山娘娘的现代传说对其祭拜者的叙述也同样发生改变（无论祭拜者实际上是否有所改变）。在古老的传说中，泰山娘娘的信徒希望她能帮助他们侍奉亲人，而在20世纪的版本中，许愿者经常来托她成全更私人化的心愿。

也许揭示这种变化的最明显的例子，是人们从泰山娘娘位于山顶的寺庙旁纵身跳下的故事。在明清时期的传说中，泰山娘娘的信徒牺牲自己的生命来为亲人添寿，不过，故事中的泰山娘娘经常来护航，使这些真正虔诚的信徒安然无恙。[②]这样的人有很多，即使他们会因曲解了自己的职责而备受诟病[③]，他们也会因孝顺备至而得到赞许。在20世纪收集到的故事中——包括那些发生在远古的故事——为长辈的牺牲变罕见了。不过，农村妇女（以及偶尔出现的男性）跳崖另有其因。故事中有些妇女仍希望借碧霞元君之力生个男孩——这当然是基于家族或世系的考虑（当然，这也会使她们个人受益）。然而更常见的是，有些妇

---

① 相关例子，见孙景贤编：《山东之民间传说》，未出版，1934年，第2—8页；陶阳、徐纪民、吴绵编：《泰山民间故事大观》，文化艺术出版社，1984年，第18—32、159—166、182—184、247—248、365—366页；陈庆浩、王秋桂主编：《山东民间故事集》，远流出版事业股份有限公司，1989年，第11—15页；Brian Dott（达白安），*Ascending Mount Tai: Social and Cultural Interactions in Eighteenth Century China*, Ph.D. Dissertation, University of Pittsburgh, 1998, p.142。
② 见查志隆辑：《岱史》，第56、88、96、108、115—116、150页；聂剑光：《泰山道里记》，艺文印书馆据乾隆三十六年刻本影印，1968年，第92页；嘉庆《泰山志》卷六，第31a—b页；卷十九，第12a—b页；康熙《泰安州志》卷四，第20a—21a页；同治《华岳志》卷二，成文出版社有限公司据同治十二年刻本影印，1970年，第35a页。
③ 到了清末，这种情况越来越普遍，相关例子，见Mark Elvin（伊懋可），"Female Virtue and the State in China," *Past and Present*, no. 104, Aug.1984, pp.123, 127-129。

女跳崖是出于更个人化的诉求：有的是独自侍奉公公的寡妇为了摆脱孤独苦闷的生活，有的是为了保护名誉，还有的是为了摆脱荒淫无道的官员，并与遭此官杀害的爱人在九泉之下团聚。[①]20世纪的资料——准确地说是通俗小说，而非"民间"传说——记载了一位满族的上层妇女跳崖的故事。这位女主人公的目的，更不同于履行传统意义上的职责：她假装跳崖而死，从而能在不伤及自己父母（已经被有关她的流言蜚语所牵累）颜面的情况下离开其丈夫，并过上浪迹天涯的江湖女侠生活。[②]

与华琛在1985年的经典之作中探讨的处在同一空间的不同天后（当然，她们倾向于占据不同地点的事实的确很明显）相比，出现在不同时空中的碧霞元君似乎没有表现出更显著的不同。不过，碧霞元君的多个版本，外观差别之大已经到了其身份不同的追随者无法识别的程度。例如，泰山娘娘的一些形象想必会让其在北京的祭拜者完全不能接受。尽管视觉形象在任何普通意义上都算不上"实践"，它们却更接近于仪式而非信仰，因为它们的不同之处能为他人所见而不会轻易地被抹煞，不像存在于祭拜者个人信仰这种私下的差别那样无迹可寻。然而，由于在塑像、宝卷以及其他图像中对泰山娘娘的刻画要顾及出资者的审美品位，可以推测，这些图像反映了特定祭拜者或祭拜团体的信仰。在泰山娘娘的特殊例子中，这种对不同信仰的反映，公开呈现了非标准化的发展趋势。

---

① 相关例子，见陶阳、徐纪民、吴绵编：《泰山民间故事大观》，第262—266页。
② 王度庐：《卧虎藏龙》，联经出版事业公司据民国三十年版影印，2000年。感谢桑梓兰女士提醒我注意到小说原著的这一细节，2000年改编的电影对此有了较大幅度的改动。

宫廷、官僚机构、文人和矛盾的"标准化"

泰山娘娘个案的另一个有趣之处在于国家与精英的关系。华琛以尤金·韦伯（Eugen Weber）的"从农民到法国公民"模型[1]作为天后个案的参照，而泰山娘娘的个案与韦伯的模型则更为不同。华琛强调，尽管欧洲的地方精英常常与平民百姓并肩捍卫受到中央集权者（他指的是法国政府，当然，人们容易联想到其他例子，如反宗教改革时期的罗马教廷）威胁的地方神祇，在中国，地方精英倾向于同国家合作，推动"神明的标准化"。实际上，摒弃国家不认可的神祇而资助那些被认为值得供奉的神灵，是地方精英常用的一种策略（例如在边疆地区），用以象征其自身的"开化"程度以及与中央政权合作的热忱。[2]

值得注意的是，不能把华琛关于"国家倡导的是象征而不是信仰"的观点绝对化（如果绝对化，他的理论就说不通了）。他并没有说信仰不重要，而是说比起其他一些社会，信仰在中国的地位没有那么重要。同样的，中国的地方精英倾向于与国家合作推动神明的标准化，而非捍卫地方的特殊主义（particularism），这也是一种相对而言的观点。华琛应该不是说中国的地方精英总是支持标准化（而其他区域的地方精英从未支持），而是说他们的意愿比其他地方的精英更明显。而且，华琛要对话的是一套从近现代欧洲的历史经验中得到的理论。

然而，从碧霞元君的例子中，我们看到了一些不同之处：国家本

---

[1] Eugen Weber, *Peasants into Frenchmen: The Modernization of Rural France 1870–1914.* Stanford: Stanford University Press, 1976.

[2] James L. Watson, "Standardizing the Gods: The Promotion of T'ien-hou（'Empress of Heaven'）along the South China Coast, 960–1960," pp.292–324.

身分化成乐于资助该神的朝廷和对此不屑一顾的礼部官员以及（后来的）大部分文人。结果，华琛的第一个对比——在中国主要强调仪式与在欧洲主要强调信仰——不太适用于这个例子。其次，他的第二个对比——在中国推动标准化的地方精英和欧洲的特殊神宠论者——在这个例子中表现得更明显，因为地方精英甚至比国家本身更能实践正确行动和推动标准化，特别是在清代。

本文使用了一套复杂的证据，简而言之，对碧霞元君的祭拜似乎始于一项皇帝的法令。当宋真宗于1008年造访泰山时（就在其宣布有天书降临而引起士人怀疑之后），他的侍臣在山顶发现了一座掩埋于此的女性雕像，据称这是泰山娘娘（与碧霞元君合而为一的过程在此不详述）的形象，这一发现展示了对她的祭拜古已有之，因而具有权威意味。[1] 在此后的5个世纪里，对她的祭拜逐渐流传开来，最终形成压倒凶猛的泰山男神东岳之势。在这个过程中，她的起源被追溯到宋代之前的好几个世纪里，最常见的书面文字称她在汉代成仙，而另外一些文字则把她的起源置于一个更遥远、更扑朔迷离的过去。[2]

没有证据显示这一崇拜始于底层百姓，继而被纳入国家体系，不过这种起源的迹象有可能会浮出水面。在我所掌握的资料里，也没有证据显示仪式专家在这些演变中扮演了重要的角色。[3] 不过正如康豹（Paul Katz）在他的文章中指出的，在其他一些场合中，仪式专家经常是推动

---

[1] Kenneth Pomeranz, "Power, Gender, and Pluralism in the Cult of the Goddess of Taishan," pp.187–188.
[2] 关于最为常见的故事（同时也是最终被顾炎武和其他学者抨击的故事），见查志隆辑：《岱史》，第63页；同治《华岳志》卷二，第38b—39a页（相同的故事，但是发生在另一座山上）。关于其他版本，见查志隆辑：《岱史》，第116页；《道藏》卷一〇六三，第2a页；［日］泽田瑞穗：《支那民间の神々》，无出版社信息，第31—33页。
[3] 由于晚清的大火对泰山寺庙记录的破坏以及20世纪的暴力活动，在缺乏有关来自仪式专家文献的情况下，难以进行准确推测。

标准化过程的一股关键却常常不受重视的力量。本文的个案采用了华琛的三角模型，构成对象包括国家、精英和不同群体的平民，这样做似乎涵盖了基本的活动人群，而重要的前提是这里的国家分化成了宫廷和官僚机构两部分。

无可争议的是，一直到15世纪末16世纪初，碧霞元君在华北随处可见，供奉她的寺庙远至苏州和无锡（福建的一些地区也祭拜碧霞元君，但是不太清楚她们与北方的碧霞元君存在何种联系）。16、17世纪的文本经常将她与观音、天后并列为中国主要的三大女性神灵。有人还将民间秘密宗教组织白莲教信奉的女神无生老母列入其中，17、18世纪的一些文本还宣称她们是同一位女神的化身。①事实上，尽管这四位女神有各自的起源，她们都属于万志英（Richard von Glahn）所谓的"慈悲的女性化"（the feminization of compassion）这种广义层面的历史现象：大众崇拜女性神灵得到发展，这些女神对信徒来者不拒，而且，看起来比男神更有慈悲之心，因为那些男神常以正襟危坐的官员形象示人。②有趣的是，那些宣称三神（或四神）合一的时人敦促女神的信徒跳出仪式实践的多样性，去领会所谓的教义共通性——那是一些隐藏在多样实践背后的共同含义，一位文化史家也许会根据这些含义，宣称某一阶段具有特定的统一性，或是认为不同的群体都是同一历史潮流的组成部分。

无论我们对碧霞元君的出现作何解释，当时她吸引了大批身份不同的追随者。位于泰山的碧霞元君主庙在1620年代每年吸引至少40万名

① Kenneth Pomeranz, "Power, Gender, and Pluralism in the Cult of the Goddess of Taishan," pp.183, 187−188, 193，以及文中的注释。

② Richard Von Glahn（万志英）, *The Sinister Way: The Divine and the Demonic in Chinese Religious Culture*, Berkeley: University of California Press, 2004, p.151.

朝拜者（当时并非出行的好时机），也许将近100万。[1] 尽管大部分香客的确是平民百姓，她也有许多有钱有势的信徒。16世纪末，万历皇帝的母亲以及许多有权势的宦官曾慷慨捐资[2]；在华北的许多地方分庙保存有晚明或是清初的进士题词，但他们经常声称自己是为那些文化程度不及他们的虔诚信徒代笔。[3] 像许多其他神灵一样，16、17世纪出现了大量有关碧霞元君的文本。其中包括《宝卷》（内容相当直白，语言简明反复，面向一个相当广泛的读者群）以及两篇收录于1607年的扩充版《道藏》文本，简短却深奥得多；后者揭示出碧霞元君信仰得到了来自道教的上层机构和朝廷（正如我们已经从其他资料中得知）的双重认可。通过这些叙述可以预见，碧霞元君的前途会像天后或观音那般荣耀。

不过，一旦泰山娘娘的信徒扩展到各个阶级时，她就与一些有影响力的标准化推动者产生冲突。早在1516年，礼部就对其真实性提出过质疑，指出没有任何证据显示她曾受到古人的祭拜或者是她在历史上确有其人，之后化成了神仙——如果她是山神，她将受到非常不同的礼遇，而且仅限于官员。然而，以上这些质疑都未动摇明代宫廷对她的资助。在聚讼纷纭的情况下，礼部官员石天柱认为对泰山娘娘的朝拜是"淫祀非礼"而主张加以取缔，此后不久，他就因忤逆得势的宦官而殉难，这种下场可能让正统的儒家士人对他所批评的泰山娘娘更没有好感。《实录》还特别将这一时期皇宫对她的支持与不齿于人的宦官黎鉴

---

① Kenneth Pomeranz, "Power, Gender, and Pluralism in the Cult of the Goddess of Taishan," pp.183, 188.

② 崔秀国、吉爱琴：《泰岱史迹》，山东友谊书社，1987年，第116、167、183、186页；Susan Naquin, "The Peking Pilgrimage to Miao-feng Shan," pp.353—354.

③ 民国《续修范县县志》卷六，成文出版社有限公司据民国二十四年版影印，1968年，第16b页；道光《冠县志》卷九，成文出版社有限公司据道光十年刻本影印，1968年，第17b—19b页；民国《阳信县志》卷二，成文出版社有限公司据民国二十六年刻本影印，1968年，第3a页；光绪《德平县志》，成文出版社有限公司据光绪十九年刻本影印，1968年，第609—611页。

联系到一起（不过很明显，支持她的群体范围广得多），这种记录似乎也体现了编修《实录》的清朝学者对她的态度之模糊。①

清初，顾炎武及其他考证派学者加入了反对祭拜碧霞元君的阵营，并更进一步，将反对的声音从官方纪念领域扩展到公共话语层面，明确地否定了她作为山神的权威性地位。②此外，女信众对碧霞元君的祭拜行为也令文人们不胜其烦，他们抱怨这些女性的活动干扰了自己对于泰山的历史古迹和自然景观的研精覃思。③实际上，文人们的泰山之行有自己的一套实践行动——达白安（Brian Dott）有力地辩称，尽管许多文人煞费苦心地与泰山娘娘的香客划清界限，他们的泰山之行也应被视为朝圣之旅。④

在大多数情况下，当文人们撰文赞颂泰山时，索性无视碧霞元君：尽管在泰山上，碧霞元君、碧霞祠以及香客无疑跻身最显眼的景观之列，可是在关于泰山之行的诗集中，在数以千计的作品里，仅有一小部分明确提到了这些景观。而在清代，越来越多的文人甚至在一些文章中不但对碧霞元君毫无敬意，而且还极力贬损她。原因似乎包括她的历史

① ［日］泽田瑞穗：《中国の民間信仰》，无出版社信息，1982年，第303—305页；P. A. Tschepe（蒂施佩），*Der T'ai-schan. Yanzhoufu: Katholischen Mission Süd-Schantung*, 1906, p.95.

② 顾炎武：《日知录》卷二五，商务印书馆（长沙）据康熙九年版影印，1939年，第五册，第77—78页；《山东考古录》卷上，艺文印书馆据顺治十八年版影印，1967年，第8b—11b页；亦见民国《重修泰安县志》卷十二，台湾学生书局据民国十八年刊本影印，1968年，第19a页。

③ 顾炎武：《日知录》卷十四，第五册，第38—39、105—106页；卷三十一，第十册，第69页。另一位文人也表达了同样的不满，因其泰山之行受到女香客的干扰，见Pei-Yi Wu（吴百益），"An ambivalent pilgrim to T'ai Shan in the seventeenth century," in Susan Naquin and Chun-fang Yu eds., *Pilgrims and Sacred Sites in China,* pp.75-77, 81-83; Mark Elvin, *The Retreat of the Elephants: An Environmental History of China*, New Haven: Yale University Press, 2004, pp.407-409；中译本见［英］伊懋可著，梅雪芹、毛利霞、王玉山译：《大象的退却：一部中国环境史》，江苏人民出版社，2014年。

④ Brian Dott（达白安），*Identity Reflections: Pilgrimages to Mount Tai in Late Imperial China*, Cambridge, MA: Harvard University East Asia Center, 2004, pp.203-205.

不够悠久，碧霞元君崇拜的发展与朝廷的各种越权之举的关联（宋真宗、黎鉴及其他），对于女香客的厌恶，以及对性别角色的更普遍的敌意，在文人看来，这种性别议题是由碧霞元君的传说和仪式的方方面面所带来的。[①]因此，我们能够从文人们在泰山上的活动及其有关泰山的论述，看到他们推动标准化的过程。虽然他们也像其他群体那样登临泰山，却毫不掩饰泰山之行的背后与其他群体的信仰区别，并且强化自身与其他群体在身份上的明确对立。

　　对碧霞元君及其信徒的批评，至少在文化素养高的人群中广泛流传。两本清代的关于泰山的指南都对碧霞元君崇拜半信半疑，敦促他们的读者敬而远之。[②]与此同时，正如前文所述，许多地方的碧霞祠保

[①] 在17世纪的文人小说《醒世姻缘传》对一次泰山朝圣之旅的刻画中，由此而来的敌意以及其与性别议题的关联表现得特别明显，见齐鲁书社据顺治六年（据传）版影印，1981年，第884—907页。关于相关章节的翻译，见Glen Dudbridge（杜德桥），"A Pilgrimage in Seventeenth Century Fiction: T'ai-shan and the Hsing-shih yin yuan chuan," *T'oung Pao*, 77, 4-5, 1991, pp.226-252；中译文见［英］杜德桥：《17世纪小说中的一次进香之旅：泰山与〈醒世姻缘传〉》，乐黛云等编选：《欧洲中国古典文学研究名家十年文选》，江苏人民出版社，1998年，第284—309页。关于讨论，见Glen Dudbridge, "Women Pilgrims to Tai Shan," in Susan Naquin and Chun-fang Yu eds., *Pilgrims and Sacred Sites in China*, 1992, pp.39-64。杜所翻译的章节中没有提到与晁源有关的一点，这一人物的不当之举遭到了报应，极大地推动了小说情节的发展。他在小说的开头至少两次冒犯了碧霞元君：首先，他射杀的那只仙狐，是碧霞元君的部下，从小说的其他细节来推测，仙狐所尊崇的那位无名的山神可能是碧霞元君；其次，当他得知母亲打算去附近的一座碧霞祠时，对其严加斥责。

[②] 关于碧霞元君传说及其信徒的评论，见聂剑光：《泰山道里记》，第43、55、75—76、80—81、96—97、137页。作为一名地方文人，聂剑光虽然没有官职，却有很广的人脉。他在描述碧霞祠发生的一场大水和大火时，并未使用特别遗憾的语气（《泰山道里记》，第78—79、92页）。泰安府官的作品类似，但更详细地抨击了与碧霞元君有关的传奇故事（嘉庆《泰山志》卷十九，第6b—18a页）。以上作品得到了一些最有名的中国文人的赞序，而且流传多年。这些评论也不断出现在民国时期各种各样的有关周边地区的指南和方志中，通常视进香为一种历史的残余。例如《新刻泰山小史》，山东省政府出版，1932年，第22a页；黄泽苍：《分省地志》，中华书局，1935年，第114—116页；《茌平县志》卷二，五三美术印刷社，1935年，第103a页；民国《东阿县志》卷三，成文出版社有限公司据民国二十三年版影印，1976年，第14a页。

存着明末清初的功名持有者的题词，目前我所见到的都在1675年之前。就在同一年，一位山东博山的官员抱怨当地的碧霞祠"荒唐诬罔，迷惑愚邪"。[①]同样是在康熙统治时期，在河南浚县有座远近闻名的碧霞祠（其中还供奉着一位龙母），由于破坏了当地文昌阁的风水而受到诟病，因此有人将当地科举不兴归咎于此。[②]

宫廷的资助还在继续，不过变得更谨慎，且逐渐被满族妇女和宦官把持，而皇族男性大多从这些活动中抽身而退——起码公开的记录会给人这种印象。而且，宫廷涉足的对碧霞元君的祭拜（以及资助）不在泰山，而似乎越来越局限在北京及其周边的寺庙中。我推测这种地方化过程不仅关系到山峰本身，而且关系到华北乡村的大部分地区，这里是上山香客的主要聚集地；往来于泰山的人群不一定会了解到身处京畿之地的碧霞元君能从有钱有势的信徒那里得到多少资助，而是会观察到由他们这样的百姓主导的进香场面（以及地方上的出巡和归来的庆典）。到了清末，更通俗化的泰山娘娘，其追随者似乎仅剩下农妇，因为男性、文人以及生活富足的普通百姓抛弃了她——同样的，起码是公开层面的。[③]例如在1907年，河南汲县发生了一场骚乱，一所新式学堂

① 民国《续修博山县志》卷十四，成文出版社有限公司据民国二十六年版影印，1968年，第14b—16a页。

② 嘉庆《浚县志》卷六，成文出版社有限公司据嘉庆六年版影印，1976年，第10b—12b页；光绪《续浚县志》卷四，成文出版社有限公司据光绪十二年版影印，1968年，第22a—24b页。从1736年起，朝廷不再干预泰山顶端的碧霞元君主庙的经营，不过谕令并不反对民间对碧霞元君的信仰，前提是这种信仰不会影响到国家的祭仪（《清高宗实录》卷二十一，华文书局据1937年伪满影印本缩印，1964年，第10a—b页）。实际上，自从谕令禁止向香客收取"香税"，它在某种程度上就有利于进香活动，但文本称这一改变使政府和香客的关系渐行渐远，而非鼓励他们互动。

③ 关于碧霞元君崇拜在多大程度上实际为女性所主导最难以下判断。尽管有关进香的文字记载总是强调女性的参与——部分原因在于这是最让儒家卫道士不满的情况——女香客的实际比例可能相对较低。关于北京近郊的妙峰山的情况，韩书瑞认为，女香客的比例可能还不到10%，进香团体中的女性成员的比例可能更小。见Susan Naquin, "The Peking Pilgrimage to Miao-feng Shan," p.365。相比之下，（转下页）

的学生与碧霞元君的信徒发生冲突，这些信徒正在附近的一所庙外举行年度的庙会表演和求子仪式。现存的两份叙述语焉不详，但是愤怒似乎快速蔓延，当碧霞元君的神像被毁之后，信徒围攻学堂和其他目标。报告称碧霞元君的祭拜者全部来自社会最底层（"下流"），野蛮无知；后来这些信徒不得不从其他社会阶层中找一位"绅"来为他们求情。[1]这种把社会阶级完全区别开来的做法，尽管很可能过于夸张，不过还是有启发性。

　　这位更通俗化——也许称得上落魄——的泰山娘娘，其所经历的演变为标准化的假设提供了很好的反例，因为她的面貌和传说都有很大改变，与正统的价值观越来越格格不入。如前所述，到了20世纪，她变成一位相当顽皮且以自我为中心的神灵，她的传说集中在刻画她对有权无谋的男性神仙的戏弄上。通俗化/平民化的碧霞元君通过许多方式留存至今，但显然她并没有像那些"标准化了的"神灵那样，成功地受到各个阶层的慷慨捐资。与此同时，在京津一带的碧霞元君祭拜，尽管受到更广泛和丰厚的资助，也有某种分裂的迹象。妙峰山于是乎与贫穷的香客挂钩，而与之相隔的丫髻山则与富人相联——不过在现实生活中，区别无疑没有这么明显。[2]1911年之后，一度受到满洲宫廷妇女和宦官

（接上页）达白安对泰山的研究则表示，在当地已知的进香团体成员中，女性所占比例约为35%；如果算上未附属于任何机构的香客或是未在匾额或石碑上留名的女性，比例可能更大。见 Brian Dott, *Ascending Mount Tai: Social and Cultural Interactions in Eighteenth Century China*, p.133。无论实际的人数有多少，北京和泰山的区别看起来很重要，证实了对泰山娘娘的祭拜（以及后来收集到的有关她的故事）在两地存在差别。

[1] 参见王锡彤：《燕豫萍踪》，年期未知；童坤厚：《王筱汀先生年谱》，年期未知。以上两种文献，感谢张信先生向我提供这些当年还未出版的资料。译者注：以上资料目前已经出版，见王锡彤：《燕豫萍踪》，《北京图书馆藏珍本年谱丛刊》第189册，北京图书馆出版社，1999年，第381—383页；童坤厚：《王筱汀先生年谱》，《北京图书馆藏珍本年谱丛刊》第191册，第625—626页。

[2] Susan Naquin, "The Peking Pilgrimage to Miao-feng Shan," p.351.

祭拜的完美的道教神仙、基本上独立的碧霞元君崇拜，随着清王朝的覆灭遭到重创。与此同时，一位新神灵应运而生，对她的崇拜似乎仅限于京津地区——王三奶奶，一名1845年过世的香客的神格化，作为一位平易近人且行事仿效碧霞元君（如今被认为高高在上而不易为普通百姓所接近）的神灵，她对该地区的平民祭拜者具有吸引力。① 相比之下，山东当地不需要王三奶奶，因为碧霞元君本身就趋于平民化了。缺乏文人和官僚的关键支持，精英和大众对于碧霞元君的崇拜在各个方面渐渐分道扬镳（特别不同于京津地区），而且境况日渐萧条，既未融合成一种祭拜的标准化类型，也未促成广泛的文化统一性。

标准化、多样化和争议

这个奇闻轶事层出不穷的个案，绝不仅仅是标准化过程的一个特例，它表明标准化的观点在许多方面并非放之四海而皆准。首先，它强调了国家收编政策中一项经常被忽视的内在矛盾，对抗的一方是通过对新神灵的认可来获得"领导力"的皇帝，另一方是兴趣在于确定文本和仪式标准的官僚与文人。② 简言之，在这个问题上，"国家"远非唯一的行动者，而且我推测，此类例子还有很多，特别是在清代：对于人数占优势的士绅而言，随着私人考据研究、地方志编纂以及诸如此类的

① Xiaofei Kang（康笑菲），*The Cult of the Fox: Power, Gender and Popular Religion in Late Imperial and Modern China*, New York: Columbia University Press, 2006；中译本见康笑菲著，姚政志译：《说狐》，浙江大学出版社，2011年。Susan Naquin, *Peking: Temples and City Life, 1400—1900*, p.545.

② Taylor Romeyn（戴乐），"Official and Popular Religion and the Political Organization of Chinese Society in the Ming," in Kwang-ching Liu（刘广京）ed.,*Orthodoxy in Late Imperial China*, Berkeley: University of California Press, pp.137-142, 148-149.

活动变得更为重要，许多地方崇拜，虽然没有彻底背离正统，也绝对无损宫廷利益，还是成为众矢之的。

在这个例子中，朝廷推动的"标准化"与官僚机构和文人精英的实践，标准大不相同，于是，民间精英非但未捍卫特殊主义（particularism），反倒成为特殊主义最坚定的反对者，立场比朝廷更坚定，尽管两者都致力于推广正确信仰。当然，起码看起来如此——这些结论大多来自文本，而且，我们有足够的理由担心这些资料夸大了地方精英不再过问碧霞元君的程度。可想而知，我们有这样的个案，正如宋怡明和苏堂栋指出的，文人热衷于将自己与标准化扯上关系，却没有付诸太多实际行动。诚然，碧霞元君据称多为妇女所祭拜的情况，会导致对她的支持难以为继，上层男性一方面公开表示对与"他们"有关的女性所从事的无知行为大为失望，另一方面暗自庆幸所有的宗教崇拜都由家庭成员承担。据一份1920年代的西方资料记载，省级长官们不愿意在公开场合与"迷信活动"有所牵连，而他们的妻子则一如既往地前往泰山的碧霞祠进香，为全家祈福。[①]不过，这种主张很难被证实。这样的模式一直都相当普遍——以精英对佛教的捐赠为例，年长妇人的一片虔诚尤其能使她们的儿子在儒家孝道的掩护下捐助佛教寺庙。[②]不过，我估计上述情况不太可能出现在碧霞元君的个案上：一方面，我们找不到任何公开的证据，比如，听到捐资的男性宣称"吾不信，然吾母信"；另一

① William E. Geil, *The Sacred Five of China*, London: John Murray, 1926；中译本见〔美〕威廉·埃德加·盖洛著，彭萍、马士奎、沈弘译：《中国五岳》，山东画报出版社，2006年，第14页。

② Timothy Brook（卜正明）, *Praying for Power: Buddhism and the Formation of Gentry Society in Late-Ming China*, Cambridge, MA: Council on East Asian Studies, Harvard University and Harvard-Yenching Institute,1993, p.189；中译本见〔加〕卜正明著，张华译：《为权力祈祷：佛教与晚明中国士绅社会的形成》，江苏人民出版社，2005年。

方面，出于各种原因，碧霞元君主要与年轻女性联系在一起。①（同样要注意，这里说的是代表性，而并非一定是信徒的人数，更不是踏出闺门、前往朝圣的祭拜者人数。）比起成年男子的母亲，年轻女性的行动和据称的态度为男性资助提供的掩护要少得多。实际上，儒家思想要求一位优秀的一家之主能够管束年纪较轻的女性，而非纵容她们，他却无法以同样的方式对女性长辈发号施令。

之所以说地方精英（以及官僚）从碧霞元君崇拜中抽身而退是事实还有另一个原因，上文已经简单提及：至20世纪，与碧霞元君有关的传说已经发生了显着变化。从1920年代起，而且至少持续到了1990年代早期，民俗学研究者、民族志学者，以及官员编纂了大量有关于她的"民间传统"。这些汇编充斥的大量故事，在1800年之前的资料中未曾出现，其中有些故事一定是不久前才问世的——例如有一个故事"解释"了泰山沿途的形态特征，其中提到的路线19世纪之前并不存在。②针对当前这个主题，至少同样有趣的是，19世纪以前书面上有关她的传说，包括宝卷、地方志的说明、泰山之行的指南，或是据称脍炙人口的故事汇编，例如袁枚的《子不语》，几乎完全不见于这些当代的汇编；为数不多的出现在20世纪汇编中的早期故事采用了完全不同的形式，价值理念大相径庭。③

---

① Kenneth Pomeranz, "Power, Gender, and Pluralism in the Cult of the Goddess of Taishan," p.194–199.

② 见孙景贤编：《山东之民间传说》，第2—8页；陶阳、徐纪民、吴绵编：《泰山民间故事大观》，第12—13、18—35、182—184、262—266、365—366、393—394页；陈庆浩、王秋桂编：《山东民间故事集》，第11—15页；刘秀池主编：《泰山大全》，山东友谊出版社，1995年，第1531—1532、1651—1652页。

③ 关于那些古老传说的例子，见陈文述：《岱游集》卷九，江浦陈氏房山山房据嘉庆七年版影印，1920年，第17b—20a页；袁枚：《子不语》，河北人民出版社据嘉庆元年版影印，1987年，第8—9、81—83、108、176—177页；[日]泽田瑞穗：《支那民间の神々》，第3页。

尽管我们能够假设，这些年代更为久远的书面资料无法涵盖世上流传的有关泰山娘娘的故事全貌，但难以令人信服的是，在这一崇拜的信徒更广的20世纪以前，书面文字和口头传说完全没有交叉。先前记录在册的民间传说不见于20世纪的汇编，表明那些古老的文本对泰山娘娘的信徒影响有限，如果他们能够接触那些古老的文本，他们很可能会让古老的文本焕发生机。毫不奇怪的是，一些有关碧霞元君的古老传说——特别是那些关于她的起源和成仙的转变——与上层人士支持的北京白云寺对其生平的呈现，两者的关联性更大。①

证据上的缺憾说明不了什么问题，在泰山和乡间，精英祭拜碧霞元君的实际活动，很可能比记录在册的更广泛。例如，我们知道，供奉她的寺庙远比地方志中记载的多。诚然，在其他的一些例子中，正如宋怡明指出的，地方精英更在意的是做出一种在当地践行标准化的姿态，而非身体力行地推动了标准化。然而在这个例子中，许多文人不仅与碧霞元君崇拜保持距离，而且公开谴责它。宋怡明还认为，当人们明明知道某种崇拜不受欢迎却仍继续参与其中，应是对神祇的灵验有所期待，否则难以解释这种费力不讨好的行为。因此从地方精英半公开的参与来看，我们看到他们一方面公开地对仪式实践持有异议，另一方面私下里却对教义达成一致（或者起码是部分一致）——与正确行动的理论正好相反。因此，尽管公开谴责/私下参与的情节与我的假设性结论（即清代中期以来，大多文人的确疏远了碧霞元君）之间的区别显然关系到宗教崇拜的历史（可能上述两者都有可取之处），这两种情况都无法轻易地套用正确行动的框架予以解释。

---

① 对比1995年中国道教协会再版的绘画以及张希舜、濮文起、高可与宋军的例子。参见中国道教协会编：《道教神仙画集》；张希舜、濮文起、高可、宋军编：《灵应泰山娘娘宝卷》，山西人民出版社据万历二十八年刻本影印，1994年，第14—16页。

有趣的是，无论精英私下有何感想，泰山娘娘的非精英信徒相当了解文人对泰山娘娘及其追随者的公开批评。经常出现在20世纪汇编中的有关碧霞元君的故事，似乎反映了就其正当性产生的分歧，在明清时期的文本中没有这方面的内容。现代的故事要么是关于碧霞元君如何通过戏弄有权势的男性（玉帝、佛陀、姜子牙和黄飞虎，这些人在控制泰山上比碧霞元君更有优势）而获得泰山，或者是有关她如何通过这样或那样的伎俩在泰山立足。在古老的传说中，她从父亲或是高高在上的天庭官员那里接管泰山，但是这样的叙述不见于20世纪的"民俗典故"集成。然而，有一则关于她被正式授予泰山的古老传说，却在白云寺1890年的绘画中得以保存，资助者出身上层，与宫廷有千丝万缕的联系。①

而且，所有关于碧霞元君获得泰山的现代故事，基本情节大同小异。有权势的男性将告示一类的东西安放在泰山上，以宣布对泰山的占领；而碧霞元君秘密掘地，将她的一双小绣花鞋埋入地下，然后向她的对手挑战，看谁先到谁就获胜。男方接受了挑战，结果鞋子的出土宣告了男方的失败；当他明白所发生的一切时，他已经无法食言，只好无能为力地大发脾气。②

如果说这个故事呼应了20世纪之前对泰山娘娘的书面记载，呼应的部分似乎是文人对其权威地位的不以为然。正是掩埋于泰山顶端的一

---

① 中国道教协会编：《道教神仙画集》，第110—121页。
② 见孙景贤编：《山东之民间传说》，第2—8页；陶阳、徐纪民、吴绵编：《泰山民间故事大观》，第12—13、31—32页；《山东省志·泰山志》，中华书局，1993年，第573页；刘秀池：《泰山大全》，第1531—1532页。达白安提到在一些其他的资料中也出现过这个故事，并推测这个故事可以追溯到"至少在20世纪初"。见Brian Dott, *Ascending Mount Tai: Social and Cultural Interactions in Eighteenth Century China*, p.255, n.10。迄今还未发现有更早的版本。

座女性雕像在1008年的重现天日，成为对其祭拜的正式批评文本的主要内容——这一发现被错误地阐释为展现了古人将其视为泰山神灵。[①]而且，1008年碧霞元君的发现，是宋神宗封禅仪式表演的一部分——其中，在泰山之巅埋入一件珍贵的物品是关键，此举被当作粉饰太平盛世的欺骗性举动而受到文人的广泛谴责——因此，这次一埋一挖的欺骗性发现成为文人诟病泰山娘娘崇拜的重点。[②]

20世纪的传说与碧霞元君的那些文人批评者，在价值观上完全不同，因为它们膜拜的是泰山娘娘的机智和对有权无谋的男性的羞辱。不过，一些关键的结构性特征——根据时间先后来决定谁是泰山主神，在山顶发掘出具有明显女性特征的物品，然后以此错误地评定先来后到，而且即使后来真相大白，泰山娘娘仍稳坐泰山，其信徒的发展也不受影响——有着惊人的相似；这表明了，至少有些信徒感受到文人的敌视态度，因此有意无意地通过传说，专门回应这种敌视。然而，年代久远的偏爱泰山娘娘的书面材料，在20世纪的关于她的传说中似乎无迹可寻。我们因而可以暂且推测，那些向现代民族学家讲述泰山娘娘口头"传统"的平民，并未听说古代集子中对泰山娘娘有所偏袒的文本，而是感受到了精英们的普遍反对。

---

① 顾炎武：《日知录》卷二十五，第八册，第79—80页；民国《重修泰安县志》卷十二，第19b页。
② 相关例子，见韩锡祚18世纪的批评，重印于民国《重修泰安县志》卷十二，第18b—21a页。宋真宗之后就不再进行封禅仪式，关于封禅的简要介绍，见Brian Dott, *Identity Reflections: Pilgrimages to Mount Tai in Late Imperial China*, pp.41-52。关于"天书"的争议、宋真宗随后的封禅仪式，以及大部分后世文人对这些活动的负面评价，见Christian Lamouroux（蓝克利），"Rites, espaces et finances: la recomposition de la souveraineté dans la Chine du XIe siècle," Annales-Histories, sciences sociales 51, 2, March-April 1996, pp.275-305。

信仰、实践、形象和空间

上述这种富有争议的意见，反过来揭示了一些深层的观点，这些观点与华琛对正确行为的论述并非完全不能兼容，不过华琛的论述需要进行一些修正。首先，如果认识到精英对碧霞元君的不满已经深深地影响了其信徒对女神的态度，以及信徒与女神的关系，那么这再次揭示了信仰的重要性，因为祭拜这位不被认可的女神，不太可能获利，因此人们之所以祭拜她，说明他们在某种程度上相信这位女神的灵验。比起华琛的天后个案，围绕着碧霞元君的争论也可能需要更复杂的"利益"理论。在华琛的个案中，塑造人们对天后观点的利益和认同表现得具体而且强调物质，并在大多数情况下互相对立：文氏和邓氏，地主和佃户，以及那些涉足非法的海上活动的人群和镇压者。[1]在碧霞元君的例子里，可能会影响人们宗教意向的利益不像天后的例子那么强调物质，而且两者的关系也更错综复杂。例如，小媳妇似乎是泰山娘娘特别重要的信徒，她们当然有些完全不同于其丈夫、公婆及其他人的利益所在，但是她们的利益冲突不像非胜即败的零和游戏（比如说，两个家族就一块开垦的土地发生争执）那么明显。推测起来，我们会在华琛讨论的葬礼[2]

---

[1] James L. Watson, "Standardizing the Gods: The Promotion of T'ien-hou（'Empress of Heaven'）along the South China Coast, 960-1960," pp.304-322.

[2] 他在另外两篇讨论葬礼的文章中提出了正确行动的概念，见 "Funeral Specialists in Cantonese Society: Pollution, Performance and Social Hierarchy," in James L. Watson and Evelyn S. Rawski eds., *Death Ritual in Late Imperial and Modern China*, Berkeley: University of California Press, 1988, pp.109-134以及 "Introduction: The Structure of Chinese Funerary Rites," in *Death Ritual in Late Imperial and Modern China*, pp.3-19；中译文见［美］华琛著，湛蔚晞译，廖迪生校：《中国丧葬仪式的结构——基本形态、仪式次序、动作的首要性》，《历史人类学学刊》2003年第2期。

上看到更多这类利益发挥作用，但是关于利益如何塑造不同信仰——隐藏在仪式背后但并未被仪式清除——的主题在那两篇文章中不是重点，比"神明的标准化"这个主题边缘得多。

而且，由于晚清经常出现的向泰山娘娘提出的请求是她的女信徒与婆家成员的共同心愿（儿女成群、公婆长寿，等等），因此，在当时对泰山娘娘的不同态度，很可能不在于与她能够帮信徒实现什么心愿，而在于她能够运用何种权力以及她的恩赐能够使哪些中间人获得声誉。泰山娘娘的主要吸引力似乎在于有些人不以为然的地方：她强调年轻妇女的主动性以及鼓励她们尝试不被正统允许的角色。在她的宝卷中有一个典型的段落，说的是一对夫妇在祈子，不过，正是妻子选择了碧霞元君作为祈祷对象，并解释该如何实践；文字记载道，丈夫在每件事情上都遵照妻子的安排。[1] 这些与求子有关的实际行动明显是由妇女之间互相传授的，没有得到男性或是文本的协助。[2] 因此，有关碧霞元君最富争议的"利益"议题，也许就是各种在社会和宗教方面不被完全认可的人群（年轻的村妇、北京的宫廷妇女和宦官）之间的利益瓜葛。这一观察呼应了桑高仁（Steven Sangren）对于台湾妈祖（天后）祭拜的讨论：能够说明自己是灵验的中间人、神选的应答对象，对于个人的宗教体验非常重要。[3]

---

[1] 张希舜等编：《灵应泰山娘娘宝卷》，第160页；在碧霞元君的祭拜中，关于女性仪式权威的重要性证据，见 Brian Dott, *Ascending Mount Tai: Social and Cultural Interactions in Eighteenth Century China*, pp.145-161；Kenneth Pomeranz, "Power, Gender, and Pluralism in the Cult of the Goddess of Taishan," pp. 190-201；吕继祥：《泰山娘娘信仰》，学苑出版社，1995年，第82—87页。

[2] Brian Dott, *Identity Reflections: Pilgrimages to Mount Tai in Late Imperial China*, p.138.

[3] P. Steven Sangren（桑高仁），*History and Magical Power in a Chinese Community*, Stanford, CA: Stanford University Press, 1987, pp.80-88, 104.

　　将有关信仰和灵验声誉的冲突，视为另一种层面上的文化统一性的象征，这的确引人入胜，因为它们至少表明了一种共识，即什么是重要的。这样的统一性可能非常脆弱，然而，互相认同似乎难以仅仅建立在前述事实上——如赞成生子符合心意以及成人应该照顾年迈的双亲或是姻亲。也许更强有力的是这里呈现的另一种层面上的文化统一性，让我们回到文章开头提到的空间议题上：人们有一种共同的信仰，即像泰山顶端这样的特定空间是精神权力的中心，同时相信有一位神通广大的神灵占据这一空间。由于地理位置的缘故，一位未能完全被世俗力量认可却依然稳居泰山顶端的女神，就成为需要解释的反常现象；而解释这种反常现象就成为泰山娘娘现代传说的中心议题。这种共同的关注点至少表明泰山娘娘的贬低者以及信徒拥有充分的基于信仰的共同之处，能够彼此交流，而非互不往来。

　　显然，人们对某些空间具有神力的共识不会促成文化的统一，更别提政治上的统一——例如，犹太教民和穆斯林教民都在意橄榄山，实际上却无关紧要——因此正确地点（orthotopy）本身并不是很有说服力。但是，这么多中国人去同样的地方进香，即使他们经常去同一地点的不同的寺庙或圣坛，并且祭拜不同的神仙，这一事实无论如何都很重要。天后（像观音一样）在中国毕竟有点不同寻常，因为她是这样一位神灵，决断既无关乎空间（像土地神、城隍爷等一样），神力也不受非常狭窄的范围所限。这样的神灵被不同信仰的人祭拜也不足为奇，而且如果仪式实践被标准化，有可能避免信仰上的区别在公开场合一再地表达而引起直接的冲突。当人们对某位神灵的诉求范围越来越窄，并且这些神灵被安置在同一特别权力来源的附近时，人们自然会认为，通过分享共同神圣的地理/宇宙，同时香客遍布于不同分庙，统一性和多样性能够在一定程度上得以实现；在这样的情况下，任何仪式实践（除了进香实践本身）的一致性就变得不那么重要了。

因此，通过访问同一座山，香客也许表现出某些共识，但是他们在不同的岩洞或是寺庙提出不同的请求。当然，许多中国寺庙的神龛中供奉着不止一位神灵，满足不同人群的特定需求。在一些情况下，"主要"的神灵对大部分祭拜者而言，也许可有可无，除非这位主神为香客们真正在乎的神灵提供了庇护。与此同时，神灵仍然通过其他方式对统一性和多样性有所贡献，表现在形成一种类似于国家才有的等级体系：一方面让地方社团能够享受神恩（因而使下层的努力得到回报）；另一方面让高级官员能够宣称，他们同样也获得了自上而下的公道的恩泽。[①]

文化统一性的模型及其局限

就华琛的观点而言，难以对碧霞元君的个案进行定位，部分原因在于这一崇拜似乎既反映了标准化，又反映了标准化的对立面。泰山娘娘的传说证实了华琛以将中国和欧洲进行对比的路径来观察文化统一性，尽管不是尽善尽美，却是很有用的首创和尝试。不过它也表明，尽管国家和精英可能都是标准化的中间人（agents），他们却不需要并肩合作。事实上，国家本身的不同机构在这些问题上可能互相抵触，这种情况让人对碧霞元君的故事是证实了标准化的成功还是失败产生困惑。有理由相信，受清代文人具有怀疑精神的经验主义影响，朝廷和官僚，或是朝

[①] Stephen Feuchtwang（王斯福），"School Temple and City God," in G. William Skinner ed., *The City in Late Imperial China*, pp.501–568；中译文见［英］斯蒂芬·福伊希特旺：《学宫与城隍》，［美］施坚雅主编，叶光庭等译：《中华帝国晚期的城市》，第699—730页。P. Steven Sangren, *History and Magical Power in a Chinese Community*.

廷与更广泛的文人阶层的分歧，也许会变得越来越普遍。因此，我们需要进行更多的调查，找出谁在某一阶段对"标准化"投入了特别的努力，至少有某些迹象显示某一阶段的"标准化"比此前更为成功（例如，更深入的文化统一性）。

这个例子也表明，我们应该更多地考虑如何处理不同信仰的视觉呈现：这些以图像的形式进行的表达，似乎违背了一种观点，即信仰的区别通常无法反映在公开可见的形式中。而且，当我们希望理解人们赋予共同的仪式实践不同含义时，我们应该考虑拓展"利益"（因此也包括由利益导致的冲突）的范围。它指出了将特别的空间实践（例如进香）议题与人们对圣地本质的信仰综合起来讨论的重要性——看到信仰导致了人们对灵验空间的你争我夺，同时认定这些争夺来自一些共同的信仰，起码根据某些标准，这些信仰可以将灵性赋予某些特定场地。到同一个地方做不同的事——在某处彼此擦肩而过，或是抱怨对方挡道却不采取实际行动驱赶对方——也许是一种特别重要的表达对标准化的理论信奉（commitment），考虑到实际生活中的标准化过程潜在地具有明显的分化特征，这种信奉无需通过对他者的形体驱逐作为参与到真正的标准化过程中的前提。

最后，在对泰山娘娘的崇拜进行历史考察时，结合其他崇拜（例如天后）的情况，以及与其他仪式（例如葬礼）进行比较，正确行动的模型将会更加复杂。我们应该在何种程度上寻求统一性、多样性，或者两者兼而求之？在对单一神灵祭拜的研究中，华琛发现了一套与众不同的仪式，将拥有不同利益诉求的人们带到一个特定的时间和场所（有时是勉为其难的）。在这样一种框架下，必然存在某些程度的共同实践，毫不奇怪的是，实践上的统一性多于观念上的统一性。前文已经提到，参与者对于他们在做什么有非常不同的观点，华琛令人信服地辩称，共同的实践仍在继续是相当重要的；而且，他向我们展示了可识别的行动者们如何有助于生产、保持，甚至强化这种共同的实践。因为这些仪式的发生可以信赖，而且在民族志学的呈现上变化有限，这可以看作某种势均力敌的结果，或者至少是涉及某些群体（特别是强烈希望维持现状的人群）的一种成功。

但这种分析是否能够反映一种更普遍和松散的"文化大一统"，涵盖整个社会，涉及许多神灵和实践（有些颇有争议），并且牵涉到更多的行动者（有许多人永远都不会碰面），就不那么清楚了。在碧霞元君崇拜这样的例子中，国家（华琛关注的最重要的行动者）具有内在的分歧，各个群体各持己见。因此当我们考虑这样的例子时，对"文化大一统"的质疑会越来越多。

虽然碧霞元君崇拜没有带来仪式上的大一统，却很好地让故事中的所有参与者聚到一起，同时更容易被解读成一个兴衰更替的故事，而非突出涉及其中任何群体的成功。部分由于上述原因，将碧霞元君崇拜与其他中国神灵崇拜进行对照，似乎才最有启示性。看看同一时期内不同崇拜的发展变化，我们一定会看到仪式实践显示的多样性。如果我们还是发现了不同崇拜在同一阶段的改变方式上的相同点（例如，当"碧霞元君"深受欢迎时出现的"慈悲的女性化"），或是关于祭拜对象和恰如其分的祭拜仪式的争论的相同点（例如，精英们为了削弱碧霞元君的地位而对历史的重构，以及碧霞元君的信徒为了重新确立她对泰山的控制而口述的传说，这两者之间的结构性对比），那么，对华琛的理论进行修正，并在有意识或无意识的观念层面上寻找统一性的源头，就变得合情合理了。说得更宽泛一点，我们不得不在这样一种层面上分析，特别是在一个神灵众多的社会里。对某一特定神灵的顶礼膜拜，对于界定个人的身份而言，可能不像在一个较为单神化的世界里那么重要；

而在某些特定的时候，无论哀悼会有多重要，哀悼也不过是间或为之。结果，就考察文化"标准化"而言，似乎不可避免地要超越实践而深入到人们的观念，以及不同观念的比较及其关系，只有这样，我们才有可能从互不相关却一目了然的实践活动中，发现隐藏的统一性（或至少是找到促使人们长期参与宗教崇拜的张力所在）。这种考察反过来会引出新问题，即机构设置和历史变化如何超越外在的实践而作用于更深层的观念？

但这种研究路径自有其危害。如果我们把分析主要放在这种更为抽象的层面上，我们就不能再讨论那些强制性推广一致行动的共同实践，也就更难自信地追踪到是哪些具体的影响或哪些特定的人群导致了那些我们所思所见的共同点。一种极端的可能是，我们也许会创造一幅有关中国文化的更为完整的画面，却会退回到一种时代风潮的模糊观点上，或者甚至借用列维–斯特劳斯（Lévi-Strauss）的观点，回归到永恒的"中国性"的精神结构上。相比之下，华琛集中于独立的个案、可供观察的实践，以及一系列可以进行分析的中间人（他们的动机往往取决于其所处的社会地位），这样的研究路径也许过于简化了中国文化的动态发展，但仍不失为一个颇有价值的出发点。

作者附记：本文曾在2004年的亚洲研究学会的分组会议上报告过。感谢鲍梅立（Melissa Brown）、葛希芝（Hill Gates）、康豹（Paul Katz）、苏堂栋（Donald Sutton）和宋怡明（Michael Szonyi）提出许多宝贵的建议，还要感谢听众（尤其是华琛）的回应。特别要感谢苏堂栋为这项工作付出的辛勤努力。

译者附记：本文英文版发表于《近代中国》期刊，见Kenneth Pomeranz,

"Orthopraxy, Orthodoxy, and the Goddess（es）of Taishan," Modern China 33.1（2007）: 22—46。原文的正文部分此前曾有未刊译稿，译者史峥（Christopher C. Heselton）、林敏。本文在重新翻译的过程中参考了此前版本，并翻译出摘要、注释和参考文献。感谢苏堂栋先生提供未刊译文，感谢彭慕兰先生对相关问题的详细解答。卢志虹（Ina Lo）、黄文仪和黄瑜女士阅读了部分译文，并提出修改建议，在此一并致谢。不尽之处，概由译者负责。

历史之碎片 心性之一体

——明清佛教碑刻大数据与佛教社会史研究方法论的反思*

周 荣

（武汉大学中国传统文化研究中心 武汉大学图书馆）

摘要：明清佛教碑刻具有传统史料、传世文物及人类学田野材料等"三重证据"的特点，大数据时代的来临使得零散、庞杂的明清佛教碑刻资料有了体系化整理的可能。按照一定分类标准建立起来的明清佛教碑刻数据库，可以在外部形态上克服碑刻史料"碎片化"缺陷，而区域研究"内里碎片化"问题的解决需要借助史学思想与方法的深刻检讨与反思。对区域史研究而言，将区域史观回归到"人""人群"和"人性"，是澄清"碎片化"误解的根本途径。对于佛教社会史研究而言，树立以"佛性"为起点的最广阔的心性观，是进行方法论省思的前提。在此前题下，追求心性与史实的"不一不异"是史学研究的理想境界。

关键词：明清佛教 碑刻碎片化 大数据 佛教社会史

在历史研究中，新史料不仅可以引发新问题，亦可以带动方法论

---

* 本文为教育部人文社会科学重点研究基地重大项目"地方宗教文献与明清佛教世俗化研究"的阶段性成果（项目编号：16JJD730006）。

的省思。新史料、新问题和新方法和鸣共振，常能成就"一时代之学术"。近年来，随着社会史、区域史研究的兴起和对基层社会的关注，民间文献日益获得与官方正史同等重要的地位，甚至在很多研究领域形成了更倚重民间文献的偏好。在这样的背景下，明清佛教碑刻的价值得以显现，这些碑刻或以实物的形态散布在寺庙、村落、墟市等基层生活场所，或以文字的形式残存在方志、寺志、山水志等地方文献中。因数量巨大，分布零散，这些碑刻目前只在一些区域史或地方史的研究中得到零星的利用，并常因此招来"碎片化"的评价。目前，大数据时代的技术进步增加了人们对明清佛教碑刻资料学术价值整体开发的预期，在大数据时代，这批碑刻能否成为"资料革命"意义上的新史料？大数据时代的来临能否克服明清佛教碑刻"碎片化"的状况？我们该以何种态度、何种方法和何种学术关怀来迎接这批新史料，以使其学术价值得到更好的发挥？本文欲围绕这些问题作一些前瞻性的思考。

一、史料观、数字技术和明清佛教碑刻数据库

在中国学术史上，史学研究的进步常常得益于对史料理解的进步和史料范围的扩充。20世纪初王国维先生"取地下之实物与纸上之遗文互相释证"的一系列成果及"二重证据法"的提出，无疑是在史料运用和治史观念方面有划时代意义的重大突破。[1]而20世纪80年代以来，中国历史研究中社会史的复兴及其研究方法的多元发展，与西方"新史

---

[1] 关于王国维的"二重证据法"及学者的评介可参见王国维《古史新证》，湖南人民出版社，2010年；陈寅恪《王静安先生遗书序》，《金明馆丛稿二编》，上海古籍出版社，1980年，等。

学"思潮的引入及扩充史料范围的"资料革命"有直接的关系。^①对于社会史研究者而言，碑刻是一种有着特殊意义的史料。石刻和青铜铭文一道，很早就进入了中国古代经史学者的视野，并产生了以金、石文献为研究对象的"金石学"，因金石学的发达，碑刻早已成为中国"纸上之遗文"的一部分，具有传统文献史料的特性。近代考古学兴起后，碑刻又常常伴随着考古发掘而出土或被"发现"，因此，碑刻有时又是"地下之实物"，而成为第二重证据的来源。近年来，随着社会史研究视域的拓展及"眼光向下"的研究趣向的流行和对文化人类学等学科的研究方法的借鉴，碑刻又成为社会史研究者在田野调查中所努力搜求的"第三重证据"。^②

　　碑刻史料的上述特点使得它们在学术史中历久弥新，一直成为学者青睐的对象。不过对于传统史学而言，史家对碑刻文献的利用并不广泛，仅在官方记载缺乏、补充正史之不足时，才偶尔用到碑刻史料，诸如司马迁撰写《史记》时探访古碑，顾炎武利用碑文纠正古书中的文字错误等。宋代以来，一个著录、研究古代金石器物的学者群体逐步形成，但金石学者普遍把碑石作为一种与铜器、玉器、漆器等相类的器物，对器物的研究和对文字的考订出于个人兴趣爱好。如，北宋元祐七年（1092）吕大临撰《考古图》，收录商周至秦汉时期的铜、石、玉器，每器皆摹绘图形，记录尺寸，并作考释。后宋徽宗敕王黼等编纂《宣和博古图录》，"绘其形范，辨其款识，增多吕氏《考古》十倍

---

① 如法国年鉴学派第三代代表人物雅克·勒高夫（Jacques Le Goff）所言："历史今天正经历着一场'资料革命'，新史学与此有着千丝万缕的联系。"有关"资料革命"与"新史学"之间关系的具体论述可参见［法］雅克·勒高夫等主编，姚蒙编译：《新史学》，上海译文出版社，1989年。

② 关于三重及多重证据的论述可参见叶舒宪等：《文化符号学：大小传统新视野》，陕西师范大学出版社，2013年；杨骊、叶舒宪编著：《四重证据法研究》，复旦大学出版社，2019年，等。

矣"①,该书在一定程度上代表了宋代金石学的水平和研究取向。明洪武时曹昭撰成《格古要论》,清嘉庆时孙星衍等撰成《寰宇访碑录》,王昶等撰成《金石萃编》,冯云鹏等撰成《金石索》,这些金石学代表作均继承了宋人编目、录文、鉴识的治学风格,相当于今天的文物鉴赏专著。可见,自宋至清,中国金石学虽堪称发达,但金石学与史学平行发展,自成体系,史学与金石学交集的情形并不多见。

中国传统金石学还有一个重要特点,即所关注的对象多为宋元以前的金石器物或拓片。以晚近的著作为例,翁方纲的《两汉金石记》、程敦的《秦汉瓦当文字》、缪荃孙的《辽金石存目》、黄本骥的《元碑存目》等,都将关注点放在较古的时代,且其中佛教碑刻所占比例并不大。遗存至今的佛教碑刻,大部分是与近年社会史研究热潮同步的各类文献整理和发掘中作为"第三重证据"发现的,散布于各地的寺庙、墓塔、乡村等基层社会的碑刻,这些佛教碑刻数量庞大,且多立碑于明清以后。如佛教史所揭示,魏晋至唐宋,佛教在帝王和贵族中盛行,官僚、高僧和名人常成为佛教碑铭的撰写者。明清以来,佛教日益世俗化,大批的基层士绅和民众加入到佛教碑刻的撰写和制作队伍中来。也正因为如此,明清佛教碑刻目前处于零碎分散和庞杂的状况,不见系统的整理成果,不同的主体各按自己的理解,以不同的标准进行整理和利用,明清佛教碑刻至今仍是一个藏量不明但潜力巨大的"富矿"。以开放的史料观来观察,作为兼具"三重证据"特点的明清佛教碑刻已具备了社会史研究者所瞩目的"资料革命"的意义。随着关注者越来越多,

---

① 晁公武编,孙猛校证:《郡斋读书志校证》,上海古籍出版社,1990年,第171页。武汉大学图书馆藏有《至大重修宣和博古图录》,系宋徽宗敕王黼等编纂、元至大年间重修、明嘉靖七年刻本,该书曾被明神宗朱翊钧之侄潞王朱常淓收藏,因钤有其"潞国世传"印而名列国家珍贵古籍。宋徽宗和明潞王等对器物的重视,均出于对艺术的钟爱。

它们必将成为推动学术进步的一个增长点。

　　明清佛教碑刻虽有史料革命的意义，但也有一个先天的缺陷，即庞杂零散。一通通的碑刻，如同一块块的甲骨，是典型的"历史碎片"。不过，甲骨虽零碎，其分布的地域和时段都相对集中，随着近代考古学理念和技术的成熟，伴随着殷墟王陵遗址、殷墟宫殿宗庙遗址和10多万片有字甲骨的出土，殷墟从一片被人们遗忘数千年的废墟一跃而成为商朝第一个有文献可考并为考古学和甲骨文所证实的都城，一门新的学科——甲骨学也应运而生。甲骨文发现和发掘的历史启示我们，人类学术的进步，其实与收集、整理史料技术手段的进步是分不开的。20世纪二三十年代，傅斯年便倡议："利用自然科学供给我们的一切工具，整理一切可逢着的材料。"[1]著名学者王献唐曾感叹傅斯年、李济等人所主持的考古发掘是"真正运用科学方法，整理新旧材料"，他在1930年10月3日致傅斯年的信中说：

　　　　从前治金石文字，其材料但能求之地上，不能求之地下，但能求诸文字经史方面，不能求诸社会学、生物学、地质学，故其效果，偏于臆度，而缺乏实验；偏于片断，而缺乏系统，此非古人聪明不及今人，实其凭借不及今人耳。[2]

　　可见，不仅"一时代有一时代之学术"，而且一时代有一时代之技术。先进的技术手段往往成为学术进步的推手。与明清佛教碑刻批量进

---

① 傅斯年：《史学方法导论》，欧阳哲生主编：《傅斯年全集》第2卷，湖南教育出版社，2003年，第308页。
② 王献唐：《致傅斯年》1930年10月3日，张书学、李勇慧：《新发现的傅斯年书札辑录》，《近代史资料》总91号，中国社会科学出版社，1997年，第138—139页。

入人们视野以及社会史研究方法日新月异相伴随的是大数据时代的来临，毫无疑义，大数据的兴起将对包括历史研究在内的多个学科领域产生深远的影响。"数据素养"是大数据时代每个学人都应具备的素质，数据利用是学术研究不可或缺的工具。大数据正让历史研究的史料搜集和利用趋于便捷，也日益带领史学研究者朝着深度和广度两个方向推进对史料的解读。① 对于明清佛教碑刻，大数据技术至少可以帮助克服庞杂零散的先天不足。关于明清佛教碑刻数据库的建设，笔者曾撰文就如何运用社会史的理念确定分类体系，把它建成一个"有序、有灵魂、有骨骼的有机体"作了初步的设想，指出："借助传统目录学和现代计算机、网络技术的手段，可以使多样来源的碑刻数据得以整合，并进行精细化与科学化的数据处理，使数量庞大、分布广泛、零散无系统的明清佛教碑刻资料，从'尘封'的状态有序地呈现在社会史研究者面前。"②

二、碎片化的终结：随"心"起灭的区域史观

明清佛教碑刻数据库的建设只是从外在形态上改变了碑刻作为史料的碎片化问题，而真实的"碎片化"主要指历史研究的思想和方法。目前学术界对明清史研究领域"碎片化"的批评，主要源自该领域中区域研究取向日益盛行，以及由此所带来的对传统的制度史研究取向的冲击。其中最为引人注目的可能是被俗称为"华南学派"的一批学者

---

① 关于大数据时代对历史研究影响可参见"大数据时代的历史学笔谈"系列论文，《史学月刊》2017年第5期；舒健主编：《大数据时代的历史研究》，上海译文出版社，2018年，等。
② 周荣：《明清佛教碑刻大数据与佛教社会史研究论纲》，《中国经济与社会史评论》2018年卷。

的华南研究及其"走出华南"的学术实践。"华南学派"的华南研究有影响力地进入人们的视野是在20世纪90年代中后期及本世纪初的若干年，而在此之前，他们至少已进行了20年的耕耘和积累。[①]当华南学者立足于华南进行田野调查和探研的同时，中国历史学正经历着"社会史复兴"的史学理论反思，明清史研究中热烈讨论的问题是"资本主义萌芽"理论的有无、对错及对此命题反思性的深化或拓展，与此相应的社会史研究主题是社会结构、社会组织、社会生活、社会变迁等大命题，在研究方法上，则以"实证"作为反对理论先行和宏大叙事的有力武器。也就是说，中国社会史研究在"复兴"之前和之后，都有"整体性"追求的传统。一直到今天，以实证为基本方法，以政治史、制度史为主体内容的研究仍是明清史、社会史研究领域的主阵地。与这种史学传统相比，华南研究无论在地域上还是在方法上都具有"边缘性"的特点。当一种"边缘性"事物向中心和正统靠近时，无疑会有一个被围观和议论的过程，对华南研究的最初的"碎片化"批评基本属于围观和看新奇式的"评头品足"，它们常伴随着"鸡零狗碎"等居高临下的语言表述。不过，华南研究毕竟有20年的深厚积累，华南学者并没有在唏嘘声中沉沦，他们在批评声中完成了"历史人类学"的理论建构，并有理有据地对相关批评进行了回应。对"碎片化"批评进行正面回应并对历史人类学的区域史观进行系统表述的当推《历史人类学与近代区域社会史研究》一文。该文在论述"区域、区域社会史与历史人类学"三者关系时指出，"结合历史学与人类学理路的诸多研究，基本上都是区域研究"，但由于史学界对区域概念认识的模糊不清，导致了许多对历史

---

① 受弗里德曼（Maurice Freedman）、华德英（Barbara Ward）等人类学家的影响，对"华南"的历史人类学探索至少从20世纪70年代已经开始了，科大卫（David Faure）、萧凤霞、刘志伟、郑振满、陈春声等海内外学者的合作始于20世纪80年代。

人类学区域研究认识上的偏差。为此，该文陈述了历史人类学的"多层次的动态的"区域观：

> 对于人类学来说，区域只能是研究对象也就是人的区域，随着人的流动，区域也是流动的，区域的边界并非僵硬的地理界线。历史人类学吸取了人类学关于区域的此种认识，这在某种程度上表明，区域研究是跟随着作为研究对象的人的流动和作为研究者问题意识的问题之流动而进行的研究，因此"跨区域研究"一类提法在学理上似有欠通之处，根据问题意识的不同，区域的内涵可以小至一个村落，大至整个世界。

该文进一步指出，区域的背后隐含着一个复杂的历史建构过程：

> 区域与在长期历史过程中积淀下来的各种要素（如地理、市场、语言、风俗、族群）及其与之相应的主观认知息息相关，是存在于人们心目中的多层次、多向度、动态而弹性的指涉，现代学术语境中的所谓"国家—地方"、"大传统—小传统"、"普遍性知识—地方性知识"等概念在这里都不再那么泾渭分明。表面看来似乎很实体化的所谓"广东文化"、"湖湘文化"、"巴蜀文化"一类的区域文化观念，本身就是历史建构过程的一个横截面。[①]

这篇由"华南学派"新生代学人完成的论文虽未引起广泛的关注，却对历史人类学的区域史观作了非常完整的表述。对照这种区域观不难

[①] 黄国信、温春来、吴滔：《历史人类学与近代区域社会史研究》，《近代研究》2006年第5期。

理解，此前针对华南研究的"碎片化"批评，有很多可能源自误解，这些误解至少有三个层面：

第一层误解是因研究单元过于细小而引发的误解。华南学者深受人类学者的影响并主动从人类学中借鉴研究方法，人类学家要近距离地观察一个群体的亲缘关系和活动半径，他们的田野调查通常是在很小的地理空间中进行的，有时是一个村庄，有时是共同做仪式的一座庙宇。当华南学者依此方法开展研究时，常被人们描述为"进村找庙""进庙找碑"，因研究单元细小，其研究的意义也常被忽略，被理解为琐碎或"只见树木不见森林"等。对于在"整体性"追求的传统中成长的学者而言，这是初次接触华南学者时最容易产生的误解，如今人们慢慢理解到，华南学者虽热衷于"进村找庙"，但他们的关注点非在一村一庙，其背后有更深刻、更广阔的关怀，至少与此村此庙有关联的事件、人物及其与外界交往、交流的事实、故事和传说都在他们的关注之列，其问题意识往往是超村庄、超地域甚至是超国界的。

第二层误解是将区域史等同于地方史。中国有编写地方志和进行地方史研究的历史传统，研究的主体多为本地乡贤，研究目的常出于对本地乡土文化的兴趣和热爱。"地方"虽然常常以行政区划为单位，但"地方"有时并不是客观的实体，而往往与某种乡土情结和心理认同有关，地方史的研究简言之就是"本地人"的历史建构和文化心理认同感的建立。因地方史与区域史有很多相似之处，华南学者的研究也常常被视同地方史的研究，从而被贴上碎片化的标签。诚如陷于误解中的华南学者所言："我们做区域史研究的人，经常遇到的批评就是'鸡零狗碎'"，"地方史研究的旨归本在于弄清楚一个地方的历史过程之细节，相对于中国历史而言，如果这个地方没有发生改变中国历史进程的重大事件与人物，在做全国性研究的学者看来，它当然就是"鸡零狗碎"

了。"①当然，对这种误解，华南学者已作了充分的辩解。

第三层误解是把区域理解为有明确边界的静态的区域。在人们通常的思维习惯中，区域总是与边界相关联的，区域的边界最常见的是自然地理的边界和行政区划的边界，这些边界通常是非常明确的，比如自然中的某条河流、某座山脉常常成为相邻区域的边界。行政区划中的边界则有明文规定，相邻区域在边界问题上经常是寸土必争、寸土不让。在边界明确区域观中，各区域的连接便构成整体。中国的区域史研究，一度被理解为拼积木式的先局部、后整体的拼接，所谓："中国幅员辽阔，区域特征各异……不如从地区入手，探讨细节而后综合。"②这种区域史研究模式至今仍有一定的影响，仍被很多学者运用到研究实践中。华南学者的区域史研究也常被等同于这种类型的区域史研究，但这种区域观显然不是华南学者所追求的，华南学者眼中的区域会根据时空、人群、场合的差异而产生动态变化，他们所奉行的区域研究并不拘泥于某种僵硬的边界。

对华南学派的批评以及华南学者的回应在一定程度上推动了对"区域""区域史""区域社会史"等相关概念和研究方法的反思，应该说，至目前，社会史研究中与区域相关的问题已经得到了充分的讨论、梳理和反思，在理论层面，对区域史研究的认识已经上升到一定的高度。③

---

① 黄国信：《"鸡零狗碎"、学术对话与其他：〈区与界：清代湘粤赣界邻地区食盐专卖研究〉写作随感》，《博览群书》，2007年第3期。
② 张朋园：《湖南现代化的早期进展（1860—1916）》，岳麓书社，2002年，代序，第1页。
③ 相关成果可参见刘志伟：《地域社会与文化的结构过程——珠江三角洲研究的历史学与人类学对话》，《历史研究》2003年第1期；陈春声：《从地方史到区域史——关于潮学研究课题与方法的思考》，黄挺主编：《潮学研究》第11辑，汕头大学出版社，2004年；唐力行等：《论题：区域史研究的理论与实践》，《历史教学问题》2004年第5期；赵世瑜：《小历史与大历史：区域社会史的理念、方法与实践》，生活·读书·新知三联书店，2006年；王先明：《"区域化"取向与近代史研究》，《学术月刊》2006年第3期；行龙：《从社会史到区域社会史》，人民出版社，2008年；鲁西奇：《区域·地方·地域：空间维度下的历史研究》，《南国学术》2014年第4期；赵世瑜：《在空间中理解时间：从区域社会史到历史人类学》，北京大学出版社，2017年，等。

只是，随着华南研究认同度的提高和华南学派影响的扩大，对其研究"碎片化"的批评并没有停止，似乎还呈上升的趋势。为何理论问题澄清之后，华南学者所提倡的研究方法仍受到"碎片化"的批评和质疑？

对此问题，可能要从两个方面寻求答案。一方面，在华南学者和关注华南研究的学者们的共同努力下，学界虽然在理论层面对区域史研究的认识有突破性进展，但在实践层面，部分华南学者和部分深受华南学派影响的学者，他们的具体研究工作显现出与理论的偏离。尽管他们宣称要做"区域史"研究，但实际上做成了他们轻视的"地方史"研究；尽管他们宣称要有动态和弹性的跨区域关怀，但呈现给读者的仍是本地本村的故事；尽管他们宣称区域没有边界，但依托山界、河界和政区边界进行选题、开题和计划论证仍是现实研究中的通行做法，具体研究中也出现了问题意识雷同、叙事结构雷同，甚至结论雷同的低水平重复。[①]这种现象从反面说明了华南研究影响力的扩大，它们可视为华南学者所倡导的区域史观被正确理解和接受过程一个必经阶段中所出现的必然现象。

另一方面，"区域"非历史人类学的专利，在现实中它是一种适用于不同学科的有效的研究方法。如论者所言："'区域'（region）的观念与方法，可能起源于人们对于生存空间的功能性划分与边界限定。它既是人们看待并把握自己生存世界的方式，也是人们开展生产生活活动的'指示标'。"[②]就近代学科而言，区域首先是作为地理学的一个基本

① 陈支平先生曾撰文指出"区域史研究"中一些偏颇现象，如"极端的文献资料处理态度""往往只顾及本区域内的情景""往往把中华文化共性的东西当作区域的特征来论述"，等等，这些现象虽然不是专门针对华南学者的研究而言，但也包括了一些华南研究在内。近些年，随着华南研究影响的扩大，在模仿华南研究的一些成果中，这种现象也大量存在。参见陈支平：《区域研究的两难抉择》，《中国史研究》2005年增刊。
② 鲁西奇：《区域·地方·地域：空间维度下的历史研究》。

概念出现的，随着经济文化的发展和学术的进步，社会发展的不平衡和区域差异逐渐被不同的学科所发现并被纳入研究范围。不同学科的学者根据各自的学术逻辑理解和界定"区域"，从而提出了立足于不同学科的区域观和研究方法。目前，在政治学、经济学、历史学、地理学、人类学等不同学科中，区域的方法都是一种基本的方法。这些方法都与历史人类学者所倡导的前述方法不尽相同，却都有一定的解释力。以社会经济史研究为例，20世纪80年代末，国内社会经济史学界曾就"历史经济区域的划分标准"展开过讨论，与会代表一致认为"二战"后，国际学术界崛起了一门重要的交叉性学科——"地区学"，而关于中国清代经济区域的划分标准，有三种不同的意见：（1）以行省作为区域划分的基础或主要标准；（2）打破行政单位界限，按自然经济条件来划分；（3）"'区域'的划分，应该采取多元的标准。既可以按行政区域划界，也可以打破行政区域的界限，按山脉走向、江河流域、市场网络和人文风俗等不同情况来确定。"[1]这些标准和分区研究的办法一直被所主张的学者和研究群体坚持，同样取得了丰硕的研究成果。目前的中国社会经济史研究也基本以分区域的模式进行，江南、华北、华中、东北、西北、华南等地都有各自的学术传统、研究团队和区域观照点。[2]也就是说，历史人类学的区域史观只是中国社会经济史研究中诸多区域史观中的一种，而且是并未占据主流地位的一种，若放到历史学及其他学科的大背景下，其影响力更微不足道。因此，在历史人类学的区域史观尚

① 宋元强：《区域社会经济史研究的新进展》，《历史研究》1988年第3期。
② 例如，以乔志强、行龙为带头人的学术群体长期致力于山西明清社会史研究，他们主张"在方法论上：应从整体史的角度出发，加强区域间的比较研究；要重视区域史的分期及其划分区域的客观标准"，近年来，他们沿着"明清以来山西人口、资源、环境与社会变迁；晋商与山西地方社会；三晋文化与民俗；山西抗日根据地社会状况及其变迁"四个大的方向开展研究，可谓成绩斐然。参见行龙：《论区域社会史研究的理论与方法——山西明清社会史研究》，《史学理论研究》2004年第4期。

未被人们普遍接受之前，华南学者欲摆脱"碎片化"批评，可能得另辟蹊径。

经由前文的回顾和分析不难看出，作为一种多学科共有的观念和方法，"区域"在本质上是个地理概念或者说空间维度的概念。而历史人类学的区域观虽也有空间的意蕴，但历史人类学区域概念是基于"人"和"人与人之间的交往"而提出来的。华南学派的几代学人都反复强调了这一点，其中陈春声的表述最为明了：

> 把"区域"理解为一个分析的工具，其实就是要把"区域"跟"人"联系在一起。因为我们是在做社会史，在做人的历史，所以，当"区域"跟"人"联系在一起的时候，"区域"这个词就不是地理的概念，而变成是一个与人的思想和活动有关的分析工具。[①]

也就是说，历史人类学的区域概念在本质上是人群的概念，华南学者对"区域"这一"分析工具"的利用只不过是在"风云际会的区域史研究"背景下[②]的一种策略性选择。可见，要彻底澄清人们"碎片化"的误解，让历史人类学的区域史观回归"人""人群"和"人性"，也许是一条便捷的途径。从"人"出发，以"人"为中心来叙述历史恰好回到了历史研究的原点。

什么决定人的行为？人者，心也。"心"这个概念，不同学科、不同学者各有不同的理解，在这一点上，佛教社会史的研究有着比其他学科更为便利的条件，他们可以直接从佛教教义中引入"心"的名相和认

---

① 陈春声：《从地方史到区域史——关于潮学研究课题与方法的思考》，黄挺主编：《潮学研究》第11辑。
② 参见陈支平：《区域研究的两难抉择》。

知。至少在佛教看来，这是"心"最究竟的含义。《华严经》云："心如工画师，能画诸世间。五蕴悉从生，无法而不造。如心佛亦尔，如佛众生然。应知佛与心，体性皆无尽。若人知心行，普造诸世间。"①历史皆在此一"心"之中，若能把握此一"心"之妙，"碎片化"自然终结。

三、心性与史实的分合：佛教社会史研究的多重关怀

历史是关于"人"的学问，但历史学问不能抽象地思考"人"，必须借由具体的史料来研究"人"。当我们强调"人""人的行为"以及支配人的行为的"心性"等问题时，必须要面对一个重要问题——心性与史实的关系。这一问题在传统史学中并不是很严重的问题，因为中国传统史学本来就充满了道德和价值的判断，一切学问皆是经学的附庸，史学最大的任务在于资治教化。随着近代科学主义的兴起，历史学成为近代科学体系中一门学科，历史学家的角色和历史研究的功能定位发生了重大的变化，一些道德教化的、价值褒贬的和带有政治关怀的倾向成为学者们努力摒除的对象，历史学家们试图保持一种冷静、公正与诚实的研究态度，以"实证"的方法，去书写"客观历史"。这种趋势在19世纪以来的西方和中国都得到充分的发展并占据了史学研究的主导地位。不过，随着史学理论的演进，一些人对历史的本质作出新的思考，如20世纪初意大利著名哲学家和历史学家克罗齐提出了"一切历史都是当代史"的命题，他指出："只有现在生活中的兴趣才能使人去研究过去的事实。因此这种过去的事实只要和现在生活的一种兴趣打成一片，

---

① 《大方广佛华严经》卷十九《升夜摩天宫品》，《大正新修大藏经》第279号，第十册，第102页。

它就不是针对一种过去的兴趣而是针对一种现在的兴趣的。"①汤因比对这种历史观作了进一步的解释，他说："每个人都处在时间的某一点上，而且他只能从其非常短暂的生命的这个移动点上观察宇宙万物。"②当代很多知名史学家都坚持认为："客观史学也是一种错误的追求。"③

可见，史学理论和方法不是一成不变的，它随时代、社会的变迁而变化。我们正身处一个史学理论和方法多元化的时代，尽管人们都希望从多元的历史研究中获得可靠的客观知识或事实，但这样的知识或事实，如克罗齐所言："它的存在条件是，它所叙述的事迹必须在历史家的心灵中回荡。"④人心决定了历史，也决定了历史如何书写。无论是让区域史观回归到"人"，还是立足于"人"来进行佛教社会史的研究，都呼唤我们去关注一个古老而又常新的命题：人心、人性，或曰人的心性。这个命题吸引着一代又一代人去探索和思考。关于"人性"的魅力，20世纪60年代英国历史学家卡尔在剑桥大学以《历史是什么？》为题的演讲中作了这样的表述："那个难以捉摸的'人性'的实体，从一个国家到另一个国家，从一个世纪到另一个世纪，是如此变化多端，因而不能不认为它是由占优势的社会状况和社会习俗所形成的一种历史现象。"⑤卡尔从人与社会的关系出发，把人性归结为一种历史现象。

其实，人性、人心或人的心性是多层面的。现代学术世界，学科众

---

① 参见刘昶：《人心中的历史——当代西方历史理论述评》，四川人民出版社，1987年，第143—144页。

② ［英］阿诺德·约瑟夫·汤因比（Arnold Joseph Toynbee）著，王少如、沈晓红译：《汤因比论汤因比——汤因比与厄本对话录》，上海三联书店，1997年，第18页。

③ 参见郭台辉编著：《历史社会学的技艺：名家访谈录》，天津人民出版社，2018年，第36页。

④ 刘昶：《人心中的历史——当代西方历史理论述评》第143页。

⑤ ［英］爱德华·霍列特·卡尔（E. H. Carr）著，吴柱存译：《历史是什么？》，商务印书馆，1981年，第31页。

多，不同的学科和不同身份背景的学者对人心和人性都有不同的理解。宗教学、哲学、心理学、人类学等学科对人心和人性都有精妙的描述和阐释。在佛教史和佛教社会史研究中，了解和领会佛教关于心性的理论是必不可少的。依据佛教经义，佛陀是宇宙万法的"无上正等正觉"者，佛所证悟的心性"不可谓有，无可谓无"，是不可言说、只可意会与亲证的"空性"。当然，佛所言的"心"或"心性"也是有层次的，最高层次的"心性"是"佛性"（又名"法性""真如"等），较低层次的"心性"是埋藏在众生内心深处、基于各种贪欲的本性。佛"知诸众生有种种欲，深心所著"，于是"随其本性，以种种因缘、譬喻言辞、方便力，而为说法"①，以引导众生自私的"本性"向大彻大悟的"佛性"靠近。也就是说，在高层次的"心性"面前，语言文字常常是没有意义的，所有文字资料，只是为低层次的"心性"所设立的一种"方便"。正因为如此，佛教教义有"了义"和"未了义"之分，"了义"不可用语言文字表达，与究竟解脱的心性——即佛性相对应；"未了义"可用语言文字描述，与究竟解脱之前的各种心性相对应。总之，佛教的心性观是一个多层次的心性系统，自正等正觉的"佛性"到单一生命个体自私的"本性"，佛教的心性系统涵盖了目前所有社会科学和自然科学所言的"心性"，也含有科学所不能言的"心性"，是一种最广大、最全面的心性系统。作为佛教史和佛教社会史研究者，应自觉树立一种假设：佛陀所证悟的佛性是最高层次的心性。这种假设应该如同经济学的"经济人"假设一样，烙印在每一位佛教史或佛教社会史研究者的头脑之中。只有这样，才能树立最广泛、最开阔的心性观，才能做最全面、最深入的"心"的历史。

---

① 《妙法莲华经》卷一《方便品二》，《大正新修大藏经》第262号，第九册，第7页。

回归"心"和"心性"这个原点并不意味着历史学家可以随心所欲地去"制造"历史，"心性"与"史实"相结合才有历史意义。历史研究所根植的心性观与历史事实之间关系的处理方式和态度，决定了据此所做的历史研究工作的定位和层次，也体现了研究者从事研究的立场和本怀。反之，研究成果所显现出来的状况其实与研究者持什么样的心性观和如何处理心性与史实之间的关系有莫大的关联。在具体的研究工作中，心性观可宽可窄，"心性"与"史实"之间可分可合，"心性"与"史实"不同"组合方式"下的研究成果自然千姿百态：若只注重"心性"而撇开史实，这种研究就是哲学、宗教学的研究；若以"家国天下"为心性，以三纲五常六艺及诸经注疏为史实，就相当于传统经学史的研究；若以自利的"经济人"为心性，以人口、土地、经济制度和经济指标为史实，则可称为传统经济史的研究；若只注重史实而撇开心性，这种研究就是我们熟悉的"史料即史学"或文献学的研究。这些研究所呈现出来的差异源自学者们不同的立场和学术关怀，严格地说，它们本身并无好坏、对错之别，只要坚持所认定的原则，均可做出高质量的研究成果。但若据此偏执一端，树门户之见，形成学术之畛域，甚且相互诘责，"盛气凌轹，或支离牵涉，或影射讥笑者"[1]，不仅可视为"不德"，亦会形成无休止、无结果的争论，使后学之人无所适从，徒增烦恼。

以中国早期禅宗史的研究为例。上世纪初，随着敦煌文书等新材料的发现，中外学者掀起了研究禅宗早期历史的热潮，胡适以敦煌文献中有关神会的史料为突破口，以"小心求证"的精神，把"禅"这一历史进程中发生的事件，还原到它的历史时空之中，基本恢复了中国早期

---

[1] 梁启超：《清代学术概论》，上海古籍出版社，2005年，第40页。

禅宗史的历史原貌，使得这段充满了主观想象的历史有了一个信史的范本，同时也让人们看到了中国早期禅宗史的"层累式"的建构过程。胡适的"小心求证"之功获得了人们的公认，他在禅宗史研究上的成就也被人们肯定。不过，这些成就却也助长了胡适"胜利的历史主义观念"①，他陶醉于自己的研究成果，对与历史主义相左的禅宗史、佛教史研究进行指责和讥笑，发表了一些偏激的言论。比如他说，"现在佛教中，还有一部《圆觉经》。这部经大概是伪造品"，"从敦煌所保留的语录看来……才知道以后的禅宗语录百分之九十九是假的"②；"马祖以下又用了这些方法，打一下，咳一声，你不知道是甚么意思，我也不知道是甚么意思，这种发疯，正是方法，但既无语言文字作根据，其末流就有些是假的，有些是捏造的，而大部分是骗人的"；"这个闷葫芦最易作假，最易拿来欺骗人，因为是纯粹主观的，真假也无法证实。现存的五部《传灯录》，其中所载禅门机锋，百分之七十怕都是无知妄人所捏造的"。③胡适的这些言论引起了一批禅史研究者的不满，由此引发了日本学者铃木大拙和胡适之间的论争。两人各从自己的学术立场和价值标准出发指责对方误入歧途。在铃木大拙看来，禅的历史不是"禅"本身，胡适凭借对史料的辨析和考证来重建禅宗史的努力，所获得的仅是关于"禅"的表面认识，或"禅"的历史背景。在他看来，胡适"还没有适当的资格来就禅论禅"。④

显然，铃木大拙和胡适之间的争论源自他们学术立场和学术关怀的

---

① "胜利的历史主义观念"语出龚隽：《禅史钩沉：以问题为中心的思想史论述》，生活·读书·新知三联书店，2006年，第4页。
② 胡适：《胡适禅宗研究文集》，贵州大学出版社，2013年，第232页。
③ 胡适：《胡适禅宗研究文集》，第289、290页。
④ 周荣：《禅观与史观——中国早期禅宗史研究的方法论问题》，《西部学刊》2004年第11期。关于铃木大拙对胡适的更多批评可参见［日］铃木大拙：《禅：答胡适博士》，《禅学论文集》，台北大乘文化出版社，1977年。

差异，用本文的最广阔的心性系统来观照，当他们同时面对传统灯录和新发现的敦煌文献时，因所秉持的心性观不同，自然得出了的迥异的研究结果。他们的争论本应引发人们关于禅史研究方法论的深刻反思，可是，近一百年过去了，国际学术界佛教史研究的方法不断更新，而国内相关领域各说各话式的研究和互相诘责似乎仍在延续。有论者指出："当西方佛学研究进入所谓'拥抱异类'和倾听多音化的时代，汉语语境的佛学论述似乎仍然满足于比较狭隘的历史和解释的叙事范围内进行研究。……汉语禅学的研究对这一方法本身所具有的修辞性质并没有充分的意识，他们对文献和史料的理解，还停留在非常朴素的历史学的观念之上。这种缺乏批判性的历史学方法不可能为其研究设定出合法的目标。新材料的发现，不能必然地带来方法论的系统省思和禅学研究的全面复兴。尤其是禅史叙述背后许多习焉不察的暗设，深究起来，其实都还有很多问题需要讨论。"[1]

以"佛性"为纲领的最广大的心性系统和心性观的树立是大数据时代佛教史及其相关领域方法论深刻省思的前提。"学者不可无宗主，而必不可有门户"[2]，对于佛教史和佛教社会史研究者而言，回归到人和人性，做人的历史，在处理"心性"与"史实"的关系时，自可根据自己的经历、特长、志趣，在最深广的"心性"系列中去寻找最适合自己的那颗"心"，用它来感知、考订或解读所面对的史实，从而形成多重的学术关怀。不论自己的本怀在哪个层面，都应该在自己的"心田"上辛勤耕耘，享有并与人分享收获的果实，对他人诚实、辛勤劳动所得的成果则存一份尊重敬畏之心，这也许是史学理论和方法多元化时代的学人所应秉持的一种"平常心"。此种治学态度和胸襟，前贤大德已经

---

[1] 龚隽：《禅史钩沉：以问题为中心的思想史论述》，第1—2页。
[2] 章学诚：《文史通义》，上海古籍出版社，2015年，第177页。

做出了很好的榜样，汤用彤先生深得清人"朴学"遗风，凡立一义，必凭证据，所著《汉魏两晋南北朝佛教史》朴实简洁，至今是难以超越的经典之作。但他于考证寻求之外的古哲智慧仍存敬仰之情，他在该书的《跋》中说：

> 宗教情绪，深存人心，往往以莫须有之史实为象征，发挥神妙之作用。故如仅凭陈迹之搜讨，而无同情之默应，必不能得其真。哲学精微，悟入实相。古哲慧发天真，慎思明辨，往往言约旨远。取譬虽近，而见道深弘。故如徒于文字考证上寻求，而乏心性之体会，则所获者其糟粕而已。[①]

学术无分别，悟境有层次。佛教社会史研究的最高境界也许是在文字与法义、心性与史实、多样性与一体性之间求得平衡，追求心性与史实的"不一不异"。

---

① 汤用彤：《汉魏两晋南北朝佛教史》，商务印书馆，2015年，第722页。

上海松江西林禅寺、灌顶禅院
明代碑铭校录*

复旦大学松江田野考察组

凡　　例

1. 本资料收录上海松江西林禅寺圆应塔底层现存明代石刻十二通、灌顶禅院现存明代石刻两通。

2.《上海佛教碑刻文献集》(下简称《文献集》)、《上海西林禅寺》(下简称《禅寺》)、《上海道教碑刻资料集》(下简称《资料集》)有较完整录文者,以上述书中录文为底本,《文献集》《禅寺》皆有录文者取阙误更少、标点更合理的《文献集》为底本。①以考察所见原石文字为校本,凡改动正文而未特别说明处,皆依据原石;底本有录文但原

---

* 本资料为复旦大学"民间文献与田野调查"课程同学2019年6月8日在刘永华老师带领下前往上海松江西林禅寺、灌顶禅院考察的成果,碑文由刘永华、陈泽田、刘紫依、沈佳宁、于沉、张琰记录,刘瀚翔、刘紫依、邵长财初步整理,刘紫依执笔、校订。

① 潘明权、柴志光主编:《上海佛教碑刻文献集》,上海古籍出版社,2004年;潘明权:《上海西林禅寺》,宗教文化出版社,2014年;潘明权、柴志光编:《上海道教碑刻资料集》,复旦大学出版社,2014年。

石上今已泐字处，皆出校说明。亦适当参考已有校释。① 石刻标题一般从底本，底本标题不当则重拟。

3. 此前未有录文或书中录文阙误过多者，据原石录文，并拟标题，试作标点。

4. 本资料所收石刻按撰写时间先后排列编号，撰写时间不明者列于其所在地石刻之末。

5. 原石繁体字转换为简体字，异体字一般保留原字。②

6. 本资料据原石补标碑额与换行处，换行以"/"表示；行文平阙示敬一般不另加说明；缺字及辨不清字以"□"表示③；难以确定字数以"上缺""下缺"等表示；依残存字迹推测而不确定者以"?"表示。仅调整标点类型而基本断句不改处不出校。

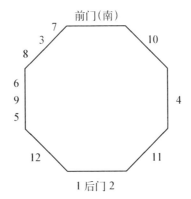

本资料所收圆应塔底层碑刻方位示意图
来源：刘紫依绘制

---

① 钱倩《〈上海佛教碑刻文献集〉校补》（南京师范大学 2009 年硕士学位论文，下简称《校补》）、《上海松江圆应塔碑文校释》（《文教资料》2008 年第 28 期，下简称《校释》）参照其他文献对本资料中石刻 1、2 进行了校勘，但未比勘原石，本资料将适当参考。

② 异体字标准参照（台湾）"教育部"异体字字典网站：https://dict.variants.moe.edu.tw/variants/rbt/home.do。

③《禅寺》中缺字以"×"表示，本资料中一律改为"□"。

一、西林禅寺圆应塔底层

1. 西林禅院圆应塔记碑，弘道撰，洪武二十五年（1392）[①]

西林禅院圆应塔记（篆额）

松江府西林禅院圆应塔记京都僧录司左善世上天竺住山弘道撰/

佛本不生不灭，而示乎生灭法者，度众生也。所以有生处焉，有成道处焉，有转法轮、/入涅盘处焉。如来示般涅盘已，此之四处，皆可建塔，意令其人睹相生善，而为归向/之方也。故我释迦世尊双林唱寂，荼毗之后，八王各分舍利，还国起塔。又阿育王髋[②]/塔八万四千，天上人间皆有之。自汉明感梦，大教东渐，摩腾至洛阳，指白马寺圣冢/曰：阿育王所髋舍利塔，震旦十九处，此其一也，至于建业、鄞峰[③]等皆是焉。后代因之[④]，/凡通都阛阓，大邑要地，必建塔以镇之。松为东南乐土，旧有塔四，曰普照、超果、兴圣、/延恩。唯兴圣岿然独存，三皆毁矣。比丘淳厚，尝受业于霞雾山石屋珙禅师，有所得，/乃属其随方建立道场，结众缘，植福田。忽[⑤]善友告曰：城西有宋圆

---

① 底本参见《文献集》，第104—105页。原按：

"该碑碑身高175厘米，宽95厘米，厚28厘米。底座高52厘米，宽109厘米，厚60厘米。碑为青石质。碑额与碑身为一体，篆书'西林禅院圆应塔记'。碑文22行，满行为32字。现碑石在松江镇西林禅寺圆应塔底层面北处。该碑记由僧弘道撰于明洪武二十五年（1392年），碑文录自碑石。"另《禅寺》按语末尾补："此碑现存西林禅寺西林塔北门。"（第182—184页。）

今按：此碑现立于圆应塔北门东侧。已有校释参见《校补》，第20—21页；《校释》，第195页。

② 异体字"髋"，底本作"造"，下一行"阿育王所髋舍利塔"之"髋"同。

③ "建业鄞峰"，底本未点断。按：建业、鄞峰乃二地，宜点断。

④ "之"字处今泐。

⑤ "忽"，底本作"及"。

应叡①师接待浴院，/兵烬之余，遗址在焉。遂即其地创西林精舍，堂殿门庑，规置井井，像设庄严，宜有悉/备。复贾余力，募缘补建延恩宝塔，八面七层，题名圆应，不忘本也。中奉华严一大藏/教，众宝庄校②，一一如法。或者语之：塔庙之建，非小因缘，若不纪其事绩，后之来者奚/考焉？于是遣其徒慧隆来/京师，乞文以记之。原夫诸佛法身，常在世间，未始生灭也。山河大地，草木丛林，至于/一尘之微，莫不皆是佛所住处，第以众生障，故不见。择殊胜地，树立浮图，遐迩耸观，/殆若真身在世不异，生善灭恶，革凡成圣，功德岂易量哉！今淳厚以一念之诚，变荆③/棘瓦砾之墟，为金银幢刹之所，得非以圆机感圆应，有大显④行过于人者，能若是□！/或谓浮屠氏以善恶因果之说羡⑤人，使不吝其施者，焉知吾佛设教化人，断贪欲，□/生死，致之于清静无为之地也耶？淳厚号无际，幼有出尘之志，既剃落，参见性成□/话⑥，昼则禅坐，夜礼千佛，寒暑不废。尝刺指血书华严，然顶炷及二指。建桥梁，利津涉，/凿井甃路，及众善缘，苟有益于人者，皆乐为之。并书以记。/

　　洪武二十五年四月十三日从仕郎中书舍人新安詹希原书并篆额

---

① "叡"，底本作"睿"。
② "校"，底本作"粹"。按："庄校"意为"装饰"，佛教文献亦常用，如《法显传》卷一《自发迹长安至度葱岭·于阗国》："作四轮像车，高三丈余，状如行殿，七宝庄校，悬缯幡盖。"卷四《师子国记游·大塔》："于王城北迹上起大塔，高四十丈，金银庄校，众宝合成。"（沙门释法显撰，章巽校注：《法显传校注》，中华书局，2008年，第12、127页）
③ "荆"字处今泐。
④ "显"，底本作"德"。
⑤ 异体字"羡"，底本作"羡"。按：《校释》已辨"羡"同"羡""羡"为"诱"之异体，原石字形稍异，然亦为"诱"之异体。
⑥ "既剃落，参见性成□话"，底本"参见"属下断句。按：禅宗有"参话头"修行之法，此处应指淳厚参"见性成□"之话头，故改为属上断句。所泐之字疑为"佛"，"见性成佛"为禅宗常用语。

2. 重建西林大明禅寺圆应塔记碑，黄翰撰，正统十三年（1448）①

重建西林大明禅寺圆应塔记（篆额）

重建西林大明禅寺圆应塔记/

永乐壬辰进士正议大夫资治尹提刑按察使黄翰撰文并书丹篆额②/

国朝龙兴，并存三教，庙学寺观弥布寰区，盖欲斯世斯民有所观感同归于善而已。然其为教，有师有徒，师□/于前，徒述于后③，在得其人。松江西林大明禅寺，旧为宋□④圆应叡禅师所建接待院，元毁于兵□□□□。/皇明启运，中外清宁，百废修举。比丘淳厚始以其地创为西林禅院，又以松江旧有塔四：普照、超果、兴圣、延恩⑤，/三皆隳圮，兴圣独存，辄复募缘，补建延恩宝塔⑥，特立山门之右，题名圆应，不忘本也。距今岁久倾□，□□/徒孙法瑞日夕忧惧⑦，图维新之，相度地理所宜，欲迁大殿之后。正统九年甲子，经始营之，岁潦而歉，□□/自持，度材庀工，至忘寝食。⑧于是远近称扬，咸助赀

---

① 底本参见《文献集》，第115—117页。原按：

"该碑碑身高212厘米，宽94厘米，厚22厘米。底座高50厘米，宽125厘米，厚50厘米，青石质。碑额与碑身一体，篆书'重建西林大明禅寺圆应塔记'。碑文22行，满行为32字。现碑石在松江古城内西林禅寺圆应塔底层面北处。该碑记由黄翰撰于明正统十三年（1448年），碑文录自碑石。"另《禅寺》按语末尾补："黄翰，字汝申，明华亭（今松江）人。永乐十年（1412）进士，宣德（1426—1435）中，为山东按察使。诗、文、字、画俱能，善隶书，尤工章草，以行草得名。"（第186—188页。）

今按：此碑现立于圆应塔后门西侧。已有校释参见《校补》，第22—23页；《校释》，第195页。

② "额"，底本漏录。

③ 底本"师有徒，师"皆作缺字；"述"作"叙"。今补正并加标点。

④ "宋"后一缺字底本漏录。

⑤ "兴圣、延恩"今泐。

⑥ 底本"隳"作"堕"；"宝"作"报"。

⑦ "徒"，底本作"从"。《校补》据《上海博物馆集刊》录文补"倾"，可从；《校补》疑"倾"后为"圮"，句读当作"距今岁久，倾圮□□，徒孙法瑞日夕忧惧"。可参考。

⑧ 底本"歉"作"兼"并漏录其后一缺字、"材"。今补正并加标点。

力，惟恐或后，遂落成于正统十三年戊辰。峻峙蟠固，八面七层，掘地筑台①，下及泉壤，冶金作顶，上接云霄，香灯夜烛诸天，铃铎声闻数里，神人起敬，遐迩耸观，所□□/矣。十二年丁卯，上章具/奏，得许移改额为西林大明禅寺。诸山交庆，缁素称荣。继而所司复以法瑞住持本寺，而其所勉益力。□□/光大先业为心，增建观音、弥陁②二殿，移置山门、廊庑、方丈、斋堂③，妆④严黝垩，焕然一新，大众瞻依，赞□□□，/皆谓若非夙赋善缘，素有力量，何能振作如斯。设使三教之中，咸有高徒得人如此，则皆光前裕后以副/国朝为治之心⑤，而有补于世教不浅。于是，稽首皈依，合掌向佛，异口同音，而作偈曰：

佛大慈悲，发清净愿，/百亿化身，法界周徧⑥。济度群迷，种种方便，惟叡禅师，开山设院。⑦兵燹之余，杪芒如线，/比丘淳厚，始弘堂殿。首创禅林，招延法眷，补立浮图，镇安郊甸。积久倾危，莫能修缮，/挺生徒孙，良心发现。相度经营，聿新鼎建，插⑧地擎天，七层八面。遐迩耸观，顶礼欢忭⑨，/惟有为法，经文贯穿。如梦幻泡，如影露电，应作是观，心明性见。觉海慈航，圆机应变，/世世生生，昭示来参⑩。

大众说是偈已，作礼而退，拜求予文勒石。予因次第其说，以告来

---

① "面七"处今泐；"台"，底本作"坛"。
② "陀"之异体字"陁"，底本作"勒"。
③ "移置山门、廊庑、方丈、斋堂"，底本标点作"移置山门，廊庑方丈斋堂"。按：山门、廊庑、方丈、斋堂皆为寺庙建筑名称，宜分别点断。
④ "妆"，底本作"庄"。
⑤ "以"字处今泐；"国朝"二字，底本作一缺字。
⑥ 异体字"徧"，底本作"遍"。
⑦ 底本后一"种"作缺字；"叡"作"浚"。
⑧ "插"，底本作"揎"。
⑨ "忭"，底本作"汴"。
⑩ "参"，底本作"者"。

者。传有之 / 曰：莫为于前，虽盛弗传；莫述于后，虽美弗彰。宜知勉夫！法瑞年富气充，志于有为，师礼寺僧，似批墨名而 / 儒行①，贤士大夫多乐与游。古谓有志事竟成，其信然矣。于是乎书。/

大明正统十三年岁次戊辰春三月初九日立石郡人姚晟镌

3. 西林大明禅寺重修圆应宝塔助资施主芳名碑，成化二十年（1484）②

西林大明禅寺重修圆应宝塔助资施主芳名 /

信官：百户宋达（中缺）陆珩 /

信士：/

王瑄　姚晟　张□　张□　任庆　徐渊　曹□　陈□ /

莫（？）谦　孙敬　陆□　张信　徐瀚　张奎　陈经　杨□ /

居容　居珙　居璋　池祖　池溥　谭（？）公玉　庄顺　董智 /

潘润　陈通　王慎　唐璠　许名　张景明　顾明　沈昌 /

莫宣　施道贤　张俊　陈聪　杨春　秦（？）宗显　沈瑜　沈海 /

何宏　徐福　林胜重　陆信　七保信人徐□　男徐仁（？）/

□海　蔡忠　（下缺）/

信女：/

朱氏妙圆凌氏妙清李氏妙秀严氏妙清沈氏妙瑞 /

吴氏妙善　龚氏惠祯　陆氏素兰　林胜莲　周氏素真 /

陆氏妙清张氏妙瑞卢氏妙清蔡氏秀员　陆秀二娘 /

金氏淑真　章氏妙福胡氏妙安郁氏妙正　曹氏二娘 /

---

① 底本"名"作"石"，"而儒行"属下断句。

② 此碑现存于圆应塔底层东南墙中部，他处未录，此据原石录文。末行谓"□□二十年岁次甲辰"，明代符合此条件的唯有成化二十年，石刻4之《董氏世效缘力记》亦谓："成化二十年甲辰岁，本寺修塔。"此碑可确定为该年立。

朱氏淑真　陆氏淑清　林氏妙宁　王氏妙善　池氏妙庆/

蔡氏妙真　姚氏妙莲　吕氏妙莲　陈氏淑真　□氏淑宁/

丘氏二娘　李氏妙英　李氏□娘　万氏□真　徐氏妙□/

朱氏妙真/

（上缺）二十年岁次甲辰三月（中缺）日立/

4.西林寺重修塔疏、董氏世效缘力记碑，陆应阳等撰，万历四十一年（1613）[①]

西林寺重修塔疏/

西林禅寺有圆/应宝塔，建自正/统九年，距今二百/余岁。灯点七级，光/照十方。盖郭西灵/境，亦寰内福田也。[②]/顷者，一夕风雷，焚/击[③]中央二级，木石/全毁。金谓[④]此骇常/灾异，匪独殃及僧/庐，抑且虑在比/邻肘腋。譬之于人，/衣冠虽具而病切[⑤]/膏肓，不药安能/久恃

---

① 底本参见《禅寺》，第191—193页。原题为"西林寺重修塔疏碑"，撰者作"陆应阳、董复表"，原按：

"此碑在圆应塔一层外墙正西，陆应阳撰书于万历四十一年（1613）。此2方碑，宽173厘米，高30厘米，前半部行书近草体竖写，32行，每行字数不等，后半部宽26厘米，高30厘米，小字正楷，12行，行14字。2014年5月抄录此碑时，比2012年摄照片时又破损了若干行。有者，现已失。陆应阳，字伯生，号古塘居士，明江苏青浦（今上海）人。晚年移居郡城，即松江府。著有《樵史太平山房诗选》，与居简、陈继儒友善。台湾故宫博物院藏有他的作品。董复表，明代万历年间松江人，王世贞门人，万历四十二年（1614），曾将王世贞的遗作中的部分内容编为《弇州史料》，被收入清《四库全书》。"

今按：此为一碑，但铭文由《西林寺重修塔疏》《董氏世效缘力记》两部分组成。审《缘力记》内容，应非董复表撰，董廷善撰并书的可能性较大。陆应阳所著"樵史太平山房诗选"应为《樵史》《太平山房诗选》（对陆氏著述的考辨可参考杨剑兵：《〈樵史通俗演义〉作者考辨》，《明清小说研究》2009年第2期）。董复表与《弇州史料》，详见石刻6按语。

② 底本"西"作"乃"；"岁"与"灯"间、"方"与"盖"间未点断。

③ 底本"焚"后有二"击"字。

④ "谓"，底本作"渭"。

⑤ "切"，底本作"已×"。

乎。瀛上人秊/老而解事，乃矢/志坚修，方致恳/善信檀越。①而幸/有张公博士纯孝，/心发喜舍，愿捐金/首助②，董治有基，/凡此知识，畴不闻/风而兴起乎？③余谓/是举也，释方境/之隐忧，标郭门/之宝树，视彼无/端募化，有意因/果者，相去不啻径/庭矣。④敬援笔而/为之疏。/

万历癸丑清和/浴佛日，七十二叟/里人陆应阳谨书/

（下两方篆文印）"古塘居士""陆氏伯生"/

董氏世效缘力记/

皇明正统九年甲子岁，本寺□□□□⑤/里人约轩居士董颙助赀□□，又助/建寺前庆云桥，有两碑题名。（下缺）⑥/成化二十年甲辰岁，本寺修塔，质轩居/士董昂捐赀独力任修一级，倡缘有揭石，别多功德，尝祠于寺。⑦万历四十一年癸丑岁，本寺重修塔，天/殁居士董复表捐助倡缘，讫工了力。⑧/于是同诸正信，皈依礼佛，作偈曰：/善哉完满，愿力所致，一大因缘，/世从⑨缮治，勿替引之。董廷

---

① 底本异体字"秊"作"季"；"致恳"作缺字。
② "心发喜舍，愿捐金首助"，底本未点断。按："发喜舍""发喜舍心"为佛教文献常用语，王十朋《妙果院藏记》："忽发喜舍心，愿归诸妙果。"（曾枣庄、刘琳主编：《全宋文》卷四六三五，上海辞书出版社、安徽教育出版社，2006年，第209册，第121页）吴承恩《钵池山劝缘偈》："愿汝发喜舍，积少而为多。"（蔡铁鹰编：《西游记资料汇编》第四编，中华书局，2010年，第766页）宜点断。
③ 底本"基"作"其"；"识"作"濈"且前多一缺字；"畴"作"畦"。
④ 底本"谓"作"得"；"境"作"览"；"之""因"作缺字。今改，并相应调整标点。
⑤ 四缺字底本漏录。
⑥ 底本"约"作"筠"；"赀"作"修"；"又助""题名"皆作缺字。今补正，并相应调整标点。
⑦ 底本"塔，质轩居""一级，倡缘有"皆作缺字；异体字"昂"作"昂"；"揭"作"碣"；"尝祠于"作"居伟。×"，又多一"寺"字且将其下换行所空出误作缺字。今补正，并相应调整标点。
⑧ 底本"天""讫""了力"皆作缺字；"倡"前多一缺字；异体字"殁"作"殁"；"缘"作"修"。今补正，并相应调整标点。
⑨ "从"，底本作缺字。

善书。

5.西林寺重修塔疏碑，陈继儒撰，约万历四十一年（1613）^①

（上缺）寺有（下缺）/（上缺）盖质轩董长（下缺）^②/（上缺）也。二百年余垂纪^③/（上缺）丑二月十三夜^④，雷/（上缺）霆火毁裂^⑤/（上缺）级瓦石剥落^⑥/（上缺）此塔宝光^⑦/（上缺）塔光□□/（上缺）达碧霄/（上缺）西辛之位，最/（上缺）郡文章科第^⑧，非/□霞标插汉，耸人天/之观而已。^⑨募施者为戒僧/朱瀛淑^⑩、金默然，创缘者为董文学孝廉诸昆弟。故/然其请为题数言^⑪。正法往/□：若有众生见佛塔风雨/所坏，

---

① 底本参见《禅寺》，第196—197页。原题为《西林寺重修塔记碑》，年代标作崇祯十年（1637）。原按：

"此碑在圆应塔一层外墙正东。明末陈继儒撰并书。青石质，宽84厘米，高26厘米，行书，24行，行字6—10字不等。'×'为损坏处字，'□'为辨认不清字。陈继儒（1558—1639），号眉公，明代文学家、书画家，松江人，与董其昌齐名，列入'邦彦图'，崇祯十二年（1639）卒。此碑原未署撰碑年代，根据碑文及撰者陈继儒生卒年代考：

1.万历四十一年（1613）是癸丑年，据前文陆应阳万历四十一年《西林寺重修塔疏碑》中'顷者，一夕风雷，焚击中央二级，木石全毁'所述，此碑撰于1613年。

2.陈继儒于崇祯十二年（1639）卒。'正统九年（1444）距今二百余年'，至崇祯十年（1637），是193年，碑文中'＊丑二月'，崇祯年号17年中，丑年只有一个，为丁丑年（1637）。故此碑也可能是陈继儒撰于崇祯十年（1637）或稍后。"

今按：此碑现存于圆应塔底层东墙上右侧。今原石上未见标题，审其内容，应为因董氏之请所作募缘疏，故重拟题目。疏中谓丑年塔遭雷击，应即本资料石刻4、6所载万历四十一年癸丑（1613）之事，4有该年陆应阳所作疏，6结尾载重修开始于同年夏，故陈继儒作疏亦应在该年。

② 此二行底本作缺行。

③ "也""纪"，底本漏录。

④ "夜"，底本作"日"。按："丑"前应为"癸"，详见今按语。

⑤ 底本未说明上缺。

⑥ 底本未说明上缺，漏录"级"。

⑦ "宝光"，底本作"实是"。

⑧ 底本"西"字漏录；"之"作"高"；"位""郡"间作"可报一"。今改并相应调整标点。

⑨ 底本漏录"霞"前缺字、"之"；"霞"作"复"；"汉"作"口"。

⑩ 底本"朱"作"季"；"淑"作缺字。

⑪ 底本"然"作"以"；"请"作"清"；"数言"属下断句。

以福德心涂饰补/治，上即终生天，其身鲜白，/□珊瑚林。^①盖此塔之能如/□，幸一切檀那、女善、长者、/后生，此塔不朽，功德亦同不朽。^②眉公陈继儒题。/

（下两方篆文印）"眉公印""陈继儒印"^③

6. 重修圆应塔记碑，董复表撰，万历四十七年（1619）^④

重修圆应塔记/

在昔吾郡兴圣、西林、超果、普照皆/有塔，元时兵燹，废其三，存者兴圣/耳。

入我/明^⑤，无际禅师重建西林塔。而旋有倾/圮。嗣孙瑞公奏请移建，始复旧/观。塔后复□以高阁，诸所/振举，愿力具足，远近缁素，

---

① 底本"往"作"住"，其前多一缺字；漏录"福""治"；"终"作"众"；"天"作"大"。今改并相应调整标点。又底本"若"前漏一缺字，"珊"前作"如"，缺字与"如"字处今皆被部分砌入墙后。按：疑墙后二字分别为"曰""入"。《正法念经》云："若有众生识于福田，见有佛塔风雨所坏，若僧房舍，以福德心涂饰治补，复教他人令治故塔，命终生白身天。其身鲜白，入珊瑚林。"（释道世著，周叔迦、苏晋仁校注：《法苑珠林校注》卷三十八，中华书局，2003年，第1200页）
② 前一"此"字处今泐。底本"幸"前漏录一缺字；"檀那、女善、长者"标点作"檀那女、善长者"，"后生"属下断句。
③ 底本作"眉公印""陈印继儒"。
④ 《禅寺》录文阙误过多，难以读通，今据原石重新录文，适当参考《禅寺》。原录文参见《禅寺》，第193—194页。原按：
　"此碑在圆应塔一层外墙。原未署年代，按碑文字意，'经始于癸丑之夏，复历数载，落成于己未之秋'，当是万历四十一年（癸丑）开始修塔，落成于至万历四十七年（己未），撰碑时间也应在万历四十七年（1619），发起募缘修塔的是万历四十一年时的住持僧谷休，万历四十七年完成重修时应是住持僧默然。101×29.5厘米，正楷书碑，38行，满行13字，而有文字抬头字的行为14字。碑文中扁应为瑞。董复表，明代松江人，王世贞门人，万历五十二年刻本，将王世贞遗集中资料汇成《弇州史料》100卷，后被收入清《四库全书》。"
　　今按：此碑现存于圆应塔底层东墙上左侧。原按中"万历五十二年"为"万历四十二年"之误，《弇州史料》一百卷中仅前集三十卷收入《四库全书总目》传记类存目（永瑢等：《四库全书总目》卷六十二《史部·传记类存目》，中华书局，1965年，第562页；中国科学院图书馆整理：《续修四库全书总目提要（稿本）》第4册，齐鲁书社，1996年，第556页）。
⑤ 《禅寺》录文"明"前有"大"字，疑本有此字，今砌入墙后。

赞叹□扬，谓公/可当兹寺开□祖云。

自后一修于/成化，垂二百季，为万历癸丑，而雷/火殿中级，腰腹若划，危且不可知，/非寻常摧毁剥落比，则赖今默然/上人克修之。盖其师祖瀛洲海公，/禅心精进，徧礼名岳，归而掩关数/年，为徐、陆两达尊所重，慨本寺式/微，赎山门之没于贵家者鼎建之，/属默然新大雄殿，塑安灵山一会、罗汉、诸天，又刬四天王法相，皆归/钵以需。郡中俞君廷谔捐缩助之，/渐次整顿，此刹遂称中兴焉。至是旦夕虞□，亟图缮修，而年老不任/□。默然□承先志，向佛矢心，奋焉/鸠工。其戒行素孚，名贤乐赞，不募而檀施响应，衰施不足则罄，倘来/梵诵之资，随有随给，而躬自駈驰，/手口拮据，寒风暑雨，胼胝焦劳。櫍桷远求良材，瓴甋必精埏埴，其上/则摩饰顶轮，更易铁絙，其下则补/缀灯□，添缋丹垩，神光焕发，崒嵂/干霄。大众瞻仰欢喜，佥谓方隅之/忧危已释，西郭之灵标顿现，厥功/不下于移建，是瑞公再来人也。经/始于癸丑之夏，历数载，而落成于/己未之秋。予目击艰辛，乐观厥成，为之识其岁月。/

谷水顽逸里人董复表撰/

董孝初书/

乡进士董复初立石/

默然本师谷 休 创 缘 重修①

7. 重修圆应塔助缘芳名碑（之一），万历四十七年（1619）②

重修圆应塔助缘芳名/

---

① 今"休""缘"难辨，据《禅寺》补入。按：据字形，"休"或为"林"。

② 《禅寺》录文阙误过多，今据原石重新录文，适当参考《禅寺》。原录文参见《禅寺》，第194—195页。原按：

"此碑在塔一层外墙东南左。青石质，宽98厘米，宽31厘米，正楷竖书，未署立碑年代，似与其他几块功德碑均是明万历四十七年（1619）。"

今按：原按"宽31厘米"应为"高31厘米"；此碑末行署有立石年份，即万历四十七年。

信官张以诚里人，乡进士，儒学博士，/首助银拾两，为/亡妣太孺人姚氏永证善果，祈/荐冥福/

信官徐琳郡人，楚雄□①知府，/助银伍两/

信官徐肇台郡人，中书舍人，/助修塔三面/

信官徐本高　锦衣卫指挥佥事，庚年/二十□岁，辛卯十二月初（下缺）/

室宜人王□庚年三十一岁，己丑（下缺）/□时生，同助银拾□（下缺）/

男国祯　庚年十三岁，丁未七月廿一日吉时生/

国祚　庚年三岁，丁巳年十一月廿二日吉时（下缺）/同助□②四两/

信士张尔侯里人，助银叁两/

信士董复表　里人，助银叁两，/又营赞竟事，助贰两/

韩士镃　助银拾两，创首助缘/

朱明亮　洞庭山人，助银拾两，/又□缘劝众/

雷鸣世同男□扬助银陆两又（下缺）/

吴性通　助银伍两，/又领缘万惟智助银/四两/

周芝集五保人，助/灰三十担范广晏同室吴氏/助银二两/

刘光显　助银叁两/

徐诏　同室沈氏/助银弍两宋明智同（下缺）/明（下缺）/

支元素　同室徐氏/遇生张文炳同室/叶氏/

孙文荣　同室吴氏。已上各/助银弍两/

安德璠　徐行道/

□伦　蔡时行共助银陆（下缺）/

---

① 缺字应为“府”。
② 缺字应为“银”。

夏性敬　助银壹两/八钱金坤助银壹/两陆钱/

夏霖　同室何氏、男文宪妻张氏/共助银壹两，孙男关瑞、/孙女增姐、福姐助银弍钱/

圆默□□永兴寺禅师，号大声，卓/锡于松示寂，助银弍拾两/

□海　本寺瀛洲师，助银伍两。/道人季如心损赀捐助四两/

□文政　发心喜助　许明善　领缘/

□敬南　领缘/

□塔佛会众善信　共助银四两/

万历四拾柒年己未立石

8. 重修圆应塔助缘芳名碑（之二），万历四十七年（1619）①

□□②圆应宝塔助缘/

□□宁　（下缺一人）/

王广涞　（下缺一人）/

□广窿　（下缺一人）/

金有实　（下缺一人）/

朱震山　陈良/

金广祝　吴澄　同室□氏/

广调张如戒/

张应翰　李山/

陆希圣　邹本钲/

---

① 《禅寺》录文阙误过多，今据原石重新录文，适当参考《禅寺》。原录文参见《禅寺》，第195—196页。原按：

　"此碑在塔一层外墙东南左。高87厘米，宽29厘米，青石质，正楷竖书。行，每行两横列姓名，部分名字下有注助银数量。"

　　今按：此碑现存于圆应塔底层东南墙上右侧；原按高、宽尺寸应对调。

② 二缺字应为"重修"。

徐思复　南京溧水人，同/男可阶、可畏王伯/

徐奉山　朱甫　已上各助银壹两/

王化　顾明臣　承县主俞公惠/银四钱助/

王道全　已上各助银壹两朱少湖/

叶光祖　同室于氏　金道通/

顾宇文　陆申　同室□氏/

王爱溪已上各助银六钱汤思宗同室倪氏（下缺）/各助银四（下缺）/

朱迁　吴云台/

钱庆男士璠赵少桥/

张悟证同室杨氏　赵应麟/

刘广尚　江存淮同室钱□①/

潘信　张诚献　方世□/

王道弘　彭士进/

钱元贞　盛镜/

计有义　翁一魁/

□海净　杜性□/

□凤翔　沈明德/

□□安　彭海源　已上各助/银叁钱/

□□玄　已上各助银五钱赵杰　同室周氏/

助缘弟子：海仁　海云　兴宗/

妙月　王贞吉同室马氏、男/允忠助银二钱/

皇明万历四拾柒年己未岁立石

---

① 缺字应为"氏"。

9. 明圆应塔功德碑（一）①

皇明成化二十年，本寺/大众②承本境□□□□/（缺一行）③/助赀修塔一级，所冀④：/寿延福广，子贵孙荣。/

万历四十七年岁次己未立石⑤

10. 明圆应塔功德碑（二）⑥

三十七保珍夜字圩，/信人钱良，弟钱善，/男寿山、福海，/助修一面，所冀：/子息昌荣，财源浩翰。

11. 明圆应塔功德碑（三）⑦

（上缺）十八保/（上缺）凌玭/为母亲俞氏妙圆、妻任氏淑宁，/助修一面，所冀：/□寿延洪，子孙荣显。⑧

---

① 底本参见《禅寺》，第190页。原标为成化二十年（1484）。原按：
　"此碑在一层外墙的正东中，宽45厘米，宽47厘米，正楷竖书，5行，行字不等。"
　今按：碑文虽提及成化二十年，但《禅寺》所录碑文末行云"万历四十七年岁次己未立石"，该行今泐难考，故年代暂阙。此碑现存于圆应塔底层西墙上中部，非东墙。碑文应为6行。
② "大众"处今泐。
③ 此行底本漏录。
④ 底本"助"作"捐"；"所"漏录。
⑤ 此行今泐。
⑥ 录文参见《禅寺》，第197—198页。原按：
　"此碑在塔底层西南墙中间，露出部分（以下各碑同）高40厘米，宽40厘米，青石质5行，行6—8字。原未署年代，据石质和内容行文，似立于明万历四十七年（1619）。"
　今按：《禅寺》录文可从。该碑左、右各另有一碑，字迹皆不清，未录。
⑦ 底本参见《禅寺》，第198页。原按：
　"在一层塔外墙西北，青石质，宽45厘米，高45.5厘米，5行，行字8—10字。原未署年代，据石质和内容行文，似立于明万历四十七年（1619）。"
⑧ 底本"凌"之异体字"淩"作"麦"；"淑宁"漏录；"为母"处今泐。按："为"字疑衍，同石刻12。

12. 明圆应塔功德碑（四）①

华亭县三十六保籍今寓上海县□□□。②信士庄道全，/母亲钱氏淑宁，妻钱氏妙善；/弟庄伦，妻邹氏妙清；/男宗仁、宗义、侄男宗□。/助修回向，所冀：/家门益盛，子嗣繁昌。③

二、灌顶禅院

13. 松江水次仓新建关帝庙记碑，陆应阳撰，天启二年（1622）④

松江水次仓新建关帝庙碑记/

水次仓系/国家漕储要地，外而三泖风帆荡漾，内而一城食货浩穰。信郭西上游也⑤。万历三十年间，因总厅旧基创/立/关帝庙，众议借此以镇墅冲途⑥，亦不朽盛事乎。赖晋州王君春宇、汾阳朱□□□辈行商于此⑦，仗义捐金⑧，/助成胜举。/庙狠⑨尊崇，香火修饬，通政使许

① 底本参见《禅寺》，第198页。原按：
　　"此碑在塔一层东北墙。正楷竖书，7行，行字数不等，宽46厘米，高45.5厘米，青石质。原未署年代，据石质和内容行文，似立于明万历四十七年（1619）。"
② 此行今皆不清。
③ 底本"母"前衍一"为"字；"淑宁""妙善""妙清""侄"漏录；"庄伦"作"道余"。"侄男"下"宗"字、"回"字处今泐。
④ 底本参见《资料集》，第131—132页。原按：
　　"该碑记由陆应阳撰并书于明天启二年（1622），碑文正书12行、行39字；众商姓氏4行，共有13列。2012年5月25日，笔者走访庙旧址，碑尚在庙屋壁间，记文从碑上抄录。民国杜镇球著《华娄续志·金石志》著录此碑目。"
　　今按：原按不全准确，众商姓名今可见13列，前12列每列4人，末列5人。底本众商姓名阙漏较多，"侯栋"以下全缺，今据原石按每列从右到左顺序重新录文。
⑤ "游也"，底本漏录。
⑥ 底本异体字"墅"作"压"；"旧基创"作二缺字；"众议"属上断句。
⑦ "阳"字今泐。底本"朱""辈"作缺字。按：据上下文，"朱""辈"间三缺字疑作"君近城"。
⑧ "仗义捐金"，底本作三缺字。
⑨ 异体字"狠"，底本作"貌"。

公悒所、邑侯李公延之标题前楹。①已而郡□□□光缙，亦晋人也②，/谒庙而色喜，特赐之扁额"舆情胥戴"③，千百年灵境，此其首称④矣。住持僧如淮，其徒性闻，恪守清规相继⑤，/晨昏钟鼓，能使远近归依者猬集。是岁复建□敞轩，益恢旧制⑥，此虽□□□□作兴有机，而衲子竭虑/补葺⑦，诸善士始终乐成其功，皆不可泯泯于他日也⑧。朱近城有贤□登壬戌第，谓非朱氏生平仗义之/报哉？⑨并为之记。/

天启壬戌岁孟冬吉旦，八十一叟陆应阳识并书

（下两方篆文印）"古塘居士""陆氏伯生"⑩/

大明国山西平阳、汾州府临汾、汾阳县信商：

姚崇殷　王应元　宋诰　王快/

郭镜　田用和　朱佑　王一槐/

刘一登　武镐　冯立　李朝忠/

王朝孝　赵思聪　宋柱　王登瀛/

张邦爵　宋续光　刘继业　王星耀/

刘汝贵　刘守约　张福华　侯栋/

冯崇庆　谢诗　史应魁　姚之镇/

郭以旸　冯利　王继荣　安登明/

---

① 底本"延"作"廷"；"标""楹"作缺字；"前□"属下断句。今补正并相应调整标点。
② "已而郡""光缙""也"，底本皆作缺字。
③ 底本"特"作"持"；"而色喜"属下断句。
④ "首称"，底本作缺字。
⑤ 底本"住"作"信"；"恪"作"格"；"如淮，其"皆作缺字；"相继"作一缺字。今补正并相应调整标点。
⑥ "复""敞轩，益恢旧"，底本皆作缺字。按：据残字，"敞"前缺字疑为"一"。
⑦ 底本"作"作缺字；"子竭虑"作二缺字。
⑧ 底本后一"泯"作缺字；"于"作"求"。
⑨ 底本"近""登壬戌"皆作缺字；"仗义之"作二缺字；"第"作"等"；"非"作"郡"。
⑩ 二篆印底本漏录。

安登瀛　丁时庆　侯巡　王人佑/

武九勋　段□学　黄中祥　李时芬/

谢都　张明达　孔家脉　郭俊/

王承君　李永贞　卢民望　邢应和/

张彦康　刘玄池　王有成　贾□□　卢□□

14. 松江西仓桥关帝庙买田重修廊房碑，王元瑞撰，明崇祯十七年（1644）①

香灯碑记（行书碑额）

关帝庙买田重修廊房碑记②/

赐进士出身文林郎福建道监察□□王元瑞□并书。

（下两方篆文印）"王元瑞印""癸丑进士"③/

郡西仓城水次有/关帝庙焉，始自晋省诸商创建，实为一方保障，万民瞻仰，□□往来，经营赖/神灵庇佑④，获福良多，喜出资财供奉香火灯油，历年□□□金。今有信商黄中祥、武九勋、郭□、/赵国祚等虑后经管不得其人⑤，或有差悞⑥□□□□□永⑦备灯油香火，二则

---

① 底本参见《资料集》，第145—146页。原标题中"买"误作"卖"。原按：

　　"该碑记由王元瑞撰并书于明崇祯十七年（1644）十月。崇祯皇帝于该年三月殉国，四五月份死讯传到江南，五月弘光帝于南京即位，此碑仍用崇祯纪年。碑文正书10行，行34字；众商姓氏9行，共有17列。碑上方有额题"香灯碑记"。2012年5月25日，笔者走访该庙旧址，碑尚在庙屋壁间，记文从碑上抄录。民国杜镇球著《华娄续志·金石志》著录此碑目。"

　　今按：底本众商姓名阙漏较多且顺序混乱，今据原石，与前碑（13）同按每列从右到左顺序重新录文，部分缺字据底本补入。

② "田""廊房""记"今泐。

③ 题款中"王元瑞"今泐。底本"道监察"作缺字；漏录二篆印。

④ "民"今泐。"仰，□□往来，经营赖"底本漏录。

⑤ "年"今泐。"金。今有信商黄中祥、武九勋、郭"，底本作缺字且少二字。

⑥ 异体字"悞"，底本作"误"。

⑦ 据上下文与残字，"永"前二缺字疑作"一则"。

赡养本庙①□/众，期于②久远，万无一失，于是用价银捌拾□□□张成□□田贰拾亩③，其田坐落□拾玖□/壹区乡贰啚姜字圩④，田契存照余⑤银贰拾两，重修□右□房⑥。恐年深日远，莫知所□□为□/石以传不朽⑦，是为记。/

众商姓名：

张耀斗 黄中祥 武九勋 李崇英 李汝信 宋希孟 赵国祚 武廷祥 （左缺一人）/

刘明时 辛进道 邢旺 靳应泰 宋生云 贾玺 马登仕 贾连城 王天佑/

宋道济 曹朝升 刘怀才 郭明慧 王绍 田滋广 王绅 侯万户 雷成龙/

张余庆 白受绘 徐尚礼 魏登显 侯世俊 宋遵殷 孔王宾 丁光声 李应登/

高迈 里三经 李可荣 刘复盛 朱世才 李道登 陈自（？）科 党训□□□/

王守臣 何世泽 刘□□ 裴□ 孙（？）□□ 冯（下缺） 李（下缺） 贺应封 （左缺一人）/

赵一珩 赵绚（？） 李（下缺）（左缺六人）/

---

① 底本"则赡养本庙"皆作缺字且少一字。
② "于"，底本作缺字。
③ 底本"捌"、"贰拾亩"前"田"字作缺字。
④ 底本异体字"啚"作"图"；"其""坐落""拾玖"皆作缺字且少二字。按：据上下文与残字，"玖"后一缺字疑作"保"。
⑤ "余"，底本作缺字。
⑥ "重修"，底本作缺字。按：据上下文与残字，"房"前一缺字疑作"廊"。
⑦ 底本"恐年""日远，莫知所""为"皆作缺字且少二字；"石"作"右"。按：据上下文与残字，"所"后二缺字疑作"自""故"。

（右缺一人） 武（？）一新　裴登科　（左缺六人）/

（右缺二人）　崔朝海　张登云　□昌祥（？）（中缺二人）　赵国洪　（左缺二人）/

（右缺二人）　皇光祖　岳登高　孙□　（左缺三人）/

王麟（？）图（？）　司□□　曹进兴　李□□　刘建厚　魏□□（中缺一人）　李（下缺）（上缺）孝/

司王鼎王民贵　李（？）□元　刘文伟　刘安远　□□重　□□政（中缺一人）　田□□/

刘应祥　许国印　王家梁　刘法文　李□　郭玳　（左缺三人）/

任时盛　刘尚通　陈□成　程□□　王来□　李治　（左缺三人）/

胡应安　安世选　□□文　刘（下缺）（左缺五人）/

□光（？）耀　任（下缺）（中缺一人）　任□□　贾崇智　（中缺二人）　魏□聘　（左缺一人）/

（右缺二人）　谢（下缺）（中缺三人）　郭□　高应祥　（左缺一人）/

大明崇祯拾柒年拾月①

---

① "崇祯拾"今泐。底本此行"十""七"皆作小写，然据此行残存的"柒""拾"，"柒"前应亦为大写的"拾"。

评《马背上的朝廷：巡幸与清朝统治的建构（1680—1785）》

邱　雨

（复旦大学历史学系）

在描述伊丽莎白·都铎在加冕前一日声威浩大的巡行时，吉尔兹评论道："在任何地方，这一点都十分明晰，国王们通过仪典获得对他们的王国的象征性的拥有。特别是在皇家巡行时（言及这些巡礼，即位大典是其中最早的）来驻立于社会的核心，而且通过以仪式性的符号象征来确立对王土的支配管辖，并以之来确立其与国家大事的关联。"[①] 如果将这句话的主语置换为康熙或乾隆皇帝，"王土"改为18世纪帝国治下的盛清社会，也并无不协调之处。这句言简意赅的话可以引出许多问题，对于清朝皇帝而言，他们是从哪种文化资源中找到可以显示领有权威的仪式性符号象征的呢？他们通过巡行和仪式的运作，希望对被巡视的地域产生何种效应？以及更"世俗"的问题，从功能角度讲，又是什么体制能支撑起他们的庞大巡视行为？为回答这些问题，张勉治的著作《马背上的朝廷》对问题的细节和意义的复杂性作了一个历史学的考察。

---

① ［美］克利福德·吉尔兹（Clifford Geertz）著，王海龙等译：《地方性知识：阐释人类学论文集》，中央编译出版社，2000年，第163—164页。

　　本书英文版在2007年由哈佛大学出版社发行，问世不久即出现三篇介绍性书评，作者包括"新清史"重要学者卫周安[①]，刘文鹏也在2009年出版的论文集中刊布了对英文著作的评论[②]，可见此书激起的关注和回响。本文则是借中译本出版的机会，希望能从本书的学术来源、整体架构以及叙述技巧上对其作一个相对整体的思考。如果我们承认，历史学家要有能够捕捉住意义重大的事件，并且探查出事件之间应和模式的才能，然后才可以发现时代的进程和图景，那么张勉治对于乾隆南巡这一系列事件的把握，无疑已经不只是张网捕捉，更是借助南巡这个棱镜去审视盛清时代的政治社会文化形态的卓越努力了。

　　张在书中提到，自己要解决历史学家都说南巡重要但是未能真正去研究的困境。之所以会出现这种隔膜，关键在于学者并未将南巡事件放到清前中期的历史语境当中去把握其历史性意义。将之置于某种历史叙事当中进行"脉络化"，从而赋予恰当的研究价值之前，南巡始终不过是一个华丽但意义不明的演出。对此，作者在导言部分有一个非常巧妙的处理，即建立一个"家产—官僚""民族—王朝国家"的模型，这个模型基于前人的丰厚学术资源。笔者认为，这个模型其实有三个面相。其一可以称之为"文—武"的对立轴，康熙到乾隆一直致力于维系满洲人骁勇善战的特性，其实不只是展现民族特性的需求，更重要的是在这

① Joanna Waley-Cohen, "A Court on Horseback: Imperial Touring & The Construction of Qing Rule, 1680–1785", *The Chinese Historical Review*, vol.15, January 2008, pp.181–183; Norman Kutcher, "A Court on Horseback: Imperial Touring and the Construction of Qing Rule, 1680–1785", *The Journal of Asian Studies*, vol.67, August 2008, pp.1050–1051; Jerry Dennerline, "A Court on Horseback: Imperial Touring and the Construction of Qing Rule, 1680–1785", *The American Historical Review*, vol.113, June 2008, pp.805–806.
② 刘文鹏：《从内亚到江南——评张勉治〈马背上的王朝〉》，收入刘凤云、刘文鹏编：《清朝的国家认同——"新清史"研究与争鸣》，中国人民大学出版社，2010年，第354—376页。

一时代里，清廷绵延不绝地在内陆亚洲的扩张战争需要政府维持军队的战斗力，这无疑从濮德培《中国西征》对清帝国在内亚地区的军事与话语争夺的极为全面的描述里获益匪浅。①暴力的垄断和运用是前现代国家集权并且走向现代的关键步骤，而满洲人不容染指的武力垄断，既证明了南巡中乾隆汲汲于追求的武备展示的必要性，也说明了巡视在帝国的政治构架中不可缺少的意义所在。在武力展示与垄断的层面上，乾隆会认为南巡是不亚于西征的大事，南巡是西征在另一片土地上用意相似的实践。

其二，是"家产—官僚"的对立轴。这个源自韦伯的经典"理念型"，启发了列文森将君主和官僚的张力形容为紧绷的线，这种紧张性在孔飞力的《叫魂》中有非常精彩的演绎。在孔飞力看来，因为皇帝自身的奇理斯玛式权威时刻遭受着寻求理性、非人化的官僚体制的制约和抵消，因此他总是在寻找一个合适的时间去介入地方事务，从而按照自身的意志去驱使官僚行动。②但张勉治将两个端点概括为"家产—官僚"，从而更恰当地将皇帝和他的满洲亲信概括进去。南巡也是解决张力的一个更漫长的事件，皇帝需要通过南巡的介入和驱动来保障官僚化（或者并生的腐败）不会威胁到家产制包含的人群。

其三，或许可以称为"满—汉"的轴线。自从被称为"新清史"的学者们致力于发掘清统治群体的"非汉"属性后，清帝国的面貌就渐渐趋向于一个内部有着几个不同的政治文化板块的拼图形状（当然各个板块之间的衔接和整合程度要超过蒙元帝国），其中汉地作为一块拼

---

① Peter C. Perdue, *China Marches West: The Qing Conquest of Central Eurasia*, Cambridge: Harvard University, 2005.
② ［美］孔飞力（Philip Kuhn）著、陈兼、刘昶译：《叫魂：1768年中国妖术大恐慌》，生活·读书·新知三联书店、上海三联书店，2012年。相关讨论集中在本书第九章。

图，其重要性在某些方面恐怕还会弱于祖宗龙兴之地，甚至不会高于作为政治联盟的蒙古各部。这种观察角度当然是耳目一新的。既然清朝的皇帝不仅仅是汉人王朝的天子，而且是统率满、蒙、藏与新疆各地的内亚帝国的领袖，可以追问的是，皇帝的多元身份以及清帝国的这种政治板块对其统治形式而言有何作用。举例而言，姚念慈笔下的康熙，就因为族群差异而始终对汉人臣僚充满猜忌，对自身统治充满不自信，这种心态对立储等政治事件影响深远。①同理"满—汉"差异对于南巡的出现有何作用？作者将三者合并（"满/武/家产—汉/文/官僚"）形成一个"民族—王朝"的模型，"家产—官僚"中家产的部分被尚武、"例外主义"的满洲精英填补。这是本书找到的乾隆皇帝的思考范畴和记忆宫殿，在这个范畴中，那些与"文—武"或者"家产—官僚"牵涉的事件，都会被认为是影响到满—汉平衡的危险局面（叫魂案中已经充分展示了弘历的这种联想能力）。于是作为武力表演的南巡、作为皇帝介入地方的南巡与作为皇帝营造民族—王朝体系手段的南巡就高度地重合，而南巡也即成为化解各种张力、完成帝国统治策略的舞台。

接下来要问的是，为何要选中江南作为帝国意识形态运作和维系基本国策的展示场域？这是本书的隐藏前提，也就是作为帝国的隐性创伤的江南，它的地方属性（包括作为汉人"斯文"的最为昌盛之地，甚至是风景上与塞外的截然不同）与历史遗留问题（"嘉定忠臣"们的誓死抵抗），使得自身成为展示皇帝对汉族和他们的文化有限度地接纳和褒扬，以及深化帝国的家产、民族方面统治模式的最佳区域。虽然这种控制和监视已经以毛细管式的绵密细致无孔不入地渗透，甚至到了政策本身所不曾预料的深度，但是紧张仍然是存在且不容忽视的。同时也只有

---

① 姚念慈：《康熙盛世与帝王心术：评"自古得天下之正莫如我朝"》，生活·读书·新知三联书店，2015年。详见本书第一、二篇文章。

在江南的巡视过程中，帝国统治策略中意识形态的多元性和复杂性才会格外地显露出来，虽然显露的方式可能非常微妙，不过这些微妙之处已经被作者发现并且予以解释。

接下来看本书的具体章节。第一章讨论的是巡幸的历史文化根源和作为一种话语展现的意义，简单概括，清廷的巡视来自汉人强调文明教化的巡狩传统，以及游牧族群的季节性、军事性移动巡游的历史遗产，这种二元色彩自然承接了导言中提到的"民族—王朝国家"的双重性。第二章则继续这个线索，讲述了巡视传统在康熙时期的复兴，然后这种复兴在乾隆之手继续发扬光大，同时也提到了乾隆对自己南巡行为的辩护以及朝廷中的反对声音，随着历史的推移，辩护的必要和舆论的不和谐都会有更深层的体现。第三章则是从制度的层面（包括人力的动员、财政的支撑和巡视路线的讨论等）考证了南巡如何成为可能，其中谈到两个方面：其一是御营布局的双重（稳定的都城—流动的游牧营帐）象征意涵，御营在汉地的移动，具有征服历史的隐喻，也有将这种游牧色彩的控制方式"常规化"、变成稳定"象征"的意义，一旦这个象征符号搭建完毕，那么下一步即可将之移到江南地区；其二，是官僚群体对如何在巡行期间维系该地区稳定的讨论，从中可以看到"官僚"中隐隐显现的抵制"家产"随意性的力量。

经过三章的铺垫，第四章渐入佳境，切入到南巡作为一种帝国统治的策略，试图讨论帝国如何践行南巡的设计意图，亦即将南巡作为满洲人武力形象的表演。通过濮德培的著作可以了解，清帝国在稳定控制明帝国的疆土后，没有和前辈一样满足于统治现有疆域，而是保持着介入内部亚洲争衡、开疆拓土的欲望一直到乾隆中后期。可以认为，清帝国在内亚的扩张是和尚武、朴质、弓马娴熟的"满洲之道"彼此强化的过程，如果说"西进"作为重要的国策要顺利推行，维护、增进"满洲之道"就不仅有保证八旗军队战斗力的意义，更是延续统治模式的一惯性，及展示统治有效性（所谓"耀武扬威"）的需要——故此西进的问题需要通过南巡来解决。本章对西进和南巡并行出现的讨论，正是放入这个逻辑解释的。不过按照作者给出的解释框架，我们可以发现支撑帝国武力扩张的基础恰恰是官僚体制对汉地资源的有限提取能力，而西进本身则更多依靠满洲的政治属性、凭借作为皇帝"家产"的八旗，这种内生的裂痕限制了扩张的上限。在此意义上，南巡和西进在"满—汉""家产—官僚"的标定方式上有同构性。

第五、六章是全书最为精彩、富有辩证色彩的章节。这两章处理了南巡的皇帝与江南的不同社会群体之间试图建立的"关系"种类及方式，或者说皇帝用何种机制和模式去接纳这些人群。第五章从皇帝"返淳还朴"的姿态出发，分析这一话语的具体指向。本章指出在乾隆时期，扬州盐商这一商人精英通过捐纳、贡献大量资金，实现抬升自身的社会地位、政治资本以及为皇帝的家产制组织提供真金白银的双赢，但皇帝担忧随着商人捐纳而来的贪腐行为会侵蚀家产亲信对皇帝的绝对坦诚，于是将商人标定为"奢"并抬出"返淳还朴"作为抵制策略。同时引入在商人群体崛起下感到"斯文"受到威胁的士大夫精英用来制衡商人。第六章讨论了时兴的汉学者们。作者提出召试、推崇诗画是皇帝的"家产制赞助形式"的体现，也即通过科举以外的选拔手段吸纳江南地区的社会文化领导者进入家产组织中，让他们在学术话语的制造上成为"民族—王朝统治的代理人"。但吊诡之处在于，江南士人是帝国政治秩序的襄助者，也是"嵌入"地方关系网络、文化环境中的成员，前者在多大程度上能动摇后者，并无确切的指数。作为文化代理人的沈德潜最终无法担此重任，在言论上流露出对汉人政权的眷恋，彻底背离了（起码在弘历看来）帝国的政策本义，他生前身后的遭遇成为帝国在江南推行"民族—王朝意识形态"的努力及最终失败的缩影。无数的沈德潜在乾隆朝起起落落的背后是这种吊诡的延续。由此来看皇帝的文化包容的边界，就在江南士人表现出的那种汉人文化精英的姿态和地域社会中产生出的认同，是否强大到凸显出了满洲统治的异文化、异民族的特性。

第七章讨论的是弘历的江南诗歌创作。作者认为弘历在描写江南景观时刻意回避体现诗人私密心态的抒情模式，而是选用道德劝诫来塑造自己身为皇帝的公共身份，以及满洲领袖的马上君王角色。但考虑到在中国诗词创作的传统中，道德劝诫的重要性不亚于抒情，那么乾隆对二者的运用，或许只是基于"诗可以怨"原则的用典。当然这种"新批评主义"的倾向还是和历史学的观察视角有所不同。但作者无疑提示了，作为皇帝的弘历与作为读者、诗人、鉴赏家的弘历的不重合之处，这种龃龉在南巡以及更多公共的、私人的场合中反复出现，对于理解皇帝形象的呈现和自我的认知无疑是有意义的，只不过不见得都要套进"满汉紧张"的模板里面。而且如果要充分论证弘历的诗作中"私人抒情—皇帝道德"的紧张，或许将更多弘历的诗句作为分析基准才是更有说服力的方法。

第八章处理了1780年代弘历的最后两次南巡，按照本书的逻辑，作者同样为这次南巡找到了亟需皇帝解决、有关合法性的困境。他认为这是经过中枢权力重组后，弘历感觉到帝国的控制力在滑坡，具体表现为民间出现了不利朝廷的舆论（关于皇帝家庭的谣言以及经久不息的文字狱），于是弘历重新祭出巡幸的法宝。生员金从善的谏言中关于皇帝的年龄、政策的意见，某种程度上被弘历视为对作为意识形态集合体的"皇帝"形象的质疑，于是弘历迫不及待地作出了新的展示，以彰显这些意识形态符号连同自己的身体仍然没有老化。值得一提的是，关于皇后乌喇那拉氏的谣言正是源自南巡途中激化的帝、后矛盾，虽然巡视是为了展示帝国的伟大，却也出乎意料地成为暴露"家丑"的场合；如果说民众对皇家秘辛的好奇和窥探程度和皇帝自我展现的次数呈正相关，那么我们可以看到巡幸这一万能药猛烈的副作用。弘历希望人民匍匐崇拜，却无法遏制歌功颂德的巨响下他们的窃窃私语和偷偷窥视，于是最后一章就成了对南巡政策局限性的隐秘反讽。无论是负面作用的膨胀，还是民族王朝的家产制组织的衰退，奇理斯玛的皇帝终于走到尽头（附录B认为南巡的财政耗费不会超过岁入的十分之一，用数字驳斥了认为南巡造成巨大财政负担的意见，不过这种财政的充裕不见得能维持到嘉庆朝），例外主义终于淡出了舞台，展示这种例外的巡行表演也即名存实亡了。

简言之，作者试图摆脱历史书写中对南巡的道德性化约，恢复潜藏在南巡中丰富的历史根基和文化功能、象征意义。就全书的成果来看，作者无疑矫枉过正地实现了。当南巡承载的功能已经不再必要，学者就只能从被遗忘的沉湖中打捞起那些曾经的辉煌，并且将对南巡原有地位的遗忘释读成帝国转型时期新旧政策和话语更迭的表现。可以补充的是，其一，这种认为巡视劳民伤财的道德性评论正是熟悉经典话语的官僚士大夫手里用于制衡君主出格行为的惯用武器，面对它，弘历也只得小心翼翼地用合乎德性的发言、诗词来装扮自己，故此或许不必急于将关于南巡的道德话语扫入簸箕。其二，在作者精妙的诠释之下，读者可能会难以辨别，南巡中复杂幽微的心绪、高度象征化的展示究竟是源于弘历本人及其满洲家产亲信，还是出自作者自身的敏感。作者没有低估王朝统治者的政治现实主义，因此他细致地考证了南巡的制度依靠和政策设计，并且努力将南巡本身和更为大型的历史事件挂钩，从而展现其对于维持"民族王朝"、家产组织、例外主义的重要意义。但作者可以更深一步说明的是，皇帝的政策走向或许源自一种充分浸染过"统治者应当如何行动"理念（可能是满洲之道，也可能是儒家经典）后的无意识，弘历一举一动未必是深思熟虑的结果，但政策整体的走向却已潜移默化地被框定了。由此或许更可以展现出帝国体制和满洲之道的"惯性"，并且我们也可以不仅把南巡视作"政策"，也可以视为"偶发性"的事件，从而洗去目的论和过度解释的颜色。其三，如作者在第一章揭示的，巡视展现了皇帝和官僚体制之间的紧张，清朝皇帝通过对满洲家产组织的差别化待遇，抑制了士大夫组成的官僚群体制约皇帝行为的合法性和道德勇气，获得了较之明朝皇帝更多的自由，这种差异或许正是征服王朝作为征服者的一面，作者对此有充分的暗示，不过似乎尚有深入讨论的余地。总体来说，本书中官僚的形象似乎集体缺席了，如果要从更多维度揭示巡行对于"家产—官僚"的重要性，对官僚的深入考察还是不可偏废的。

让我们回到书名《马背上的朝廷》——也可以理解成"将朝廷放在马背上"——这一修辞确实切中肯綮。从直观上看，满洲人骑着马完成了征服汉人国土的"洪业"，并且把扩张的步伐迈向更西，然后他们在帝国前中期不停地宣示这种马背上的武力姿态，骑马射箭和辫发一同成为满洲人的身份象征。从制度的层面讲，将朝廷放在马背上所需要的制度设计和放在定居的都城中截然不同，契丹人、女真人和蒙元人在这种二元体制的构架中无疑是道夫先路，有了这种体制的稳定，南巡才能成为一个频繁出现的政策，朝廷才不至于在马背上过度眩晕。更深入地看，马背上的南巡意味着流动和不确定，但是南巡所要面对的困难确实是恒久存在的结构性问题，皇帝强调满洲特性并且不断展示这些特性，似乎无益于甚至有害于问题的解决。于是面对族群间隐而不彰但是如同附骨之疽的不协调，皇帝们或许只能一边小心翼翼地弥缝，一边雷厉风行地加以打压。这种进退维谷的状态是南巡本身的矛盾，当弘历再三用颠簸的方法和那些即兴的策略、个性化的手法去解决结构性的冲突时，冲突最多在皇帝的奇理斯玛尚在时被按压住。但有关血腥征服的历史记忆比想象中更加坚韧。嘉庆之后帝国的内忧外患接踵而至时，那些原本潜在水底的声音和行动再次浮出水面——汉人在中枢的力量骤增；地方军事化的倾向造成的离心力；然后是西潮影响下有关族群的记忆成了民族主义的原动力之一。这是弘历始料未及的——"千古一帝"毕竟不常有。当然我们不能按照后见之明去指责弘历本应把精力更多放在实质性的策略而非充满象征意涵的南巡上，以致帝国的痼疾在子孙辈大爆发，但是事实上南巡的不可复制，说明了家产制的民族王朝难免会耗尽其例外主义释放的能量——他们选择了马背，也选择了颠簸。

"明清区域社会研究的省思"
国际学术研讨会综述

巫能昌

（复旦大学历史学系）

　　为反思区域社会研究的现有理论与方法，探究区域形成的动力和机制，讨论跨区域流动对区域社会的影响，推动不同区域社会研究学者群之间的交流与对话，复旦大学历史学系于 2019 年 8 月 24—25 日在上海举办了以"明清区域社会研究的省思"为主题的国际学术研讨会。本次会议汇集国内外 30 余位学者，在两天的会议中，就明清区域之政治、经济、社会、文化等方面的问题进行了研讨，并对区域史研究的现有理论与方法展开了思考和讨论。24 日上午，复旦大学历史学系主任黄洋开幕致辞后，会议正式开始。

明清时代的政治和宗教

　　首先是讨论明清政治、宗教的三篇报告。首位报告人是近年致力于晚明史研究的樊树志（复旦大学），其报告题目为《"肃杀之后，必有阳春"——"太平宰辅"申时行》。报告旨在与张廷玉《明史·申时行传》的观点商榷，力图给予申时行以更恰当的评价，指出申氏在张居正时代并非"蕴藉不立崖异"，担任首辅之后亦非"务承帝指，不能大有建立"，而是至少有三大德政，实为"太平宰辅"。范金民（南京大学）《乾隆帝首次南巡地方备办迎驾事务实录——黄印〈乾隆南巡秘记〉解读》将重点放在地方的迎驾准备方面，分析了无锡地方为迎接乾隆帝首次南巡而兴办的一系列工程，不同社会群体在其中所扮演的角色，以及迎驾工程和相关活动给地方带来的实际影响。周荣（武汉大学）《历史之碎片 心性之一体——明清佛教碑刻与佛教社会史研究方法论的反思》基于其最近关于明清佛教与社会的研究计划，汇报了其正在做的明清佛教碑铭搜集和整理工作，由此提出了一些反思区域社会史研究的问题，比如怎样处理碑刻一类的历史碎片，如何回归区域本来的含义和真正把握地方社会自身的脉络。评议人陈宝良（西南大学）认为，樊树志的主题来自焦竑对申时行的评价，已经点出了申时行执政的时代特性和必要性；同时提出，张居正、申时行等人不同的施政风格，是否受到各自从小熏染的地域文化影响。范金民的报告细节性地揭示了盛世景象下的另一面相，即乾隆南巡给地方带来的沉重负担。周荣的报告给我们带来很多启发。

区域社会研究的理论与方法

其次是围绕区域社会研究的理论与方法展开讨论的三篇报告。森正夫（名古屋大学）《对地域社会论的反思》梳理了其过去有关地域社会的研究，涉及方法概念的地域社会论与实体概念的关系，最终指出，作为方法概念的"地域社会""地域社会视角"或"地域社会论"的核心不只是"指导者",或"指导集团"和"社会秩序",而是要从知性、道德、文化等途径入手来解决该地域所面临的的研究议题。刘志伟(中山大学)《区域研究视野的思考——基于"闽粤·海洋"研习营考察方案》谈到研习营考察方案的初衷,即并非所有地区的历史都能够和已有的中国史知识相一致,故而需要转变既往关于中国史的观念,指出对区域可以有海洋等更多元的理解,研究应该立足于任何自然的关系,打破地域藩篱,走出国家历史主导的历史范式。张伟然(复旦大学)《从历史地理角度做区域研究的学术支点》认为,历史地理学界关于区域研究的基本理念是从地理学延伸而来的,而地理学最基本的特性是区域性和综合性,指出区域研究亦当兼有区域性和综合性,这方面明清区域研究有资料方面的优势。评议人贺喜(香港中文大学)指出,森正夫梳理了他四十年间对中国历史的思考,强调人的实践,挑战了以往学界对于人际关系等方面的理解,重点是如何认识不同地域多元关系的"场";刘志伟的报告强调把地域放入全球视野、超越国界,另一方面又要回归乡村,其中涉及人的流动性、海洋的复杂性等问题,进一步引发年轻学者去思考在这些提问的基础上可以如何深入。

区域社会比较研究

复次为区域社会比较研究方面的三篇报告。科大卫(David Faure)和贺喜《在山西与华南之间:关于区域社会的思考》指出宗族的历史不只是思想史的分支,也不仅是地域宗族的分类,而是需要包括一个建构宗族的技术史。我们现在所熟悉的那种族谱即为发创于江西,然后传播到各地的一种技术，这一技术的核心是世系表的形式。宗族的观念正是通过这一技术在不同地区被实践的。赵世瑜（北京大学）《历史过程的"折叠"与"拉伸"——社的存续、变身及其在中国史研究中的意义》梳理了不同地区各异的社神呈现形态，认为在经历多次结构化过程的社会中，文化表征不断层累或改变，逐渐只呈现出最表层的状态，但是在经历快速开发和面对多种外力影响的社会至今还能看到很多种形态，可以理解为历史过程的"折叠"或"拉伸"。胡铁球（浙江师范大学）《明清各地仓斗的形成机制》关注明代粮价研究中的度量衡问题。报告指出，既往学界认为各地都使用国家发行的标准仓斗，而实际上各地的仓斗相差很大，进而对各地仓斗的形成机制进行了探讨。黄敬斌（复旦大学）在评议时谈到，最近正在读江南地区的族谱，和科大卫、贺喜的报告很有共鸣，其中提出重视建构宗族的技术史的问题，具体化为了解系谱的发明过程，即我们现在熟悉的宋代族谱形式是如何形成的。科大卫提到宗族是一种文化创造，我们在今天的族谱中仍然可以看到创造的痕迹。赵世瑜的报告在方法层面把历史人类学研究的思路展现得淋漓尽致，很好地梳理了中国历史和国家礼仪层面的重要概念在不同时代和地区的民间社会的呈现形式。胡铁球报告中关于石等容量标准和重量标准折算的讨论，提醒注意不同类型粮食的差别等方面很新颖，不过有些地方可能会有特殊的案例。

江南和华北区域研究

再次为五篇讨论江南和一篇考察华北的报告。李伯重（北京大学）《"壶里乾坤大"：江南史研究长盛不衰的原因初探》认为江南史研究是中国区域史研究中历史最悠久、成果最丰富的领域，指出该领域得以不断推陈出新，主要是因为很好地具备了史料、方法和问题意识这三大史学研究基本要素。陈江（华东师范大学）《江南文化与文化江南——江南文化史研究的若干问题》从江南文化的历史演进、文化江南的地域范围，以及江南文化的研究对象这三方面展开，指出江南文化的研究既需要传统文化史角度的精细探究和通论之作，亦需要运用文化学的方法作一些宏观的理论探索。张海英（复旦大学）《明清政府对地方管理的多样性——以明清江南市镇中的"同知"与"通判"为视角》关注明清江南基层社会的治理，认为深入分析分驻地方的同知、通判，有助于我们更全面地了解明清传统政治制度框架下，政府行政管理机构的运作及其对地方基层的管理实态。就以上三篇报告，黄志繁（南昌大学）提出了江南作为一种方法能否成立，以及江南研究有无核心问题意识和理论的问题。关于传统文化的理解，是否可以把区域研究放在人的身上。他认为，同知和通判的设置说明地方并不如想象中的那样秩序井然，并指出地方志之外应该还有更多的材料可以解读。

陈宝良《明清以来的绍兴及其地域文化——兼及江南区域视野下之吴越比较》从绍兴酒、绍兴人、绍兴话和绍兴戏等四个方面梳理了明清以来绍兴地域文化的形成及其特点，进而讨论了吴越地理分界线、浙东和浙西之分，以及吴越区域文化比较。黄敬斌《清代秀水葛氏的族谱编纂与宗族构建——上海图书馆藏稿本〈稚川族谱〉研究》分析了清代嘉兴的族谱编纂活动，探讨了江南族谱中祖先记忆的建构、族谱世系所见宗族繁衍的记载，以及如何理解宗族的内涵——到底是凝聚力很强的宗族组织，还是仅仅作为士大夫及其所在支系的文化工程等问题。仲伟民（清华大学）《作为区域的"华北"渊源及流变辨析》指出，"华北"名称出现很早，但像江南这样作为一种特定区域概念出现的"华北"出现得很晚。古代没有作为区域的华北概念，这个概念是到近代人为创造出来的，并在学术研究中得到越来越广泛的运用，但学界并无相对一致的界定。报告还对难以界定华北的原因进行了分析。评议人饶伟新（厦门大学）提到，包弼德将南宋浙西的地方文化构建理解为地方意识的兴起，程美宝强调近代民族主义在民国广东地方文化形成过程中的角色，那么，明清绍兴地域文化又是在怎样的意义背景下形成的？此外，绍兴本地文化的建构和表达是否和绍兴与外界的流动、互动催生的自身认同有关。黄敬斌的报告提醒我们，文本解读首先要从物质的层面开始。其中分析的族谱虽然是很薄的稿本，但用了不同的纸张，可以看到稿本的生产过程。报告比较有意义的地方是如何去回应"江南无宗族"的问题，以及把江南宗族的历史和江南大的历史变动联系在一起。仲伟民的报告处理"华北"的概念史，其背后有很多实际的历史过程。概念史和实际历史之间的关系是很有意思的问题。关于如何对区域进行界定，或许可以基于研究的问题意识和内容。

东南和西南区域研究

接着为七篇关注东南和西南的报告。杜正贞（浙江大学）《明清时期东南山区的界址争讼》分析了明清东南山区经界山林和未经界山林的争讼，指出争讼过程中新界址文字的不断被创造或原有界址表述不断被赋予新的意义，逐步塑造，并不断再造了山林的界址和人们对山的认识。李仁渊（"中央研究院"历史语言研究所）《畲民之间：清代东南山区的族群界限与国家治理》主要从塑造族群的外部因素来分析南宋以来东南山区的"畲"群体认同于一个跨地域之族群类别底下的历史过程。报告指出，畲这个分类从南宋末年到当代的出现、变迁与移转，实与各时期东南山区的人群关系与政治秩序息息相关。巫能昌（复旦大学）《从神谱来看中国东南民间道教法师仪式传统的形成——基于当代闽西道坛灵应堂的考察》关注宋元以来中国南方普遍流行的道教驱邪法师的传统。报告以灵应堂的法师神谱为中心，揭示了密教、早期禁法、宋元新道法和民间信仰等因素对东南地区民间道教法师仪式传统的影响。连瑞枝（台湾交通大学）在评议中提出了一系列富有启发性的问题。例如，杜正贞的讨论中，是否应该注意山林开发与周边城市开发、人口增加等问题的联系，界有国家和传统这两种概念，以及股份制和早期寺庙之间的关系如何。李仁渊关注国家如何讨论"畲"，聚焦于外部的分类方法，那么国家治理的转变发生在什么时候。如果雍正四年西南改土归流，雍正五年东南确定畲，那么它们之间有没有什么联系。巫能昌关于神谱的考察用到内容丰富的神图，是否可以在文献考证之外，更多地关注图像本身的解读，及其和村落知识精英、空间的关系。

考察西南地区的四篇报告中，连瑞枝《边疆与帝国之间：明朝统治下的"西南"区域及其人群》实为报告人新出同题专著的绪论部分。报告旨在以西南人群为主体，来考察他们在明朝征服后成为政治意义上的边境社会时，人群流动、重组以及为争取身份合法性而致力于重建历史的过程，由此重新讨论了"边境社会"的历史，并尝试在典范历史之外建立新的叙事架构。温春来（中山大学）《矿业、移民与商业：清前期云南东川府社会变迁》考察的东川在清前期改流前后，政府需求、政策、资金借贷以及大量汉人的移入共同创造了铜业的繁荣，东川由此在各方面更加紧密地与内地整合为一体，同时当地生态和市镇形态亦受到了深远的影响。唐晓涛（广西民族大学）《从狼兵到新桂系：桂东南地方社会转型中的军事力量演变研究》以明代到民国的社会转型为背景，探讨桂东南军事力量的演变历程，以剖析国家掌控的俍兵、卫所兵等军事力量和制度化的军事组织逐步向民间转移，孕育新桂系军阀的过程及历史文化动因。麦思杰（暨南大学）《仓储、会馆与市场机制的变迁——以康雍乾时期西江米粮贸易为中心》考察的是康雍乾三朝两广官员、广西土著士绅以及粤东商人围绕着西江米粮贸易所形成的复杂市场关系。报告通过梳理常平仓、社仓、粤东会馆的关系，揭示了清代西江流域米粮市场运作的机制及其形成过程。评议人杜正贞认为，如果珠江三角洲研究是区域社会结构化研究的典范，那么连瑞枝关于西南的研究是另一个典范。她的研究不是从国家治理，或是帝国建构的角度去讲，而是真正从地方本身的人的活动角度出发，这样的处理使我们能去重新解读国家究竟为何。温春来的报告，最精彩的部分是铜矿的开采和改土归流的过程，不是国家主动地自上而下控制管理，而是另外一个过程；后面遇到一个困难，即矿区因资料缺乏而较难深入研究，说明不管历史学做到多么细致的程度，总有些不能触及的地方。唐晓涛讨论的俍兵和俍人是否和畲一样，有点类似族群的概念，其自我认同和外人的认知是怎么样的。关于麦思杰的报告，杜氏关心的问题是在粤东会馆和仓的关系上，涉及米粮贸易中的两股势力，即官方的市场机制和商人的市场机制两者之间的关系，是否那么直接。

江西区域研究

随后三篇报告的研究区域为江西。黄志繁《科举、商业与文化：宋明以来地方家族的转型》研究了赣南宁都县在宋代因举业而兴的两大家族，及其在明清举业日趋艰难和商品经济发展的背景之下不同的发展结果，最终指出举业和能否成功介入地方商业分别是宋元地方大族和明清地方宗族能否兴盛的关键。饶伟新《同舟共济：清代漕运组织与军户家族——以江西赣州卫帮"谢陈廖船"为例》立足于民间漕运军户家族的角度，对清代赣州卫"谢陈廖船"的历史由来、军户构成及其实际运作进行了个案研究。报告认为，漕运军户共同体的自我组织和协调保证了官方漕运体制的稳定运作和长期持续；同时推动了国家与社会的高度互动，实现了清代中国在漕运领域的"整合突破"。李平亮（江西师范大学）《文化建构与社会实践：宋明以来许真君信仰的发展与演变》关注区域文化的建构与实践。报告对宋明以来江西的许真君信仰进行了考察，梳理了许真君由净明祖师到祀典之神，再到江西福主的转变，以及许真君多元形象塑造过程中的社会文化内涵。温春来的评议指出，黄志繁的报告回应了有些宗族为什么会衰败的问题，不过其中关于宋代科举、做官的材料来源于方志，而方志又是从族谱中来的，或许需要作更谨慎的处理。漕运在明清时期扮演了非常重要的角色，从饶伟新的报告可以看到军户参与漕运时是如何具体运作的，引起我们去思考清代漕运制度的变化，如何促成相关家族认同的强化，对人群有何影响，即制度的变迁对家族的影响，家族如何整合等等问题。李平亮的报告显示，唐宋明之间地方性的加强使许真君成为江西福主，真正落实到了地方社会的层面，但为什么许真君在明清之际成为江西福主，是否全国各地都有自己的福主，是否与商业有关。

跨区域的纽带和机制

接下来的两篇报告讨论了跨区域的纽带和机制。刘永华（复旦大学)《明代役法与一个跨地域网络的兴衰》从役法和服役的角度，考察了明代民众的跨地域流动及以此为契机形成的跨地域网络。报告着眼于民众服役这一事实，关注这种流动的规模和历史变动，流动所涉空间距离，服役民众与家乡之间的联系，以及这种流动伴生的经济、社会与文化过程，对明代中国的历史空间和"社会"构造进行了思考。段志强（复旦大学）《南龙升格史：堪舆视野中的南方山川大势》以中国龙脉论为研究对象，关注区域与"天下"关系的观念史。报告指出，南方诸山在南宋理学家创造的地理秩序中处于从属地位，其脉络到元明两代堪舆家主导下以皇权论证为目的的三大干龙说中逐渐清晰，南龙的地位得以大大抬升，其升格进程在清代随着政治中心的转移而消散。针对刘永华的报告，李仁渊提到了宋怡明关于流动造成商业市场先行之道的观点，还提出了两个参照，即人的流动其实也是国家控制的物的流动，以及先于市场、与行政层级有所不同的流动，此外还有刑罚获罪这种从行政中心往边缘的流动。如果说这些流动在明代中叶变得十分重要，那么到底有何变化。段志强的研究引起我们去思考在方志星野书写的时代，一般人是如何想象世界、想象天下的，并非像现在那么直观，而是需要靠文字的堆积和想象。彼时的地理志既要照顾新的东西加进来和经典结合，也要对现实状况作解释，才能填补文字和现实之间的差距。

圆 桌 讨 论

最后的圆桌讨论由会议召集人刘永华主持。他对会议作了简短的小结，认为报告主要涉及区域社会史、区域发展脉络、跨地域比较，以及相关理论和方法这四个方面。讨论中，赵世瑜就会议主题中的明清、区域社会和省思等关键词，将饶伟新关于赣南"谢陈廖船"的报告和武汉大学徐斌对大别山区漕运的研究联系起来，引发我们去思考为什么在这些山区，甚至是革命老区来承担漕运义务？除了研究个案所在地区的特性，类似的几省交界地区亦存在相同的情况。而后来住在杭州的清代漕帮，都是运河上的水手，其中又有区别，漕运结束后北方的水手都不愿意回去，江西等地的都回去了。刘永华提到，这次会议当初的设想是要反思区域社会史研究，不过区域社会研究方法本身，到现在其实反思得很不够。例如，如何在具体的时代去讨论地理空间和单位、区域过程、区域概念的生成等方面的问题。范金民认为，华南学派倡导历史人类学的方法，有较大的学术贡献，不过中青年一辈还处于不断探讨学习的过程中。作为一种方法，历史人类学可能也是江南研究需要的。陈江指出，江南研究最基本的方法是历史学的文献，一定程度上是因为现存史料足以支撑精细化的研究，如江南经济史领域。当然，很多江南史研究的学者也跑遍了江南。华南学派对我们的启发很好，很多时候去跑跑，可能研究会更好。陈宝良提到了历史人类学方法、方法论和理论等趋向于模式化的问题，指出对区域的研究要确立它的特殊性，但一旦固化就会强调它的共性，实际上应该更多地考察它的差异性。

李伯重谈到，华南学派的出发点来自科大卫早年的一篇文章，讲香港郊区老太太的故事从来没有人关注。如果说"二十四史"是二十四姓之家谱，那么人民到底是什么样子的？了解基层人民才能了解现在的中国。其关怀和发掘的方法都是值得肯定的。这些学者有很深的学术背景。反观有些年轻学者，没有经过多年的武艺修炼而摆一些花拳是不够的。此外，做历史研究像余英时说"史无定法"还不够，需要"史载家法"。刘志伟则表示，非常不喜欢被称为"华南学派"，指出历史学才是真正的主张，最重要的是要打破界限，非要归类的话也只是研究路数的不同，江南研究和华南研究之间并无特别大的矛盾。明清社会经济史研究基本都是从江南出发的，要知道科大卫的成名作就是江南研究，不是广东研究，也不是福建研究，而刘氏自己和陈春声做经济史的基本功都是在复旦大学跟伍丹戈先生学的。

刘志伟随后谈到，刘永华的报告真的是省思。我们这些年做的研究常常都会讲研究所在地方的人，也有移民的概念。但他的报告其实是走出了移民的概念，一些人只要有一定频率或周期的流动，就可以是移民，但移民只是其中的一个结果而已，还有以服役为目的的空间流动，尤其是数量达到几百万人，而且这几百万人不知道究竟是人还是户，比如军户一开始是正丁，后来余丁也跟着去，再如一个匠户甚至可以带着整村人。当然，报告真正思考的还不是人的流动，而是一个更具有普世性的问题，即如何去解释中国所谓的大一统，为何中国是一个中国。人的流动最终要落实到当代中国各地区之间不管是语言还是其他方面表现出来的一致性。语言方面，不管方言再千差万别，基本词汇尤其是名词，发音可以很不一样，但还是很统一。再如，中国各地的神明五花八门，但基本的神很一致。这个层面已经超越了人口流动和移民的视角，有很多东西可以追，或者不一定追，我们不管是做哪个地方，都要知道中国是经历了这些的。比如，到了清代，很多东西通过驻防八旗普及开来。如果理解这一点，那么，制度层面造成的这种人的流动可能只是一个具体的途径，更重要的是这一途径让很多东西形成了某种统一性。这就提醒我们在做地方研究、区域研究、社区研究时，头脑里始终要有这些概念，因为其背后不是一个简单的只是个别人的影响问题。我们的地方史一般都是个别人的，如琼州，讲海瑞一个人就够了。其实，一个人哪有那么大的本事，但讲出来好像就是一个人的。赵世瑜提出，既往的理解，明朝初年太祖设立的制度是画地为牢的，明中期以后逐渐兴起市场经济和各种流动。那么，这两者之间有没有什么联系。实际上，前者造成的网络为后者铺平了道路。例如，卫所军人既代表国家的流动，又是市场活跃者。而商人家族的成员通过科举考试，有成为户部尚书者，又促成了后来的财政改革。再如川南的"场"，最早基本都是卫所和土司的那些点。在这方面，刘永华开辟了一个更广阔的视野。

《明清史评论》征稿启事

　　《明清史评论》创刊于2019年，每年两辑，由复旦大学历史学系主办，旨在推动明清史研究，促进海内外学术交流。现特向学界同仁征稿，凡有关明清史的专题论文、文献研究、读史札记、书评和学术动态等类撰述，均欢迎投稿。来稿将经匿名评审，正式刊出后赠送样刊两本，并致送稿酬。来稿要求和投稿方式如下：

　　1. 来稿要求：须未经发表的中文文章，注释格式请参照本辑；稿件请附内容摘要（300字以内）、关键词，以及作者简介和联系方式。

　　2. 投稿方式：请将电子文本发送至编辑部邮箱 mingqingshipl@163.com；请勿一稿多投，编辑部将在收稿后两个月内给予是否刊用的回复。

　　刊物初创，敬祈各位同仁大力支持，如有任何建议，请及时和我们联络。

《明清史评论》编辑部

2019年5月1日